코리아,
경제성장과 문화유산

국제화 시대 한국의 과학기술력과 국가 브랜드 상승

코리아, 경제성장과 문화유산

KOREA ECONOMIC GROWTH AND CULTURAL HERITAGE

차종환 박사 엮음

도서출판 예가

Preface

오늘날 세상은 생각보다는 훨씬 더 빨리 국제화(國際化)가 진행되고 있다. '국제화' 하면 우리 한국 사람들은 열세한 고유 문화를 우세한 외래 문화속에 소멸시키는 것으로 착각하는 경향이 지배적이었다.
우리 조상이 누려온 고유 문화는 비합리적이요, 비인간적이며, 비이성적이고, 보수적이요, 봉건적이라 하여 밟고, 태워 없애는 것을 국제화로 여겼다. 자기네 고유 문화에 대한 열등감으로 이토록 자기네 문화를 철저하게 파괴해 온 민족도 드물다.
하지만 좁아지는 지구촌에서 진정한 의미의 국제화란 고유 문화의 소멸이 아니라 발전적 기여이며, 따라서 보다 많은 고유 문화를 갖고 나아 갈수록 우대받고 떳떳한 나라가 된다. 그것은 주식회사에서 보다 많은 주식을 가진 사람이 큰 소리 하듯 국제사회에서도 보다 많은 고유 문화로 기여하는 민족이 큰 소리를 하게 돼 있다. 따라서 우리는 더 늦기전에 우리 문화를 찾아서 다듬어야 한다. 문화에는 유형·무형이 있듯이 국제화 사회에서 요구되고 또 기여되는 각국의 고유 문화에도 유형·무형이 있다.
우리 한국이라는 나라가 지닌 어떤 유형·무형 고유문화가 국제화 사회에 기여되고 각광받을 수 있을까. 그런 것이 있다면 뽐내고 싶은 자랑스런 문화가 아닐 수 없다. 버릴것은 버리고 찾을 것은 되찾고 자랑스러운 것은 자랑함으로써 우리 한국인의 좌표를 잡는 정신적 밑천으로 삼았으면 한다.

유네스코(UNESCO)는 가장 광의(廣義)의 의미로 정의한 바, 문화는 일련의 독특한 정신적, 물질적, 지적 및 정서적 특성을 가진 사회 또는 사회적 그룹이 갖고 있는 예술, 문학, 생활양식, 공동체 구성, 가치체계, 전통, 신념 등 모두를 포함한다고 했다.

그러나 문화란 서로 다르고 반대로 보일망정 '어느 쪽이 옳고 어느 쪽이 그르다'라는 판단을 내리려 해서는 안 된다. 문화의 서로 다름을 인정하자는 것이 세계화의 첫걸음이자 요체라고 한다면 어느 쪽이 더 낫다는 판단을 하려 드는 것은 어리석음이다. 본질적으로는 한 문화가 다른 문화보다 우수하다고 아무도 단정할 수 없다. 합리성이라는 것도 보기 나름이요 이해하기 나름이다. 많은 분야에서 정반대 현상을 보이고 있는 한국과 미국의 두 문화가 앞으로 그 간격을 좁혀 나갈 것은 분명하지만 어떤 부분은 오래도록 차이로 남을 것이다. 서로가 자신들의 굳어진 의식을 과감히 버리지 않으려는 경향이 있기 때문이다.

일반적으로 말하자면 전통은 좋은 것이다. 그러나 시간의 흐름을 특정 순간에 정지시켜 놓고 보면 전통에는 수정·보완되거나 폐지되어야 할 것들이 많다. 전통에는 좋은 것과 나쁜 것, 품위 있는 것과 저속한 것, 없애 버려야 할 것과 계승·발전시켜야 할 것들이 공존한다. 전통 중에는 그 자체가 원형대로 보존되어야 할 것도 있고 시대의 변화에 적용하여 개선·보완·현대화시켜야 할 필요가 있는 것도 있다.

이렇게 문화와 전통은 진화 중이다. 1970년 필자가 미국에 착륙한지 횟수로 45년이 흘렀다. 70년대 국제 사회에서 한국의 위상은 정말 보잘것 없었다. 국제 사회는 6 · 25 전쟁과 빈곤만으로 한국을 기억하고 있었고 한국은 '우리도 잘 살아보자'는 구호 아래 경제 성장에 총력을 기울이던 아시아의 작은 나라에 불과했다. 그러던 한국이 세계적으로 유례없는 경제 성장으로 국력을 신장시키고 민주화를 이루어 냈다. 한국은 이러한 자신감을 바탕으로 1988년 서울올림픽을 성공적으로 개최하고 1991년 유엔 가입을 통해 국제 사회에 새로운 면모를 보이기 시작했다. 탈 냉전기의 국제 정세 변화를 적극 활용하여 북방 외교의 기치 하에 소련, 중국 등 공산권으로 외교 지평을 확대했다.

1997년 김영삼 정권 때에는 외환위기라는 초유의 난국이 찾아오기도 했지만 온 국민이 합심해서 슬기롭게 극복하고 새로운 도약을 이끌어 냈다. 2008년 다시 찾아온 세계 금융 위기도 미국, EU 등 거대 선진 경제권과의 FTA 체결을 통해 그 어느 나라보다 더 빠르게 이겨내고, 2012년 세계에서 7번째로 '20 - 50클럽'에 가입했다.

또한 한국은 원조받던 나라에서 원조를 주는 나라가 되었다. 1997년 경제개발협력기구 OECD 가입에 이어, 2010년에는 OECD 개발원조위원회 회원이 되어서 세계를 또 한 번 놀라게 하기도 했다. 이제 한국은 주요 국제 현안에 적극 참여하고 국제질서 형성 논의를 주도하는 국가로 부상했다. 유엔 안전보장이사회 비상임이사국으로 두 번 진출했고, G20정상회의(2010), 부산 세계 개발원조총회(2011), 핵안보정상회의(2012) 등 세계 최고위급 국제회의를 연이어 개최함으로써 경제 · 개발 · 안보 분야의 국제 규범을 능동적으로 만들었다.

또한 한국이 세계 최초로 제시한 저탄소 녹색 성장에 대한 국제 사회의 지지를 확산시켜, 글로벌 녹색성장연구소(GGGI)를 국제기구로 설립하고 녹색기후기금(GCF)사무국도 유치했다.

반기문 유엔 사무총장, 김용 세계은행 총재와 같이 세계에서 가장 큰 국제기구의 수장들이 한국인인 시대에 살고 있는 지금, 정말 격세지감을 느끼고 대한민국이 일궈낸 성과를 자랑스럽게 생각한다.

본서는 우리의 선각자들이 이루어 놓은 자랑스러운 유형·무형의 문화재와 세계기록유산 기념유물 등 전통문화를 찾아 기술했고 현재 기적의 나라가 된 우리의 모습과 위상을 열거했다. 또한 오늘날 한국의 발전상을 선배들이 기술한 내용들을 모아서 본 자료집을 편집했다. 앞으로 새로운 정보가 더 입수되면 수정판을 내고저 한다. 본 자료집을 위한 자료를 모아준 한미교육연구원 임원들과 자료를 정리하여 준 이종희님께 감사드린다. 또한 어려운 여건속에서도 편집자와 뜻을 같이 하여준 도서출판 예가 사장님께 감사드린다.

2016년
차종환

CONTENTS

preface ———————————————————————— 4

PART 01 기적의 나라

01 기적의 나라 ———————————————————— 14
02 한국의 국제 신용 평가 ——————————————— 20
03 종교 및 인도주의 면에서의 선진국 ————————— 21
04 UN 사무총장과 세계 은행 총재 —————————— 22
05 재외 동포 수의 위력 ——————————————— 23
06 문화재와 문화 유산 ——————————————— 24
    1) 문화재란? ——————————————————— 24
    2) 문화유산 ———————————————————— 25
07 문화 유사성 ———————————————————— 26
08 유네스코 세계 유산 등록 ————————————— 27
09 한국의 세계 유산 ————————————————— 29
10 UN 내 한국인 직원 수 ——————————————— 31
11 미국에서 한국의 국격 상승 ———————————— 35

PART 02 유형 문화재

01 장경각(장경판전) ————————————————— 37
02 종묘 ——————————————————————— 38
03 경주 역사지구 —————————————————— 40
04 창덕궁 —————————————————————— 44
05 고인돌 —————————————————————— 47
06 석굴암 —————————————————————— 49

07 불국사 — 52
08 수원 화성 — 54

PART 03 무형 문화재

01 종묘제례 — 56
02 종묘제례악 — 57
03 김장문화 — 59
04 판소리 — 61
05 강릉 단오제 — 63
06 강강술래 — 64
07 남사당 놀음 — 64
08 제주도 영등굿 — 65
09 가곡 — 65
10 대목장 — 66
11 줄타기 — 66
12 아리랑 — 67

PART 04 세계 기록 유산

01 훈민정음과 한글 — 69
   1) 훈민정음 69   2) 한글 72   3) 한국어 78
02 조선왕조실록 — 84
03 백운화상초록 불조직지심체요절 — 89
04 조선왕조의궤 — 93
05 승정원일기 — 94
06 고려 대장경 — 99

07 동의보감	104
08 일성록	105
09 난중 일기	106
10 무구정광 대다라니경	107
11 한국의 유교책판	108
12 이산 가족 찾기	109

PART 05 기념유물

01 미륵반가사유상(백제)	111
02 금동향로(백제)	112
03 금관(신라)	113
04 에밀레종(신라)	114
05 고려 청자(고려)	117
06 금속활자(고려)	119
07 거북선(이조)	121
08 측우기(이조)	122

PART 06 한국의 자랑

01 과학기술	125
1) IT 산업	125
2) 반도체 산업	126
3) 세계가 삼성을 주시하고 있다	130
4) 삼성은 해외법인 최다 보유	132
5) 일본을 초월한 가전제품과 자동차 산업	134
6) 삼성의 세계 굴지 회사와 Cross License 계약	135
7) 자동차 배터리(Battery) 생산	136

8) 삼성의 20 나노 ——— 137
9) 카메라 렌즈 ——— 138
10) 원자력 발전 ——— 138
11) 세계 최고 수준 초전도 전선 ——— 142
12) 티타늄 ——— 142
13) 포니 자동차 수출과 현대 기아차의 약진 ——— 143
14) 기타 기술 ——— 148

02 건축 ——— 149
1) 현수교 ——— 149
2) 선박 제조 ——— 150
3) 잠수함 ——— 153
4) 세계 최대 해양 플랜트 ——— 153
5) 세계 제1위 국제공항 ——— 154
6) 한화, 80억 달러 수주의 위업 ——— 155
7) 부산항, 환적화물 세계 3위 항구로 ——— 155

03 국제 무대 ——— 157
1) 초대형 국제회의 준비위원회 공동의장 ——— 157
2) 고구려 벽화 보존 사업 ——— 159
3) 한국과 EU는 필연적인 정치 파트너 ——— 161
4) 한국의 특허 ——— 162
5) 미국과 한국의 FTA 체결 ——— 168
6) UNICEF와 한국 ——— 170
7) 코리아 브랜드 ——— 172

04 경제 및 국방 ——— 174
1) 20K-50M 고지 입성 ——— 174
2) 경제 교과서에 한국 사례 등장 ——— 174
3) T-50 초음속 전투기 ——— 175
4) 요격 미사일 개발 ——— 178
5) 일본 대신 한국의 취업문 ——— 179

6) 김밥은 한국의 대표적인 음식 ———— 180

PART 07 시대별 문화

01 고구려 문화 ———————————— 182
02 백제 문화 —————————————— 184
03 신라 문화 —————————————— 188
04 발해 문화 —————————————— 191
05 고려 문화 —————————————— 195
06 조선시대의 역사와 문화 ——————— 198
07 광복 이후 문화 ——————————— 204
08 한·중 문화 ————————————— 210

PART 08 상승하는 국가 브랜드

01 한국 전통 문화 교육 ————————— 212
02 민족 정체성 상승 —————————— 213
03 You Tube와 Google의 협력 ————— 215
04 애니메이션 산업 —————————— 216
05 언론에 나타난 한류와 국가 브랜드 —— 218
06 한국어 및 대중 문화 예술의 세계화 —— 220
07 남북 통일 문화 ——————————— 222
08 스포츠(sports) 계의 국력 —————— 223
09 예능계의 활동 ——————————— 226
10 전 세계 학계가 한류에 주목 ————— 228
11 한국어 세계화를 위해 ———————— 229

12 CJ 문화 콘텐츠 — 231

PART 09 각 지역에서의 한국의 위상과 국격고조

01 아시아 지역 — 234
1) 키르기즈스탄 — 234
2) 이란 — 238
3) 사우디아라비아 — 241

02 아메리카 지역 — 243
1) 베네수엘라 — 243
2) 칠레 — 247
3) 페루 — 249
4) 미국 — 254

03 유럽 지역 — 258
1) 덴마크 — 258
2) 세르비아 — 263
3) 스위스 — 265
4) 슬로바키아 — 268
5) 아일랜드 — 271
6) 아제르바이잔 — 273
7) 핀란드 — 278
8) 헝가리 — 284

04 아프리카 지역 — 286
1) 이집트 — 286

인용 및 참고 문헌 — 290
저자 약력 및 저서 — 291

PART 01 기적의 나라

1. 기적의 나라

한국은 참으로 특이한 나라다. 제2차 세계대전이 끝난 후 외국의 원조를 받아 겨우 살아 오던 나라, 후진국 중에서 선진국이 된 유일한 나라, 더 자세하게 말하면, 한국전쟁이 끝난 1950년대 초반에 한국은 세계에서 가장 못살던 나라였다. 당시 1인당 국민소득은 60~70달러 밖에 되지 않았다. 게다가 남한은 지하자원도 매우 적었다. 제2차 세계대전(1945년)이 끝나자 새로 탄생하거나 식민지로 있다가 독립된 나라가 85국이나 되었는데 이 중 산업화와 민주화에 모두 성공한 나라는 한국뿐이라고 한다.

한국전쟁 이후 극심한 혼란 속에 있던 남한에서 희망을 찾는 사람은 아무도 없었다. 특히 서양 사람들은 남한은 다시는 일어나지 못할 것이라고 예측했다. 그런 나라가 약 50년 만에 세계에서 10위권의 경제대국이 되었다. 1인당 국민소득은 약 380배가 되었고 국민들이 일해 쌓은 국내총생산은 약 750배로 뛰었다. 이런 기록은 어떤 나라도 달성하지 못한 대기록이다.

1952년 영국의 한 기자가 "한국에서 민주주의를 바라는 것은 쓰레기통에서 장미꽃이 피어나기를 바라는 것과 같다"는 치욕적인 기사를 〈런던 타임즈〉에 게재한 적이 있었다. 그러나 그 예측은 보기 좋게 빗나갔다. 민주주의에 약간의 문제가 있기는 하지만 현재 한국은 엄연한 민주주의 국가로 발전하고 있다. 이제 한국은 원조를 받던 나라에서 다른 나라에 원조를 주는 나라가 되었다. 원조를 받았다는 사실은 당시에 후진국이었다는 것이고, 원조를 준다는 것은 선진국이 되었다는 것이다. 한국의 경제 규모가 그만큼 커졌다는 사실이다.

한국은 2011년에 전체 무역량이 1조 달러를 넘기는데 이것은 전 세계 250여 개 국가 가운데 아홉 번째로 달성한 것이다. 한국은 다른 나라들과 달리 1조 달러 무역량을 가장 단기간에 이루어냈다는 점에서 더 높은 평가를 받는다. 이런 기록들이 넘치니 모두들 한국을 '기적의 나라'라고 하는 것이다. 2013년 한국의 1인당 국민소득은 2만 4천 달러쯤 되는데 인구가 5천만 명 이상이면서 이런 소득을 가진 나라는 전 세계에 일곱 나라밖에 없다.

아시아에서는 일본을 제외하고 한국이 유일하게 이 순위에 들어갔다. 경제나 인구 면에서 이런 규모를 가진 일곱 개 나라에 들어갔다는 것은 한국의 경제 규모가 엄청나게 커졌다는 것을 뜻한다. 서양의 유명한 기관들 가운데에는 20~50이 되면 한국이 미국에 이어 두 번째로 잘사는 나라가 될 것이라고 예상하는 금융회사도 있다. 뿐만 아니라 그동안 제대로 평가받지 못하던 한국 대중음악이나 드라마도 세계적인 관심의 대상이 되고 있다. 특히 2012년에 있었던 가수 '싸이'의 인기 몰이는 한국의 대중음악의 경쟁력이 얼마나 뛰어난지를 잘 보여준다.

싸이가 부른 〈강남 스타일〉이라는 노래가 유튜브에서 19억 번 이상 조회되었다는 것은 한국의 대중음악이 지닌 가능성을 보여 준다.

싸이 외에도 한국의 많은 가수들과 배우들이 세계적으로 활발하게 활약하고 있다. 또한 유엔의 사무총장이라든가 세계은행 총재가 모두 한국계 인사들이 독점하고 있어 한국인들의 해외 진출 또한 뜨겁다. 결과적으로 한국인들은 그런 경제적인 기적, 민주화를 이루었다. 이 때문에 한국은 두 마리 토끼를 다 잡았다고 말한다.

사실 한국인들은 혹독한 독재정치를 경험했다. 하지만 세계가 놀랄 정도로 이룩한 경제적인 풍요를 바탕으로 열렬한 투쟁을 하면서 민주화 운동을 벌였다. 그래서 결국 1990년 초에 군인이 아닌 민간인이 대통령이 되면서 독재정치를 끝냈다.

세계의 여러 나라 가운데 극심한 독재정치에서 온전한 민주주의 국가로 바뀐 국가는 흔하지 않다. 우리와 함께 아시아의 작은 네 마리 용으로 불렸던 대만이나 싱가포르, 홍콩 등은 민주주의 실현 면에서 한국보다 조금 못 미치는 면이 있다. 그래서 세계적인 지성인이자 저명한 언어학자인 미국의 노엄 촘스키가 발전 모델의 이상적인 나라로 한국을 꼽았다고 한다. 이것은 한국이 민주화와 경제성장을 같이 이룩했기 때문이다. 과거 한국은 미국이나 일본 등 선진국으로부터 자기들의 특허를 훔쳐갔다고 고소를 당하거나 벌금을 물어 오던 처지였는데, 지금은 오히려 우리의 특허를 그들이 훔쳐갔다고 선진국을 향해 당당하게 국제재판소에 맞고소하는 대등한 입장이 되었다.

전 세계 어느 누구도 당해 내지 못하는 미국의 초일류 회사 애플(Apple)과 1:1로 치고 받고 하는 나라가 우리 말고 또 어디있을까? 어떤 재판에서는 그들이 밀리니까 강대국 답지 않게 약소국인 우리한테

텃새에다 억지마저 부리고 있는 걸 볼 수 있을 정도로 우리는 강해졌다. 20여 년 전 미국이 일본에 무역 역조로 어려운 상황일 때, 일본 사람 보고 왜 우리 물건을 안 팔아 주느냐고 하니까, 너희 것이 우리 제품보다 더 좋게 만들었다면 왜 안 팔아 주겠냐고 역으로 대들었다고 했다. 이걸 보고 우리는 얼마나 일본을 부러워했는가. 그때만 해도 Made in USA가 세계 최고였는데 지금 우리나라가 그렇게 되었다. 우리 것이 세계 최고다. 굳이 미제, 일제 조금도 부럽지 않다. 이것은 꿈이 아니다. 아직도 미제, 일제만 좋아하는 사람이 있다면 어리석은 사람으로 시대 감각에 뒤진 사람이다.

경제 대국인 일본이 한때 "한국의 삼성, LG, 현대, 포스코가 우리 뒤를 바짝 쫓아온다."라고 경계하더니, 지금은 "더 이상 밀리면 안돼!"로 구호가 바뀌었다가 이젠 아주 따라오지 못할 만큼 처지고 말았다. 이제는 SONY를 포함한 일본의 세계적인 전자회사 10개사가 낸 흑자를 합한 것보다 삼성 SDI 한 회사가 낸 흑자가 더 많다고 한다. 꿈인 듯 생각돼나 이는 현실이다.

1950년대에 일본 마쓰시다 전자회사 사장이 미국에 가서 어느 대학생이 써낸 트랜지스터 논문을 헐값에 사들여 아주 작은 휴대용 트랜지스터를 개발해 크게 재미를 보더니, 이것이 시발점이 되어 각종 전자 제품을 세계 시장에 내다 팔아 수십 년 동안 호황을 누리면서 세상 돈을 다 긁어모았다.

우리나라는 1980년대 삼성이 모험을 무릅쓰고 IT산업에 뛰어들기 시작한 것이 오늘날 한국이 세계 IT 강국으로 우뚝 솟은 계기가 되었다. 라스베이거스와 독일 등지에서 열린 전 세계 전자 제품 전시장에서 우리나라의 삼성과 LG가 판을 치고 있다. 또 세계 유명 백화점 전자제품

코너 진열대에 단연 한국 제품이 맨 앞줄에 진열되어 있을 뿐만 아니라, 그것도 명품으로 제일 비싼 값에 팔리고 있다. 영국의 유명한 직업 축구단 첼시의 후원 회사가 삼성이고, 전세계가 보는 그 유니폼에 SAMSUNG 마크가 나온다. 삼성, LG 전자는 전 세계 TV 판매에서 1, 2위를 차지했으며 세계 TV 3대중 1대는 한국 것이고 미국에서는 2대 중 1대가 한국 것이다.

오늘날 중국이 놀라운 경제 발전을 이룩한 것은 등소평이 한국의 박정희 식 단축 경제 모델을 그대로 복사해서 실천에 옮겨 성공한 첫 번째 사례다. 중국은 하나부터 열까지 그대로 우리 것을 모방했다. 중국에는 한국을 연구하는 박사급 인사 3천 명이 한국을 집중 연구하고 있다고 한다. 역사상 중국은 대국으로 우리는 소국으로 지내왔다. 그들은 우리를 별 볼 일 없는 변방 소국으로 여겨 왔다. 그러던 우리나라를 기를 쓰고 배우려하고 있으니 이게 얼마나 자랑스러운가. 우리가 오늘날 G20 국제회의의 의장국으로 우뚝 섰다. 또한 우리나라 대통령이 선진국 정상들을 향해 이래라 저래라 훈수까지 하고 있다.

과거에는 한국 의사들이 미국에 가서 간 이식 수술 연수를 받아 왔는데, 10년이 지난 오늘날에는 미국 교수와 의료진이 오히려 한국에 와서 간 이식 수술 연수를 받고 있다. 연수를 받던 나라에서 가르쳐 주는 나라로 바뀐 것이다. 또 우리나라의 대형 병원들의 각종 암수술 성적이 이미 세계적인 수준급이란 것은 이미 알려진 사실이다. 10년이면 강산도 변한다는 말이 있는데 우리나라는 70년대부터 2010년까지 10년 씩 무려 다섯 번이나 쉬지 않고 계속 전국 곳곳을 뒤집어엎고 또 뒤집어 엎었다. 손 안 댄 곳이 거의 없을 정도다. 그러니 문자 그대로 천지개벽한 나라가 됐다.

우리나라의 지방을 자동차로 달리다 보면, 어느 북유럽 선진국에 온 듯한 착각에 빠질 때가 있다. 쭉쭉 뻗은 고속도로, 인터체인지, 가는 곳마다 우뚝 서 있는 고층 아파트군, 잘 정비된 하천과 논밭 등이 한 눈에 들어온다. 예전의 흙길, 초라한 초가집, 달구지, 소가 밭을 가는 모습, 지게를 진 모습 등은 이제 볼 수가 없다. 이민 갔다가 오랜만에 돌아온 그들의 눈에는 모두가 놀랍게 보일 뿐이다. 후일 통일이 되면 북한에 남아 있는 우리 친척, 친지에게 이것을 보여주자.

과거 수십 년 간 UN 기구에서 후진국의 발가벗은 산을 녹화시키기 위해 해마다 막대한 자금을 퍼부었다. 하지만, 지원받은 나라 중 유일하게 산림 녹화에 성공한 나라는 한국뿐이다. 우린 모범 국가요, 또 모범 민족이다. 우리는 오랫동안 한강물을 식수로 마셨다. 그러나 산업이 발달하면서 한강물은 구정물로 변해 물고기들이 다 죽었다. 인구 천만이 넘는 대도시, 거기에다 공장 폐수가 마구 흘러나오니 어찌할 수 없는 현실이라고 감수할 수밖에 없었다.

그런데 영국 템스강에도 우리와 똑같은 현상이 벌어졌는데, 끈질긴 노력 끝에 강물이 맑아지고 물고기가 다시 살게 되고, 식수로도 쓸 수 있도록 강을 새로이 살려 냈다. 우리는 이 기적같은 현실을 얼마나 부러워 했던가. 그런데 오늘날 우리는 다시 한강 물을 식수로 사용하게 되었고 낚시도 한다. 한강의 기적. 그것은 한국의 경제 발전만을 상징하는 구호만은 아니다. 우리나라는 서울에만 10여 개의 지하철 노선이 있다. 미국 뉴욕이나 캐나다 토론토 등 선진국 것과 비교해 보면 시설, 청결상태, 질서 등에서 단연 비교가 안 될 정도로 잘 돼 있다. 외국 사람들이 이걸 타보고 혀를 내두른다.

불과 30년이라는 짧은 세월에 이렇게 급변한 것은 기적에 가깝다. IMF

개입을 전면 수용하여 경제 개혁에 착수했다.

그 때 우리 국민은 너도 나도 금반지, 목걸이 등을 아낌없이 갖고 나와 불과 10여 년 만에 IMF의 늪에서 거뜬이 빠져 나왔다. 조국이 도탄에 빠졌을 때 해외에 나가있던 동포들까지 총동원 되었었다. 이런 나라가 대한민국 말고 또 어디 있단 말인가. 지금은 외화 보유고가 3,000억 불이 넘는 외화 보유 세계 3대 강국으로 보란 듯이 우뚝 섰다.

2. 한국의 국제 신용 평가

한국의 국가 신용 등급이 역대 최고 수준으로 올랐다. 국제 신용 평가 기관인 무디스는 한국의 신용 등급을 A1에서 Aa3으로 한 단계 상향 조정한다고 밝혔다(2015년 12월 이전 기준). Aa3은 전체 21개 등급 중 네번 째로 높은 것이다. 이는 중국과 일본과 동일한 신용 등급이다. 미국, 프랑스 등 선진국들의 국가 신용등급이 잇달아 강등되고 있는 상황에서 나온 승급이어서 의미가 더 크다. 한 때, 신용 불량 국가로 떨어졌다가 당당하게 더블 A등급을 받아 일류 신용 국가로 재기한 것은 세계에서 한국이 유일하다. 한국은 1997년 외환 위기때 신용 등급이 BA1으로 급락했다. 그런 나라가 14년만에 Aa3으로 무려 7단계나 상승했다. 2년마다 한 단계씩 오른 셈이다.

골드만삭스 회장은, '한국은 내 평생에 아프리카 수준의 국가에서 Aa3(더블 A급)급 수준으로 탈바꿈한 유일한 나라'라며, '모든 국가가 보고 배워야 할 나라'라고 높이 평가했다. 이제 다음 목표는 최우량 신용 등급인 트리플 A(AAA)를 받는 것이다. 세계에서 현재 AAA 등급의 국가는 미국, 독일, 스위스 등 16개국이다. 통계에 의하면, 이 나라들이 GDF 40,000달러를 모두 넘어서 있다. 우린 이제 20,000달러 갓 넘어선 상태에서 그 길이 멀어 보이지만, 지금까지의 발전 속도를 보면 불가능한 일이 아니다.

3. 종교 및 인도주의 면에서 선진국

한국의 기독교(개신교)계에서는 전세계 169개국에 무려 23,000여 명의 선교사를 파송하고 있다(몰몬교회는 38,000명의 선교사를 파송하고 있다함). 한국에 기독교가 들어온지 120여년 만에 외국으로부터 받은 선교의 빚을 이제는 다른 나라에 갚고 있다는 점에서 큰 의의가 있다고 본다. 우리는 빚을 지면 꼭 갚아야 직성이 풀리는 민족이다. 한국은 미국 다음으로 전 세계에 제일 많은 선교사를 파견한 유일한 선교국이 되었다. 기독교(개신교)보다 100년이나 앞서 전파된 우리 가톨릭에서도 지금 큰 열매를 거두고 있다.

아프리카로 가서 온 몸으로 헌신한 이태석 신부가 그 예이다. 그곳 주민들과 같이 생활하면서 그들에게 학교도 지어주고, 또 친히 가르쳐 주면서 문둥병 환자들을 치료해 주었다. 그는 신부이면서 의사였다. 수단 사람들은 이 신부를 구세주처럼 모셨다. 이태석 신부는 그들을 내 몸과 같이 돌봐 주다가 아직도 젊은 나이 48세에 지병인 암으로 끝내 세상을 떠났다. 그는 슬프고 자랑스러운 삶으로 역사에 길이 남을 인물이 되었다. 이는 아프리카의 성자로 추앙되는 독일의 슈바이처 박사에 못지 않다고 생각한다. 이런 일들이 세계 각국 선교지에서 계속 이어지길 바란다. 이것은 한국이 기술 좋고 돈만 잘 버는 나라일 뿐만 아니라 인도주의 측면에서도 단연 모범국임을 대내외에 널리 알리는 이야기가 될 것이다.

4. UN 사무총장과 세계 은행 총재

세계 기구에는 UN, 세계은행, IMF 이렇게 큰 기구가 세 개 있다. 이 중에서도 우리 나라 사람이 두 개 기구의 최고위직을 맡게 되었다. 이 얼마나 자랑스러운 일인가. UN 사무총장에 반기문 총장이 연임한 것은 너무나 잘 알려진 우리의 자랑스러운 이야기다. 게다가 미국 오바마 대통령은 세계은행 총재에 김용 다트머스대 총장을 임명함으로써 또 한번 우리를 흥분의 도가니로 몰아 넣었다. [세계은행은 국제부흥 개발은행 International Bank for Reconstruction and Development(IBRD)의 통칭. IMF와 비견하는 국제금융기관으로, 브레튼우즈 협정에 의하여 1945년에 설립되었다. 가맹국의 경제부흥, 개발계획에의 장기융자, 개발도상국에 대한 원조가 중심업무이며 자금은 가맹국의 출자와 채권 발행으로 충당한다. 가맹국은 139개 나라로(1981) 우리나라는 55년에 가맹, 자본금 301억 SDR. 본부 워싱턴] 김용 총재의 아버지는 평남 진남포 사람이고, 외조부는 평북 선천 사람으로 시조 시인 전병택이며 외조모인 이경자도 시인이다. 5살 때 아버지를 따라 미국으로 이민 간 1.5세대인 김용 총재는 특히 이북 출신 피난민 후손들의 큰 자랑거리가 되고 있다.

또 한국계 프랑스 입양인 출신인 플뢰르 펠르랭(39)은 프랑스 중소기업 혁신, 디지털 경제장관으로 임명됐다. 서울에서 태어나 생후 6개월 만에 프랑스에 입양된 그는 파리 정치대학(사앙스포) 국립행정학교(ENA) 등 최고 명문학교를 졸업했다.

5. 재외 동포 수의 위력

한국계 인구는 한국에만 있는 것이 아니라 전 세계에 널리 퍼져 있다. 이들이 바로 재외동포이다. 재외동포 숫자만 보면 한국의 재외동포는 700~750만 명으로 세계 4위에 해당한다고 한다. 이는 한국 전 인구의 약 15%로 재외동포가 엄청나게 많음을 알 수 있다. 여기에 혼혈인까지 포함시키면 또 수십만의 인구가 증가 될 것이다.

한국보다 재외동포가 많은 국가로는 중국, 이스라엘과 이탈리아가 있다. 재외국민이 가장 많은 나라는 말할 것도 없이 중국이지만 인구 비율로 따지면 한국이 가장 많은 편이다. 게다가 다른 나라들과는 달리 한국 사람들은 적더라도 아주 다양한 나라에 진출해 있다. 화교라 불리는 중국인들의 재외동포는 우리와는 비교도 안 되게 많지만 그들은 한 지역에 모여 차이나타운 같은 것을 만들어 사는 것을 좋아하는 것 같다. 반면 한국인들은 적은 수 일지라도 여러 국가에 퍼져 살고 있으며 이들이 한류 세계화에 큰 역할을 하고 있다.

세계 어디를 가든 한국인이 없는 곳이 없다. 이것은 한국 사람들이 그만큼 모험정신이 강하고 진취적이라는 것을 뜻한다. 또한 다문화 가정을 비롯해 한국에 이주해 와 상주하는 외국인과 혼혈인까지 더하면 한국 관계 인사들은 더 많아진다.

6. 문화재와 문화 유산

1) 문화재란?

흔히 말하는 문화재는 유형문화재, 무형문화재, 기념물, 민속자료로 크게 나누어진다. 유형문화재란 건조물, 전적(典籍), 서적(書跡), 고문서, 회화, 조각, 공예품 등 유형의 문화적 소산으로서 역사상 또는 예술상 가치가 큰 것과 이에 준하는 고고 자료를 말한다. 무형문화재란 연극, 음악, 무용, 공예기술 등 무형의 문화적 소산으로서 역사상과 예술상 가치가 큰 것을 대상으로 한다.

기념물이란 패총, 고분, 성터, 궁궐터, 가마터[窯趾(요지)], 유물포함 등의 사적지로서 역사상·학술상 가치가 큰 것, 경승지로서 예술상·관상상(觀賞上) 가치가 큰 것, 그리고 동물, 식물, 광물 등을 포함한다. 민속자료란 의식주, 생업, 신앙, 연중행사 등에 관한 풍속, 관습과 이에 사용되는 의복, 기구, 가옥 등을 대상으로 하고 있다.

유형문화재 중에 특히 중요한 것은 문화재위원회의 심의를 거쳐 국보 또는 보물로 지정되고, 무형문화재 중 중요한 것은 중요무형문화재로 지정되며, 그 기능 보유자(인간문화재)도 함께 지정된다. 기념물은 대상의 성격에 따라 사적(史蹟)·명승·천연기념물로 지정된다. 또 민속자료 중 중요한 것은 중요민속자료로 지정된다.

이와 같이 문화체육부 장관이 지정한 국보, 보물, 중요무형문화재, 사적, 명승, 천연기념물, 중요민속자료 등을 통틀어 '국가지정문화재'라고 부른다. 한편 서울특별시장·직할시장 또는 도지사가, 관할구역 안에 있는 문화재로서 국가 지정이 안된 문화재 중 보존가치가 있다고 인정되는 것을 시·도 지정문화재로 지정하게 된다.

국가지정이나 시·도지정이 아닌 일반문화재를 '비지정문화재'라고 부른다.

2) 문화유산
민족문화의 정수가 응집된 것이 문화유산이다. 문화유산에는 과학, 기술, 관습, 규범 및 정신적·물질적 각종 문화재(조상들이 남긴 건물, 조각, 공예품, 서적, 서예, 고문서 등의 유물·유적 가운데 역사적·예술적 가치가 높거나 역사 연구에 자료가 되는 유형 문화재 연주, 무용, 음악, 공예, 기술 등에서 역사적·예술적 가치가 높은 무형 문화재 및 기념물, 민속자료)와 문화 양식 등이 모두 포함된다. 문화유산은 장래의 문화적 발전을 위하여 다음 세대 또는 젊은 세대에게 계승·상속할 만한 가치를 지닌 사회의 문화적 소산이다.

각국과의 민족문화의 교류는 이질성을 극복하고 문화의 다양성 가운데 동질성을 확대하여 유대를 강화한다. 특히 지난 70년간 남북분단 이후 남북한 정치적 이질성으로 인한 남북한 간 상이한 가치관을 해소시키기 위해서는 인내를 가지고 민족문화의 교류를 강화해야 한다. 문화보호주의는 문화의 다양성을 부정하는 극단적인 자민족 중심주의로서 자기 민족의 모든 것이 타민족의 문화보다 우월하다고 믿고 타민족의 문화를 배척하는 태도를 말한다.

7. 문화 유사성

한국은 지난날 단일민족으로 구성되어 왔고, 종교적으로도 평화가 유지되어 왔으며 국민의 교육수준이 높고 평화를 사랑하는 역사를 갖고 있는 등 훌륭한 전통문화의 유산을 갖추고 있다. 20세기 가장 큰 사건 중의 하나는 분단된 동·서독 간의 통일이었으며 이러한 통일에는 서독의 군사력이 동독을 굴복시킨 것이 아니라 서독의 민주주의와 각종 매스컴들이 동독인들의 사고를 변화시켰다는 것이 학계의 보편적인 시각이다.

90년대초 미국의 저명한 정치학자 새뮤얼 헌팅턴(Samuel Huntington)도 「문명의 충돌과 세계질서의 재건」이란 저서에서 냉전 이후 세계는 서방과 라틴아메리카, 이슬람, 힌두교, 일본 등 7~8개의 문명권으로 나뉘어져 있으며, 국가 간 무력충돌이 발생하는 것은 동·서 이념의 차이가 아니라 문화와 종교적 차이 때문이라고 주장했다. 그는 향후 세계 재편의 핵심 변수는 문명으로서 세계는 이미 하나의 문화 공동인식을 중심으로 문화의 상호 유사성과 차이에 따라 동맹 또는 적대관계 정책을 수립하는 시대로 변했다고 주장하였다. 그리고 서구 기독교 문명과 비서구 이슬람권 문명은 결국 충돌할 것이라고 예상하여 국제적인 파문을 일으켰다.

이와 관련된 역사적 예로 1942년 상호체제가 다른 영국과 소련이 체결한 이질적인 영·소 동맹은 상호체제가 비슷한 영국과 미국이 체결한 동질적인 영·미 동맹보다 오래가지 못했다. 1953년 한·미 간 체결된 「한·미 상호방위조약」이 거의 60년간 지속 발전한 것은 민주주의와 시장경제를 공유한 한·미 간 문화유사성의 역할이 큰 것이다. 한반도

주변 강대국인 중국, 일본 그리고 러시아와 한국과의 군사동맹의 한계는 문화적 차원에서 무엇이 문제인가 하는 것은 별항에서 구체적으로 조명한다.

따라서 민족의 혼이 깃든 민족문화는 ① 경제력·군사력과 같은 유형적인 국력 이상으로 중요하다는 것과 ② 국가 간 동맹관계에 있어서도 문화의 동질성이 양국 간의 결속력을 굳게하며 ③ 특히 글로벌 시대에는 국가간 교류의 확대로 인하여 문화안보의 중요성은 증대된다.

8. 유네스코 세계 유산 등록

세계유산협약은 세계적으로 인류사적으로 매우 중요한 가치를 지니고 있는 문화유산과 지구생태계의 변화 등을 잘 나타내는 자연유산 그리고 이 양자의 혼합적 성격을 가지고 있는 혼합유산의 세 가지 유형의 유산을 보호하기 위한 협약이다. 그러나 여기서 문화유산이란 유적, 사적 등 움직일 수 없는 부동산 문화재가 대상이 되는 것이지 도자기, 회화, 불상 등 움직일 수 있는 동산 문화재나 음악, 민속, 공예, 놀이 등 무형문화재는 그 대상에서 제외되었다.

한국은 1988년 이 협약에 가입했고 북한은 이로부터 10년 뒤인 1998년 7월에 가입했다. 북한은 현재 7개의 예비목록을 신청한 상태이며, 이 중 '고구려 고분벽화'를 유네스코 세계유산 센터에 제출한 것으로 알려져 있다. 이 밖에 유네스코는 세계적 가치를 지닌 기록유산을 보호하기 위해 '세계기록유산'과 급속한 산업화와 지구화로 사멸 위험에 처한 무형유산을 지속적으로 보호하기 위해 2001년부터 '인류 구전 및 무형유산 걸작'을 지정하기 시작했다. 이 두 사업은 세계유산과 달리 협약 사업이 아닌 일반 사업의 형태로 진행되고 있으며 각기 사업의 목적은 다르나 기본적으로 중요한 유산을 보호, 전수하여 문화의 다양성을 진작시키자는 공통된 목적을 지니고 있다. 유네스코 세계유산으로 등록된다는 것은 세계유산협약의 정신에 따라 전 세계 인류의 공동자산으로 등록되어 보존, 관리된다는 것을 의미한다. 다시 말해 세계유산협약은 그 유산이 존재하는 나라의 주권을 충분히 존중하고 또 국내법이 정한 재산권을 해치지 않지만, 해당 국가가 인류 공동의 유산으로서 그 유산의 보호에 국제적으로 동참하고 협력하는 것이 의무라는 점을 규정하고 있다.

지난 2000년 12월 호주 케언스에서 개최된 제24차 세계유산위원회 정기총회에서 추가로 가결된 유산을 포함하면 현재 세계유산은 모두 690점으로, 이 중 문화유산이 529점, 자연유산이 138점, 복합유산이 23점이다. 한국은 1955년 베를린 회의에서 석굴암과 불국사, 종묘, 고려대장경과 장경각의 3점을 포함시켰으며, 1997년에 수원 화성과 창덕궁을, 2000년 총회에서 고창, 화순, 강화 고인돌 유적과 경주역사지구를 포함시킴으로써 모두 7점의 세계유산을 보유하고 있다. 이집트의 피라미드, 바티칸 시국, 베네치아, 스톤헨지, 앙코르와트, 보로부두루, 자금성, 만리장성, 모헨조다로, 베르사유 궁전, 성 미카엘 교회, 잘츠부르크 역사도시, 마야 문명 유적지 등 전 세계적으로 주요한 가치를 지닌 유적들은 모두 이 세계유산 목록에 등재되어 있다.

세계유산으로 등록하기 위해서는 동협약에 규정된 기준에 부합되는지의 여부를 면밀히 검토하는 작업을 거치게 된다. 이를 위해서는 전문가의 검증이 필요한데, 문화유산은 국제 기념물 유적위원회(ICOMOS)

와 국제 문화재 보존 센터(ICCROM, 일명 로마 센터)가 담당하고, 자연유산은 국제 자연보호 연합(IUCN)이 책임지고 있다. 일단 세계유산에 등재되면 해당국은 여러 제도를 동원하여 유산의 최적, 최상 관리의 일차적인 책임과 의무를 가지게 된다. 이를 위해 세계유산 위원회는 매 5년마다 유산의 보존 상태를 검토하게 되어 있는데 이를 '체계적 모니터링'이라고 하며 위원회에서는 보존상의 문제가 야기되었을 경우 세계유산 일람표에서 삭제하거나 위험에 처한 목록으로 분류하기 위해 참고하는 '조치를 위한 모니터링'도 마련하고 있다. 후자의 경우 주로 세계유산 센터나 이의 위임을 받은 전문 기관에서 조사를 하게 된다.

9. 한국의 세계 유산

한국이 현재(2014) 유네스코 세계유산으로 보유하고 있는 것은 3가지로 나누어 볼 수 있다. 우선 세계유산(문화유산·자연유산)으로 불리는 항목에는 10개가 있다. 그 각각의 면모를 보면 해인사 장경판전, 종묘, 경주 역사유적지구, 창덕궁, 고창, 화순, 강화 고인돌 유적, 수원 화성, 석굴암, 불국사, 제주 화산섬과 용암동굴, 조선왕릉, 한국역사마을 - 안동 하회마을과 경주 양동마을 등이 있다.

그다음 인류무형문화유산으로 불리는 항목에는 16개나 되는 유산이 있는데 종묘제례 및 종묘제례악, 판소리, 강릉단오제, 강강술래, 남사당놀이, 영산재, 제주 칠머리당 영등굿, 처용무, 가곡, 대목장, 매사냥·줄타기, 택견, 한산모시짜기, 아리랑, 김장문화 등이 있다(2013).

마지막으로 세계기록유산으로 불리는 항목에는 11개가 있는데 그 내용을 보면《훈민정음해례본》,《조선왕조실록》,《직지심체요절》,《조선왕조의궤》,《승정원일기》,《고려대장경판 및 제경판》,《동의보감》,《일성록》,《5·18민주화운동기록물》,《난중일기》,《새마을운동 기록물》 등과 같은 것들이 있다(2013).

인문정신이 뛰어나지 않으면 이렇게 많은 책들이 조선에서 만들어질 수 없다. 그런데 우리는 조선이 정치를 잘못해 나라를 빼앗겼다고 생각해 조선을 낮게 보는 경향이 있다. 그러나 서양학자들에 따르면 조선은 매우 뛰어난 정치체계를 갖고 있었기 때문에 500년 이상이라는 긴 세월 동안 지속될 수 있었다고 한다.

이처럼 유네스코 세계유산에 등록된 한국이 문화 유산이 37개나 될 정도로 한국의 세계유산은 세계적으로도 상위에 속할만큼 많다. 대한민국보다 유산의 숫자가 많은 나라는 얼마 되지 않는다. 이것만 보아도 한국은 과거에 문화적으로 대단한 나라였음을 알 수 있다.

한 나라의 문화 수준을 가장 잘 보여 줄 수 있는 것은 기록 유산이다. 기록 유산이야 말로 문화의 중심이기 때문이다. 한국은 이러한 세계기록유산을 11개나 보유하고 있어 다른 나라들의 기록유산과 비교해 보면 놀랍다. 개수로만 따지면 한국은 세계에서 다섯 번째로 많은 기록유산을 갖고 있어 상위 2%안에 속한다. 더 놀라운 것은 세계기록유산의 개수로 따져볼 때 한국은 아시아에서 1위이다. 중국은 현재(2013) 아홉개의 세계기록유산으로 우리보다 두 개 적다. 이러한 세계기록유산 개수를 보면 한국이 지난 역사 동안 얼마나 높은 문화를 유지해 왔는지를 알 수 있다. 또한 한국의 인류무형문화유산은 전 세계에서 세 번째로 많다.

조선이 망하기 시작한 것은 19세기에 들어와서부터이다. 이때부터 조선은 약 100년 동안 국력이 지속적으로 약해져, 결국 20세기 초반에 일본의 식민지로 떨어지게 된다. 그러나 조선은 개국한 15세기부터 18세기까지 약 400년 동안은 매우 높은 문화를 지녔던 선진국이었다. 삼국시대부터 적어도 조선시대 초기까지는 항상 선진국 대열에 있었다고 할 수 있다. 이 의견에 동의한다면 한국은 후진국에서 선진국으로 발돋움한 것이 아니라, 원래 선진국이었는데 잠깐 후진국이 되었다가 다시 원래의 자리인 선진국으로 돌아온 것이다. 현대 한국이 이렇게 짧은 시간에 발전할 수 있었던 것은 지금까지 본 것처럼 과거에 찬란한 문화가 있었기 때문이다.

10. UN 내 한국인 직원 수

한국은 1991년 유엔 정식 회원국이 되었다. 회원국이 된 이후 UN에 근무할 사람들을 위한 공채 시험이 실시 되었다. 이후, 1993년 여름에 권홍석 과장은 두 번째로 실시된 국가경쟁시험을 긴장 속에서 치르고, 이듬해 봄 합격 통보를 받고 기뻐하던 순간이 있었다. 그해 여름, 뉴욕에서 근무할 것이라는 예상을 깨고 태국에 있는 유엔 아시아태평양경제사무 위원회 ESCAP에서 채용 전보를 받고 어리둥절 했었다.
그 전보를 받기 2주 전에 결혼해 곧 대학원에 다녀야 하는 아내를 혼자 두고 태국으로 가기로 결정했고 공항에서 눈물로 배웅하는 아내를 바라보며 후회도 했었다. 태국에 도착한 뒤 ESCAP 교통통신 관광개발국에 첫 출근을 하고 개인 업무실을 배정 받고 으쓱해졌던 순간도 있었다. 지금 생각해 보면 그 모든 순간이 어제 일처럼 느껴진다. 한국인 유엔 국제공무원이라는 자부심과 업무에 대한 긴장감이 한데 어울려 나름 각오를 다지고 근무를 시작했다.

그로부터 벌써 18년의 세월이 흘렀다. 내가 일을 시작한 지 얼마 안 되었을 때 옆자리 선배에게 "UN에서 일한 지 얼마나 되었느냐"고 물었다. 그 선배가 15년이 넘었다고 해서 놀랐는데, 지금은 유엔에 갓 들어온 직원이 나에 대해 그렇게 느낄 것이다.

ESCAP에서 4년 간 근무한 뒤 뉴욕에 있는 인사처로 자리를 옮겼다. 급여, 복지, 인력, 채용, 인사처장 비서실, 인사기획 분야를 거쳐 지금은 유엔 공채시험과장으로 일하고 있다. 19년 전 내가 치른 시험을 직접 관리하는 자리에 있다는 사실에 새삼 감회가 깊다.

내가 ESCAP에서 근무를 시작했을 때는 한국인 전문직 정직원은 나를 포함해 2명이었고 그 외 각 정부 부처에서 파견 나온 분들이 10명 정도 있었다. 2012년 10월 기준으로는 ESCAP의 한국인 전문직 정직원만 12명이고 D-1급 국장도 3명이나 있다. 2000년부터 2007년까지는 한국인으로는 처음으로 김학수 사무총장이 ESCAP 사무총장직을 맡기도 했다. 유엔 내 한국인의 위상이 높아진 것을 그대로 증명하는 사례라 할 수 있다.

사무국 전체적으로는 1995년 6월을 기준으로 한국인 전문직 직원 수가 14명 이었는데, 2012년 6월 말 현재 전문직 직원 수는 109명에 이른다. 무려 약 8배가 증가한 수치다. 1998년 말에 사무국을 뉴욕으로 옮기고 나서는 한국 동료들이 함께 모여 점심도 자주 먹고, 명절이나 연말에는 모임도 갖고 노래방에도 갔다. 그러나 이제는 인원이 너무 많아져서 한자리에 모이기도 힘들고 행사 준비하는 것이 쉽지도 않다. 그러다 보니 주유엔한국대표부에서 실시하는 행사 때 만나는 것으로 대신하곤 한다.

유엔에서 일하는 한국인 수가 급격히 늘어난 이유는 무엇일까? 첫째, 그동안 정부 차원에서 한국인의 국제기구 진출을 위해 여러 방면으로 전략을 세우고 꾸준히 노력해왔기 때문이다. 매해 총회가 열릴 때면 외교부 장관이나 정부 고위 간부가 와서 유엔에서 근무하는 직원들과 오찬을 한다. 그때마다 강조하는 것이 정부에서 한국인의 국제기구 진출에 최선을 다한다는 것이었다. 그러한 정부의 노력이 결실을 맺고 있는 것이다.

둘째, 한국의 경제 성장이다. 유엔사무국의 직원 수는 국가별로 유엔에 내는 분담금과 직결된다. 분담 금액을 책정하는 가장 큰 기준은 각 나라가 세계 경제에 이바지하는 정도다. 한국은 빠른 경제 성장으로 유엔 분담 금액이 늘어났고, 그에 비례해 직원 수도 늘어났다.

셋째, 국제기구에 대한 한국 젊은이들의 관심이다. 특히 국제 사회에서 활약하고픈 의욕, 유엔이 추구하는 목적에 기여하고픈 열망이 어우러졌다고 본다. 또 반기문 유엔사무총장이 사무총장으로 취임하면서 그 관심은 최고조에 다다랐다. 참고로 반 총장께서 취임하던 해인 2007년 6월 기준 한국인 전문직은 48명이었다. 2012년 6월 기준 109명과 비교하면 관심이 얼마나 늘어났는지 알 수 있다.

또 다른 중요한 이유는 한국인의 국격 상승이다. 사실 내가 ESCAP에서 처음 근무를 시작했을때 인도, 파키스탄, 방글라데시 등 동남아시아 출신 직원들이 많았다. 처음엔 왜 그럴까 의아했지만 그들과 같이 생활하면서 이유를 알게 되었다. 그들이 우선 영어를 잘해 언어의 장벽이 없으니 인간관계도 원만하기 때문이었다. 국제기구에서 일하기 위해 가장 필요한 것은 언어 능력이다. 제 아무리 전문지식이 많아도 자신의 생각과 지식을 상대방에게 정확하고 효과적으로 전달하지 못하면 무용지물이다. 언어를 자유자재로 사용할 수 있어야 다른 동료와도 잘 어울리고, 서로의 생각과 관점을 자유롭게 교환할 수 있다. 나아가 서로에게 좀 더 귀기울이는 열린 마음이 생긴다.

최근에 유엔에 들어온 젊은 한국인 직원이나 한국 인턴들을 만나면 그들의 언어 실력에 놀랄 때가 많다. 영어뿐만 아니라 유엔 공용어도 아주 잘한다. 1990년대 중반부터 한국에 국제화 물결이 일면서 어려서부터 해외에서 공부하고 다양한 경험을 쌓으며 전문지식과 언어 능력을 갖춘 젊은 인재가 많아졌다.

또 국내 대학들도 국제대학원을 설립해 외국어로 강의하는 학교가 늘고 있다. 이 또한 우리 젊은이들의 언어 실력 향상에 크게 이바지 했다고 생각한다. 국가경쟁시험을 위한 브리핑에 온 젊은 한국인들을 보면 너무 총명하고 유능해서 모두 채용하고 싶은 마음이 굴뚝같다.

한국인의 장점은 성실하고 근면하다는 것이다. 이 점은 유엔에서 일하는 다른 나라 직원들도 인정한다. 한국인 직원은 맡은 일을 무엇이든 성실하고 철저히 수행한다는 평을 받는다. 그래서 신뢰를 받는다. 그 신뢰가 한국인의 유엔 진출과 위상을 높이는데 촉진제 역할을 하는 것이 아닌가 생각된다.

지금 유엔에서 일하는 한국인 직원들, 또 앞으로 새로 들어와 일할 젊은이들이 어떤 훌륭한 열매를 맺을지 기대된다.

11. 미국에서 한국의 국격 상승

1970년 초에 필자가 Hawaii BYU에서 한 학기를 마치고 미 본토 캘리포니아에 상륙했다. 만나는 사람마다 Are you Japanese? 또는 Chainese?냐고 물었다. No, Korean.이라고 말하면 Korea가 어디에 있느냐는 듯 의아해 했다.

그 무렵 현대 포니가 초라하게 미 대륙에 등장했다. 당시 유럽의 어느 나라 자동차도 등장했다. 이때 재외 동포들이 조국의 국산차 구입하기 운동을 펼쳤다. 당시 현대차는 성공적으로 판로에 활기를 띠고 길가에 달리는 차 중에는 가뭄에 콩 나듯 프리웨이를 달리고 있었다. 그러나 유럽차는 상륙에 실패하고 말았다.

또한 그 무렵에 슬슬 백화점에 전자제품이나 건축자재상, 가발상에 Made in Korea가 눈에 띄게 나타났다. 지금은 그 자리에 한국제품 대신에 중국제품이 자리를 차지하고 있다. 싸구려는 중국제가 넘치고 한국제는 전자제품, 냉장고, 전화기 등 IT산업쪽으로 넘어가 판을 치고 있다.

6·25 전쟁때 참전했던 미군들은 한국의 급속한 발전에 놀라고 있다. 상상할 수 없는 기적이 일어나고 있다는 것이다. 따라서 많은 수는 아니지만 이들 참전용사들을 매년 초청하여 한국의 발전상을 보여주고 있다.

남북 전쟁 때 부모를 잃은 고아로 미국에 입양한 사람들은 성년이 되어 생부모를 찾는 경우가 자주 나타나고 있다. 유럽으로 입양된 아이들도 같은 모습이다. 다행이 생부모를 찾은 행운아들은 생부모를 초청하여 미국에 살도록 하는 경우도 많다. 6·25때 미군과 결혼한 부인들은 조국에 남아 있는 가족들을 초청하여 미국에 정착하게 한 공로가 크다. 이제는 한국의 이민자들이 미국 50개 주에 없는 곳이 없다. 또한 세계 각국에 재외동포들이 없는 나라가 없음이 본서 제2편에서 발견할 수 있다. 놀라운 한류 현상이다. 한국인이 비교적 많은 지역에서는 백인들의 협조로 정치인이 많이 탄생하고 있다. 이로 인해 우리의 목소리가 커지고 높아지며 미국의 변방 즉 주변에서 살던 우리들은 어느덧 중심으로 나아가고 있다. 한국의 국격은 날로 상승되고 확장되어 우리의 목소리가 중심부에서 메아리 치고 있다. 정말 세상 살 맛이 난다.

PART 02
유형 문화재

1. 장경각(장경판정)

장경각은 국보 52호로 지정되어 있다. 특히 15세기 조선시대의 산물인 장경각은 1995년에 유네스코 지정 세계유산으로 등록되었다. 이 장경각은 대장경을 보관하기 위해 지은 건물로 세계에서 유일한 것인 동시에 세계에서 가장 큰 목조 창고 건물이며, 해인사 건물 중 가장 중요한 건물이다. 장경각을 지은 정확한 연대는 알 수 없다. 단지 『고려대장경』을 해인사로 옮긴 지 약 1세기가 지난 1488년에 처음 복구된 이래 수차례에 걸쳐 복구되었다.

4개의 건물로 이루어진 장경각 건물 중 중심인 수다라장은 1662년에, 법 보전은 1624년에 복구되었는데, 이 건물들은 그때 이후 지금까지 원형을 그대로 유지하고 있다. 장경각에는 『고려대장경』의 경판들이 '천자문' 순서에 따라 5줄로 배열되어 있다.

해인사의 장경각은 이제 세계인의 문화유산이 되었다. 그리고 장경각의 『고려대장경』도 세계유산으로 등록만 되지 않았을 뿐, 세계기록유산으로서 전혀 손색이 없는 우리의 소중한 유산이다. 문화적 측면에서 이들 유산의 가치는 세계적인 인쇄 문화의 보물창고로서 이미 증명된 것이다.

2. 종묘

종묘는 사적 제 125호다. 이곳은 역대 왕들의 위패를 모시고 있는 곳으로, 건축으로 쓴 왕조의 역사요, 죽은 이들이 주인인 초월적이고 상징적인 장소이다. 왕조의 역사가 계속되면서 종묘는 마치 살아 있는 거대한 생물체와 같이 끊임없이 성장하고 변해 왔다. 따라서 종묘의 건축을 이해한다는 것은 조선왕조의 역사를 체험하고, 유교 사회의 죽음에 대한 인식을 이해하는 계기가 될 것이다. 또한 종묘는 왕도 서울의 중요한 도시 시설이었다. 경복궁이 서울의 한 중심이었다면, 다른 한편의 중심은 종묘와 그 뒤의 창덕궁이었다. 이 두 중심은 종로라는 길로 연결되었다. 종묘는 정전과 영녕전이라는 두 중심 건물을 가지고 있다. 이 두 중심도 어도와 신도라는 길들로 연결된다. 이런 점에서 종묘는 서울의 도시 구조를 축소 반복하고 있는 도시적 건축이다.

종묘에는 건축물만 보존되어 있는 것이 아니라, 500년을 계승해 온 제사 의례와 제례악이 보존되어 왔다. 따라서 종묘는 세계에서 유래를 찾기 어려운 종합적인 문화유산이다. 여러 가지 면에서 종묘는 한국의 고전 문화를 대표하는 소중한 유산일 것이다. 종묘는 역대 임금과 왕비들이 신주를 모셔 놓고 국가적인 제사를 지내는 곳이다. 유교적 세계관에 의하면 사람은 영혼인 혼(魂)과 육신인 백(魄)이 결합된 존재이며, 죽음이란 혼과 백이 분리되어 영혼은 하늘로 올라가고 육신은 땅으로 돌아가는 과정이라고 생각했다. 따라서 죽은 조상을 숭배하려면 혼을 위하여 사당인 묘(廟)를 세우고 백을 위하여 무덤인 묘(墓)를 만들어야 했다. 초월적 신을 인정하지 않는 종교인 유교에서 조상신은 중요한 숭배 대상이고, 특히 한 나라의 최고 인격체인 역대 왕들을 모신 종묘는 최고의 사당 건축이요, 가장 숭고한 신전인 것이다.

유네스코에서 종묘를 세계유산으로 지정한 데에는 몇가지 특별한 이유가 있다. 우선 500년 조선왕조의 신위를 그대로 모시고 종합적인 의례를 유지하고 있는 유일한 예로 평가된다. 물론 유교적 예의 본고장인 중국에도 고대부터 종묘와 같은 태묘(太廟)가 있었으나, 한 왕조가 멸망하고 새 왕조가 성립되면 가장 먼저 구왕조의 종묘를 없애버리고 신왕조의 종묘를 신축하는 것이 역사적 통례였기 때문에 최후 왕조인 청 태묘만이 베이징에 남아 있게 되었다. 그나마도 공산혁명기를 겪으면서 의례는 중단되었고 건물들도 개조되었다. 같은 유교권 국가 가운데 일본의 경우에는 천황들을 신사에 모셨기 때문에 종묘와 같은 예제적 건축은 나타나지 않았다. 그러므로 결과적으로 한국의 종묘가 유교 문화권 가운데서도 유일하게 보존되며 운영되고 있는 것이다.

종묘가 창건때부터 현재와 같은 모습은 아니었다. 세월이 흐르면서 역대 임금들이 늘어나고 모셔야 할 신위들이 증가하면서 종묘의 건축은 차츰 확대되었고 총 8차례에 걸친 증축과 중창 끝에 현재의 모습이 형성되었다. 조선 왕조가 오늘날까지 계속되었다면 지금쯤 다시 한 번 증축 공사를 하고 있을지도 모른다. 종묘는 일순간에 완성된 건축이 아니라 500년 왕조 동안 계속 늘어나고 변화해 온 살아있는 건축이다. 이 동북아형 제사의 특징은 제례와 함께 반드시 음악과 춤이 같이 행해진다는 것이다. 이것은 유교의 예약 사상에 기초한 것이다. 조상들은 기쁘게 하기 위해 음식을 올리는 것은 기본이고 조상들의 감성적인 마음을 즐겁게 하기 위해 음악과 춤을 바치는 것이다. 그래서 제사를 드릴때 두 팀의 악대가 편성되어 음악을 연주하고 이 음악에 맞추어 64명으로 구성된 무용수들이 춤을 춘다. 이 제사가 대단하다는 것은 이런 거대 참가팀들이 있기 때문이다.

종묘는 1395년에 착공, 동년 9월에 낙성, 56,000평의 면적에 정전(正殿)·전사청(典祀廳)·재실(齋室)·향관청(享官廳)·공신당(功臣堂)·영녕전(永寧殿) 등이 있다. 임진왜란 때에 불 탄 것을 1608년에 중건하였고, 영조·헌종·고종 때에 중수, 정전(正殿)의 간수(間數)도 증축되어 현재와 같이 19간의 거대한 구조물이 되었다. 건물의 구조는 정전과 영녕전이 모두 2익공(二翼工) 맞배지붕의 간결한 수법으로 되어 있다.

3. 경주 역사지구

경주는 우리 민족의 영원한 정신적 고향이다. 물론 우리에게는 저 광활한 만주땅에서 웅거했던 고구려도 있고, 섬세하고 국제적인 문화를 자랑했던 백제도 있지만, 양적으로나 질적으로나 가장 우수한 문화유산은 경주에 고스란히 남아 있다. 경주는 한 마디로 신라 그 자체이다. 신라가 탄생한 이래 천 년 동안 경주는 신라의 수도였고 신라의 중추역할을 해 왔다. 때문에 신라를 알려면 당연히 경주를 알아야 한다. 경주는 도시 전체가 박물관이다. 어디를 파든 유물이 무진장하게 나온다.

지금도 이제까지 발견된 것보다 더 많은 양의 유물이 지하에 파묻혀 있을 것으로 추정된다.

유네스코가 선정한 세계 문화유산 가운데 하나인 경주는 '경주역사지구(Kyongju Historic Areas)'라는 이름으로 매우 독특한 위치에 등재되어 있다. 종묘나 창덕궁처럼 다른 유적들은 단일 품목으로 올라 있지만, 경주는 도시 전체가 5개 지역으로 나뉘어 등재가 됐는데 그 각각은 불교 미술의 보고라 할 수 있는 남산지구, 천년 왕국의 궁궐터인 월성지구, 신라 초기 왕들의 능이 모여 있는 대릉원지구, 신라 불교의 중심 노릇을 했던 황룡사지구, 마지막으로 고대 신라의 방위 시설 중 핵심이라 할 수 있는 명활산성이 그것이다.

첫번째로 지정된 곳은 남산 지구

남산은 야외 박물관이라고 불릴 정도로 온 산이 불교 문화재로 뒤덮여 있다. 뿐만 아니라 왕릉이나 포석정처럼 불교와 직접적인 연관이 없는 문화재도 많다. 때문에 경주 현지에서는 "남산에 가 보지 않은 사람은 경주를 논하지 마라."라는 말도 공공연히 나온다.

둘째, 월성지구

남산의 밑자락에는 신라의 왕족들이 살았던 월성이 있다. 이 지구에는 월성을 중심으로 임해전과 계림, 첨성대 등이 지역 유산으로 등기되어 있다. 서기 101년에 축조된 이래 월성은 계속해서 신라의 왕성이었는데, 5세기 후반 왕족들이 잠깐동안 명활산성에서 거처한 것을 제외하고는 내처 왕성으로 남아 있었다. 전체 길이는 약 1.8km 밖에 안 되는 흙과 돌을 섞어 만든 작은 토성인데, 지금은 많이 무너지고 큰 나무들이 자라고 있어 자취를 찾는 일이 쉽지 않다. 단 북쪽에 있는 해자를 통해 성이 있었음을 간파할 수 있다. 그 모습이 반월을 닮았다고 해서 반월성이라 불리는데, 현재는 조선조 영조 때 옮겨 놓은 석빙고가 그 안에 있다.

셋째, 대릉원지구

'대릉'이라는 이름은 『삼국사기』의 '미추왕이 죽은 뒤 대릉에서 장사지냈다.'는 구절에서 따온 것이다. '경주'하면 가장 먼저 고분이 떠오르는 것이 아마 당연할지도 모른다. 경주 시내에 즐비하게 있는 것이 고분이라 경주의 유적에 대해 관심이 없는 사람들 눈에도 쉽게 띄기 때문이다. 그 모양이 젖무덤처럼 유려할 뿐 아니라 크기도 커 더욱 눈에 들어온다. 도시 한복판에 이렇게 무덤이 많은 경우는 아마 전 세계에 없을 것이다. 이런 연유 때문에 경주의 고분이 유네스코의 세계유산으로 등록된 것이리라. 이 지구에 등록된 고분은 경주 전체의 고분에 비해 그리 많은 양은 아니다. 물론 경주 전체에 얼마나 많은 고분이 있는지 정확히 알 수는 없다. 그것은 봉토가 흘러내려 무덤의 모습을 잃어 알지 못하는 경우도 있고, 지하에 있어 미처 식별하지 못하는 경우도 있기 때문이다. 이곳의 이름이 대릉원지구라 해서 현재 대릉원이라 불리는 공원에 있는 고분만 일컫는 것은 아니다. 이 지역에는 미추왕릉, 황남리 고분군, 노동리 고분군, 노서리 고분군, 오릉, 동부사적지대. 재매정 등이 포함되어 있는데, 여기서 재매정만 빼고 모두 고분군을 말한다.

넷째, 황룡사지구

황룡사지구로 지정된 이 지역의 유적은 매우 간단하다. 터만 남아서

사적 6호로 지정된 황룡사지와, 국보 30호로 지정된 분황사탑만 포함되기 때문이다. 이 두 절은 흥륜사와 함께 신라 초기 사찰 가운데 대표적인 것으로 꼽힌다. 특히 황룡사는 신라의 절 가운데 가장 큰 절로 대지가 약 2만여 평-동서가 288미터, 남북이 281미터에 달한다. 황룡사를 처음 짓기 시작한 사람은 진흥왕이다. 553년 왕은 새 궁궐을 지으려다가 그곳에 황룡이 나타나는 바람에 포기하고 절을 지었다는 설화가 『삼국유사』에 전해지는데, 그 뒤에 숨은 뜻은 알 수가 없다. 절이 완성된 것은 십여 년이 지난 569년이다. 이 절터는 1976년부터 1983년까지 8년에 걸쳐 발굴되었는데, 이때 원래 늪지였던 땅을 매립해 대지를 만들었다는 것을 알아 낼 수 있었다. 양식도 가장 초기의 것이라 중문, 탑, 금당(법당), 강당이 일렬로 남북으로 배치됐고 가운데에 탑 하나가 세워져 있다. 그러나 후대에 다른 건물들이 들어서 이 양식이 끝까지 지켜지지는 못했다.

다섯째, 명활산성

이 지구에는 명활산성 하나만 등재되어 있다. 경주에 산성이 적지 않은데 이 산성만 선정된 것은 명활산성이 다듬지 않은 돌을 사용하는 신라 초기의 산성 양식을 대표하기 때문일 것이다. 이 성의 정확한 축성 연대는 알 수 없지만, 405년 왜병이 이 성을 공격했다는 기록이 있는 것을 보면 그 이전임을 알 수 있다. 명활산성은 경주의 북방을 방어하는 역할을 했다. 이 성이 다른 성에 비해 중요한 역할을 했다는 것은 475년부터 488년까지 국왕이 이곳에 거주했다는 사실에서 알 수 있다. 한편 국왕이 처소를 북쪽인 이곳으로 옮겼다는 것은 그만큼 북방 방어를 중시했다는 말이다.

4. 창덕궁

창덕궁(昌德宮)은 사적 122호로 서울 종로구 와룡동에 있다. 조선시대의 궁궐로써 면적은 43만 4877㎡이며 1405년(태종 5년) 태종이 한성의 향교동(鄕校洞)에 이궁(離宮-태자궁, 세자궁의 총칭)을 짓고 창덕궁이라고 명명했다. 인정전(仁政殿) · 선정전(宣政殿) 등 많은 전당을 짓고 12년에 돈화문(敦化門)이 준공되어 궁궐의 면모를 갖추었다. 1592년(선조 25년) 임진왜란과 1623년의 실화로 두 차례나 소진되었던 것을 1647년(인조 25년)에 중건했다.

창덕궁은 조선의 궁궐 가운데 유일하게 1997년 유네스코에 세계유산으로 등재되어 있다. 창덕궁은 가장 한국적인 방법으로 지어진 궁궐이기 때문이다. 중국이든 일본이든 이웃나라에서는 궁궐은 보통 평지에 짓는다. 그리고 하나의 축을 중심으로 모든 건물을 대칭적으로 짓는게 보통이다. 조선에도 이렇게 궁궐을 지었으며 경복궁이 대표적인 예이다. 특히 경복궁은 비교적 중국의 예를 따라 지으려고 노력한 궁궐이다. 그런데 창덕궁은 이런 규칙을 모두 무시하고 지었다. 우선 평지가 아니라 언덕에 지었는데 자연의 지형을 있는 그대로 살렸다는 점이 특이하다. 공간을 나눈 구성도 대단히 이채롭다. 보통 궁궐들은 하나의 축을 중심으로 여러 건물들을 대칭으로 배치하는데 창덕궁에서는 이런 구성이 완전히 무시되었다.

창덕궁에서는 일하는 공간을 왼쪽 밑으로 모았다. 그래서 대문 역시 중앙이 아니라 왼쪽으로 치우친 곳에 있다. 이런 식의 구성은 궁궐 건축에서는 대단한 파격이다. 왕은 이 궁의 중심 건물인 정전(인정전)으로 가기 위해 왼쪽 끄트머리에 있는 문으로 들어가 두 번이나 꺾은 다음에야 정전에 도달할 수 있기 때문이다.

그리고 이 일하는 공간을 뺀 나머지 대부분의 공간은 왕이 쉴 수 있는 정원으로 만들었다. 이렇게 만들다 보니 이 궁궐 안에 있는 건물들을 관통하는 하나의 축을 고집하기가 불가능해졌다. 그 결과 약 세 개 정도의 축이 생겨나 건축이 매우 자유분방해졌다. 이런 까닭에 창덕궁을 파격의 궁궐이라고 하는 것이다. 사실 창덕궁이 자랑하는 것은 건물이 아니라 후원, 즉 정원이다.

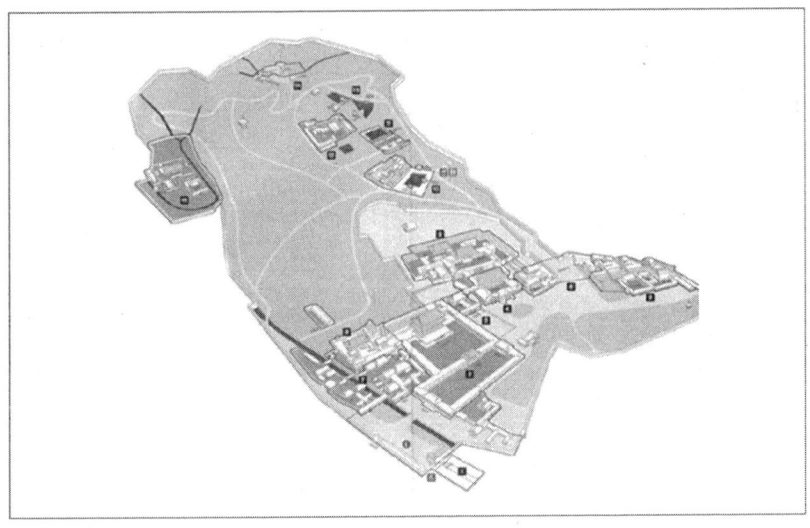

창덕궁 주요 건물들이 3개의 축에 따라 배열되어 있다

용지 영역부터 시작되는 정원에는 많은 연못과 누각, 그리고 숲속 길이 있는데 이 부분이 바로 창덕궁의 백미라 할 수 있다. '부용지'는 네모난 연못과 그 연못가에 있는 부용정, 그리고 몇 개의 건물로 구성되어 있다. 이 영역은 창덕궁에서 가장 아름다운 곳으로 손꼽힌다. 그런데 이곳에 규장각이 있다. 규장각은 정조가 만든 '싱크탱크'로 세종이 만든

45

집현전과 더불어 조선의 2대 연구소이다. 정조가 이렇게 수려한 곳에 연구소를 둔 것은 학자들로 하여금 가장 좋은 환경에서 연구할 수 있게 한 것으로 본다.

조선식 정원의 특징은 자연을 가능한 한 살리는 동시에 인간의 손길을 최소화하는 것이다. 그래서 대단히 자연적일 뿐만 아니라 구조가 매우 단순하다. 창덕궁의 후원은 바로 이 원리에 따라 만들어졌다. 그런 까닭에 정원에 들어와 있으면, 인간이 만든 공간에 있는 것이 아니라 자연 속에 들어와 있는 느낌을 받는다. 창덕궁의 후원은 이런 점을 인정받아 세계유산이 된 것이다. 천연기념물 제194호인 향(香)나무는 창덕궁 내의 보각(普閣)과 봉모당(奉謨堂) 사이에서 있다. 수령 700년으로 추정되는 이 향나무의 크기는 높이 6m, 가슴 높이의 둘레 4.3m, 가지의 길이는 동쪽 5.5m, 서쪽 6.0m, 남쪽 2m, 북쪽 3.5m이며 이 나무가 점한 면적은 313.5㎡이다. 즉 창덕궁은 동아시아 궁궐 건축 및 정원 디자인의 뛰어난 원형으로, 자연 환경과 조화를 이룬 형식의 탁월함을 인정받았다고 할 수 있다. 자연과의 조화를 통해 넓지 않은 궁역 내에서도 다채롭고 풍성한 건축 공간을 만들었고 독창적인 조경 기법을 탄생시켰다. 숙종조의 대보단 건설을 통한 조선 중화의식의 발현, 정조의 규장각 설립으로 이뤄 낸 아름다운 학풍, 민력의 수고로움을 아끼는 군민일체의 정치 사상은 오늘날에도 귀감이 되는 살아 있는 전통이다.

창덕궁은 고종조 경복궁 중건으로 정궁의 자리를 내주었지만, 조선왕조의 마지막까지 왕실로부터 가장 사랑받은 궁궐이었다는 것은 숨길 수 없는 사실이다.

5. 고인돌

한국은 고인돌의 나라라고 불러도 될 정도로 고인돌이 많다. 전 세계 고인돌 약 7만 개 중 40~50%가 한국에 있다고 하니 그럴 만하다. 그런데 원래 한국에 있는 고인돌은 이보다 훨씬 많았다고 한다. 그래서 만일 이 고인돌들이 없어지지 않고 다 남아 있다면 전 세계 고인돌의 60%이상을 차지할 것이라는 예측도 있다. 고인돌의 '고인'은 말 그대로 '고였다'는 뜻이다. 이것은 넓은 판석 밑에 돌을 고여서 세워 놓기 때문에 나온 이름이다. 고인돌은 전 세계에 퍼져 있지만 우리나라를 중심으로 한동북아시아에 제일 많다. 우리나라에 있는 고인돌의 분포를 보면 남한에 약 3만여 개가 있고 북한에 약 1만 5천 개 정도가 있다고 한다. 이들 거석분묘는 중국 동북부에서 한반도, 일본의 규우슈우(九州) 북반부까지 분포되어 있다. 북방식(北方式)은 거석(巨石)으로 만든 상자 모양의 석실(石室), 남방식은 거석을 몇 개의 돌로 떠받친 형식의 것이다. 고인돌은 청동기 시대에 만들어진 무덤으로 주로 지배계층이 이용하던 무덤이다. 지석묘(支石墓)라고도 하는 고인돌이 지배계층의 무덤이라고 추정하는 몇 가지 근거는 다음과 같다.
가장 유력한 근거는 그 무거운 돌을 옮기려면 많은 사람을 동원할 수 있는 사람이어야 하니 무덤의 주인공은 지배계층일 수 밖에 없다는 것이다. 그리고 고인돌 안에서 동검(청동칼)같은 청동기 제품과 옥(玉)같은 귀중품이 나오니 무덤의 주인은 특수 계층이라고 추측할 수 있다. 고인돌의 제작 시기는 대체로 기원전 9세기에서 기원전 6세기 정도로 잡는다. 우리나라 곳곳에서 고인돌이 발견되지만 특히 서해안 지역에 많고 그중에서도 전라도 지역에 밀집되어 있다. 산이 많은 '북쪽과 동쪽'에 비해 '서쪽과 남쪽'은 평야가 많으니 사람들은 당연히 산악보다는 평야에서 살았을 것이다. 그래서 서해안과 남해안 쪽에 고인돌이 많다. 고인돌은 모양으로 나눌 때 일반적으로 탁자식과 바둑판식으로 나눈다. 탁자식은 다리가 있어 받치는 형태를 취하고 있고, 바둑판식은 땅위에 큰 바위를 얹어 놓은 모양이다.

강화에는 탁자식으로 크고 멋진 고인돌이 있다. 이 고인돌 덮개돌은 무려 50톤이라 한다(이 돌에는 수십 명의 사람이 올라갈 수도 있다). 한편 짧은 시간에 가장 많은 고인돌을 보고 싶으면 고창으로 가면 된다. 여기에는 2km가 조금 안 되는 산기슭에 약 450개의 고인돌이 모여 있다. 그런가 하면 화순에는 채석장이 있어 당시에 어떻게 고인돌을 만들었는지 알 수 있다. 아무튼 우리나라는 '돌의 나라'라고 불릴 정도로 고인돌이 많은데 그 전통이 후대에까지 이어져 돌을 가지고 많은 돌탑과 불상을 만들게 된다. 최근 유네스코에서 세계유산으로 지정하여 새삼 그 중요성과 가치를 깨닫게 된 고인돌! 이번일을 계기로 우리만이 아니라 세계의 관심 있는 학자들과 함께 세계 공동의 문화유산으로서 고인돌에 얽힌 많은 의문들을 풀 수 있었으면 한다.

2000년 12월 2일, 유네스코 세계유산 위원회는 전남 화순, 전북 고창, 강화 지역의 고인돌 군을 세계유산에 등록했다. 한반도에 존재하는 고인돌의 보존 가치를 세계가 인정한 것이다. 그것은 고인돌이 세계적으로 유례를 찾아볼 수 없을 만큼 한반도에 집중되어 있고, 탁자 모양과 바둑판 모양 등 독특한 형태를 하고 있는 거석 기념물이기 때문이다. 특히 고인돌이 우리나라에 가장 많이 분포하고 있는 점에 주목해야 하겠다.

고창 지역의 고인돌에서는 큰 규모의 돌로 고인돌을 만들던 축조 방법 및 기술을 확인할 수 있는데, 남방식에서 북방식에 이르는 다양한 고인돌이 대규모로 밀집되어 있어서 매우 신비롭고, 학술적으로도 중요하다. 강화도 부근리의 고인돌은 남한 최대의 북방식 고인돌이라는 점에서 세계 문화유산으로 등록되었다.

6. 석굴암

석굴암 석굴(石窟庵 石窟)은 국보 제24호로 경북 경주시 진현동(進現洞) 소재로 화강암의 자연석을 다듬어 인공적으로 축조한 석굴 사원이다. 통일신라 시대인 751년(경덕왕 10년)에 대상(大相) 김대성(金大城)이 왕명에 따라 착공하였으나 완공하지 못하고, 국가적인 조영공사로 끝맺었다. 김대성은 불국사도 함께 지었다. 김대성이 현세의 부모를 위하여 불국사를 세우고 전세의 부모를 위해서는 이 석굴암을 세웠다는 전설적인 유래가 있다.

석굴 길이는 14.8m, 굴실(窟室) 지름 7.2m, 굴실 높이 9.3m, 본존상(本尊像) 높이 3.26m, 본존상 대좌(臺座) 높이 1.58m, 굴실의 천장부·밑바닥·둘레가 모두 연꽃 모양으로 되어 있고, 보존상 둘레에 1.88~2.21m의 여러 불상이 꽃잎과 조화를 이루며 조각되어 있다.

신라인들은 인도의 아잔타 석굴이나 중국의 용문 석굴처럼 굴을 파서 절을 만들고 싶었다. 그것이 당시 불교 국가의 전통이었기 때문이다. 그러나 한국의 산은 아주 단단한 화강암으로 되어 있어 굴을 팔 수가 없었다. 그래서 신라인들은 아예 인간의 힘으로 굴을 만들었다. 그 결과 석굴암이 탄생한 것이다. 엄밀히 말해 석굴암은 굴이 아니라 방이다. 굴처럼 보이지만 사실은 방이다. 그러나 굴로 만들었으니 석굴이라 해도 문제는 없다. 그래서 인간이 만든 '세계에서 유일한 인조석굴'이다. 이런점에서 석굴암은 세계문화사적인 가치가 있다. 이 석굴은 만드는 데에만 약 40년이 걸렸는데, 그것은 세계에 유례가 없는 건축물을 지으려 했기 때문일 것이다. 이 굴을 건축할 때 가장 어려웠던 부분은 불상이 있는 방의 돔을 만드는 것으로 본다. 돌로 돔을 만드는 일은 결코 쉽지 않았다. 특히 마지막 돔의 한가운데에 마감돌을 놓는 것이 가장 어려운 작업이었다. 그래서 그랬던지 이 돌을 놓다가 떨어져 세 조각이 났으며 이 돌은 깨진 채로 지금도 그 자리에 놓여 있다.

석굴암은 극히 정교한 기하학적 원리에 따라 만들어져 완벽한 배치를 보여준다. 예배하는 위치에 서면 불상의 머리가 뒤에 있는 광배의 한가운데에 들어오는데 이런 것들은 고도의 계산이 아니면 해낼 수 없는 건축술이다.

석굴암의 그 다음 감상 포인트는 말할 것도 없이 불상과 그 주변 조각상들이다. 이 불상을 처음 본 일본인이 "동양에는 비교할 것이 없다"라고 한 데에서도 알 수 있듯이 최고의 아름다움을 자랑한다. 불상은 동양에만 있으니 동양에서 최고라는 것은 세계 최고라는 말이다. 이 불상은 한국역사상 상층 계층이 만든 불상 가운데 최고의 것으로 한국 불상의 영원한 모델이다. 굴 안에는 이와 더불어 많은 보살과 붓다의 제자들 같은 불교 관계자들이 다수 조각되어 있는데 이 조각들도 대단한 솜씨를 자랑한다. 그중에서도 본존불 바로 뒤에 있는 관세음보살상은 예술성 면에서 가히 세계적인 수준이라 할 수 있다. 그런데 안타깝게도 이 보살상은 밖에서는 보이지 않는다. 석굴암은 보존 문제로 현재는 안으로 들어갈 수 없다. 그래서 밖에서만 볼 수 있는데 그 까닭에 그저 본존불과 약간의 조각상들만 보일 뿐이다. 따라서 석굴암에 갈 때에는 미리 내부를 공부하고 가는 것이 좋다. 그렇지 않으면 볼 수 있는 것이 한정되어 있어 크게 실망할 수 있다.

김대성은 전생의 부모를 위해 석불사를, 현세의 부모를 위해 불국사를 세웠는데, 이 일을 추진하다가 세상을 떠나자 780년을 전후로 해서 나라에서 완성했다고 『삼국유사』에서 전하고 있다. 그러므로 이 두 건축물은 첨성대, 석빙고, 성덕대왕 신종 등 과학적 업적이 잇달아 꽃피던 통일신라 전성기 때 한 개인이 가졌던 종교적 염원이 국가의 지원에 힘입어 탄생된 유적이라 할 수 있다.

누수 방지 차원에서 이중 콘크리트 돔을 세우고 그 위에 봉토를 덮어 외부로부터 습한 공기의 유입을 막겠다는 생각으로 1964년 석굴 전실에 목조 건물을 세웠다. 그러나 문제는 해결되지 못했고 현재는 내부에 공기 냉각장치를 설치하여 유지하고 있으며, 전실 입구의 목조 건물은 지금도 논란의 대상이 되고 있다. 특히 남천우는 1688년의 『산중일기』와 1708년의 『불국사 사적』의 기록을 언급하면서, 전실은 본래 지붕이 없는 열린 공간이었으며 통로 위 주실 벽에는 아치형의 광창이 존재했다고 주장하고 있다. 그는 또한 주벽에 있는 10개의 감실이 전부 뒤쪽이 비어 있어 광선과 공기가 그곳에서 들어오게 되어 있었다고 했다. 결국 그는 석굴의 습기가 누수 현상이 아니라 외부와 내부의 온도 차로 이슬이 생기는 결로 현상이라며, 외부 공기의 유입을 막기보다는 반대로 공기가 원활하게 유동할 수 있도록 개방하는 것이 석굴의 원형이라고 주장하고 있다.

7. 불국사

불국사(佛國寺)는 경상북도 경주시 진현동(進現洞) 토함산(吐含山) 기슭에 있는 절로 25교구본사(敎區本寺)의 하나로 그 경내는 사적 및 명승 제1호로 지정되어 있다. 면적 39만㎡. 신라 경덕왕 때 재상(宰相) 김대성(金大城)에 의하여 대대적으로 확장·중수된 것으로 대웅전·다보탑·석가탑·청운교·백운교·극락전·무설전(無說殿)·비로전(毘盧殿) 등을 비롯하여 무려 80여 종의 건물이 있었다고 한다. 임진왜란의 병화로 불타버리자 1604년 경부터 1805년까지 약 40여 차례에 걸쳐 중수되었다. 1966년 석가탑의 해체복원 등 부분적으로 보수되었고, 69년 대통령의 지시로 불국사 복원위원회가 구성되어 70년 2월 공사에 착수, 73년 6월에 끝마쳤다. 경내에는 불국사 다보탑·불국사 3층 석탑·연화교·칠보교·청운교·백운교·금동비로사나불좌상(金銅毘盧舍那佛座像)·금동아미타여래좌상(金銅阿彌陀如來坐像)·불국사 사리탑(舍利塔) 등 많은 문화재가 있다.

경주는 한국을 방문한 외국인들이 서울 다음으로 많이 가는 곳이다. 불국사는 경주 역사유적지구와는 별도로 석굴암과 더불어 유네스코 세계유산의 한 항목으로 등재된 세계적인 문화재이다. 이처럼 불국사와 석굴암이 경주 역사유적지구와 따로 등재되어 있는 것은 그만큼 이 유적이 중요하다는 것이다.

당시 신라인들은 신라가 원래 부처님이 살던 곳이고, 여전히 살고 있는 곳이라 믿었다. 신라사람들은 이 사실을 증명할 필요가 있었다. 그래서 지은 사찰이 바로 불국사, 즉 부처님 나라 절(Buddha Land Temple)이다. 부처님이 살았고 지금도 살고 있다고 주장하려면 부처님이 사는 집이 필요해 이런 집을 지은 것이다.

불국사가 지어진 것은 8세기 중엽이다. 이 절은 당시의 신라 정부가 많은 돈과 공을 들여 지었다. 그러나 유감스럽게도 이 절의 현재 모습은 원래의 모습과 아주 다르다. 쉽게 말해 불국사는 잘못 복원되었다고 할 수 있다. 조금 과장되게 말하면 이 절에서 볼 것은 돌뿐이다. 왜냐하면 이 절에 있는 것 가운데 돌만이 신라시대, 즉 8세기의 것이고 건물들은 조선시대 혹은 1970년대에 다시 건축한 것이기 때문이다. 이 건물들은 한참 후대에 만든 것이라 아름다움이 한참 떨어진다.

그러나 이 절에 있는 돌로 만든 것들은 세계 최고의 수준이다. 예를 들어 절 앞면의 기단이나 돌계단(청운교, 백운교), 그리고 앞마당에 있는 당간지주나석조(돌로 만든 물받이) 등은 실로 문화가 극성했던 신라의 아름다움을 잘 보여 준다. 그런가 하면 각 건물 기단 부분에 있는 계단의 옆 부분을 보면 아주 유려한 곡선으로 홈을 파놓은 것이 있는데, 이것도 신라가 아니면 만들 수 없는 대단한 것이다. 이 절에 있는 돌 가운데 가장 뛰어난 것은 말할 것도 없이 석가탑과 다보탑이다. 이 두 탑은 디자인 콘셉트가 완전히 상반된다. 석가탑이 단순과 절제와 고전적인 멋을 상징한다면, 다보탑은 복합·화려·낭만의 멋을 대표한다.

이렇게 상반되는 유물을 한 공간 안에 넣는 것은 아주 힘든 결정이었을 것이다. 디자인 면에서 볼 때 대단하나 파격적이다. 그런데 당시 신라인들이 갖고 있던 디자인 수준은 이런 파격을 잘 소화하고도 남았다. 이렇게 상반되는 개념으로 만든 두 탑이 대웅전 앞마당에서 아주 잘 어울리고 있기 때문이다. 이 두 탑 중에서 더 조명을 받아야 할 탑은 석가탑이다. 이 탑은 완전 무결(?)해 한국 불탑의 영원한 원형이 된다. 그래서 그 뒤에 만들어진 대부분의 탑들은 석가탑을 모방해 만들었다.

한국 불탑이 이 탑에서 완성을 이루었다는 점에서 이 탑의 중요성은 아무리 강조해도 지나치지 않다. 석가탑은 가장 단순한 디자인으로 승부를 보았다. 그래서 더 뺄 것도 없고 더 더할 것도 없는 완벽한 비례감으로 미의 극치를 보여 준다. 이 탑의 미적 수준은 상당한 것이라 이 탑을 제대로 감상하려면 많은 공부와 시간이 필요하다.

8. 수원 화성

1997년에 세계유산으로 지정된 수원 화성에 대한 평가는 다양하다. 우선 세계유산 위원회 집행이사회에서는 화성을, 동서양을 망라하여 고도로 발달된 과학적 특징을 고루 갖춘, 근대 초기 군사 건축물의 뛰어난 모범으로 보았다. 한편 국제 기념물 유적 협의회에서는 화성이 18세기 군사 건축물을 대표하는 것으로, 유럽과 극동아시아 성과 제도의 특징을 통합한 역사적 중요성을 지니고 있다고 평가했다. 또한 현지 조사를 수행했던 니말 드 실바(Nimal De Silva)는 화성의 역사가 불과 200년밖에 안 됐지만, 성곽의 건축물들이 제각기 다른 예술적 가치를 지니고 있는 것이 특징이라고 했다. 이러한 보고를 바탕으로 작성된 유네스코 세계유산 위원회의 공식 평가에는 수원 화성(Suwon Hwaseong Fortress)은 중국, 일본 등지에서 찾아볼 수 없는 평산성(平山城)의 형태로 군사적 방어 기능과 상업적 기능을 함께 보유하고 있으며, 시설이 과학적이고 합리적이며 실용적인 구조로 되어 있는 동양 성곽의 백미라고 기술되어 있다.

화성의 역사적 가치와 성과는 도시 문화재로서 현재성을 갖는다. 지리적 조건을 활용하여 지형과 환경의 조화를 이루고, 아름다운 외관과 실용적 기능성을 충족시킨 화성은, 탁월한 디자인과 건축적 완성도에서 조선 후기 건축의 시대사적 기준을 제시하고 있을 뿐 아니라, 도시 문화재로서 문화 자산이 되고 있다. 화성은 축성시의 성곽이 거의 원형대로 보존되어 있을 뿐 아니라 북수문을 통해 흐르던 수원천이 오늘날에도 여전히 흐르고 있고, 팔달문과 장안문, 화성 행궁과 창룡문을 잇는 가로망이 아직도 도시 내부의 가로망을 구성하는 주요 골격을 이루고 있는 등 200년 전의 골격이 그대로 현존하고 있다. 한편으로 축성의 직접적인 계기가 되었던 사도세자의 능과, 이를 수호하기 위해 세운 용주사 등은 문화재적 가치 외에도 우리 전통 사상의 큰 줄기를 이루는 효사상과 관련해서 정신적 · 철학적 가치를 품고 현재까지 잘 보존되어 있다.

세종 이후, 조선의 문화를 다시 한 번 활짝 피운 왕이 있었으니 바로 정조 임금이시다. 정조는 신분과 집안보다는 실력과 재능을 아끼는 왕이었다. 그의 이러한 태도는 신분이 낮은 백성들에게도 영향을 끼쳐 평민 문학이 나타나게 되었다. 그래서 주로 양반들이 짓던 시조를 백성들도 짓게 되었다. 이 때 평민들이 펴낸 〈풍요속선〉이라는 시집은 조선 시대의 문화 발전에 커다란 주춧돌이 되었다.

백성들을 아끼고 문화를 소중히 여겼던 정조는 1800년 6월, 그의 나이 49살 되던 해 병으로 세상을 떠났다. 아버지 사도세자의 넋을 위로하고자 조성된 화려한 '융릉(隆陵)'은 정조의 효성이 빚어낸 걸작 건축물로 한 구역에 모셔진 정조의 '건릉(健陵)'과 함께 볼 수 있다.

PART 03 무형 문화재

1. 종묘제례

종묘제례(宗廟祭禮)는 조선왕조 때 종묘에서 지내던 제례, 종묘의 제향은 원래 춘하추동 4계절과 12월 납일에 지냈으나, 해방 후부터는 5월 첫 일요일에 한 번만 지내고 있다. 종묘제례는 종묘와 사직의 안녕과 번영을 기원하는 가장 엄숙하고 권위있는 행사이다. 단순한 제례가 아니라 우리 궁중 문화의 정수이며 이때 사용된 음악 역시 우리 고전 음악의 가장 귀한 자산이다. 례악이 귀족문화를 대신한다면 판소리는 서민의 음악이다.

그 절차는, ① 선행 절차 ② 취위 ③ 영신 ④ 행농 나례 ⑤ 진찬 ⑥ 초헌 ⑦ 아헌례 ⑧ 종헌례 ⑨ 음복례 ⑩ 살변두 ⑪ 망요 ⑫ 제후처리 등이며, 제례가 진행되는 동안 종묘제례악이 연주된다. 서울의 이재범(李在範)이 기능 보유자로 지정되어 있다. 매년 5월 첫 일요일 행한다.

2. 종묘제례악

현재 종묘제례에서 연주되는 종묘제례악은 조선의 세종대왕이 친히 작곡한 조선시대의 대표적인 창작품이다. 종묘제례악은 임금이 종묘에서 선왕들의 제사를 지내는 절차와 그때 사용한 음악을 말한다. 세종대왕은 고려에서 전승된 전통 음악과 세종 대에 들어 새롭게 연구한 아악의 형식과 이론을 참고해서, 조선 왕조 창업의 공덕을 기린 「보태평」과 「정대업」이라는 작품을 완성하고, 이것을 '조선 신악(新樂)'의 하나로 발표했는데 이것이 곧 현행 종묘제례악의 원전이다. 세종 이후 500여 년에 걸쳐 조선 왕조의 가장 중요한 의례 음악으로 전승된 「보태평」과 「정대업」은 기원전 2000년쯤의 고대 음악 사상 및 중국의 제례악인 아악의 형식과 이론을 바탕으로 했음에도 불구하고, 그 형식과 고려 전래의 전통 음악 언어가 성공적으로 조화를 이뤄 중국에서 들여온 아악과는 전혀 다른 조선의 새로운 음악으로 탄생됐다는 점에서 특별하다. 뿐만아니라 조선 왕조를 통해 전승되는 과정에서 종묘제례악은 의례 음악의 일반적 특징인 보수성을 유지하면서도, 한편으로는 조선시대 국립음악원 소속의 음악인들이 지녔던 세련된 음악표현들이 서서히 스며들어 독특하고 개성있는 의례 음악으로 완성되었다.

오늘날 동북아시아 전역에서 음악과 춤을 갖춰 거행하는 종묘제례의 전통은 거의 찾아보기 어렵다. 중국은 청나라를 끝으로 종묘제례의 전통이 단절되었으며, 일본에는 아예 중국식 제례악이 소개된 적이 없었다. 이에 비해 우리나라에서는 고려시대 예종조(1116년)에 송나라로부터 아악을 받아들여, 국가의 주요 제례에 아악을 사용하기 시작했다. 특히 종묘제례의 경우, 세종대왕이 회례에 사용하기 위해 향악과 고취

악을 참고하여 하룻밤 사이에 작곡했다는 「보태평」과 「정대업」은 그의 아들 세조에 의해 조선 왕조의 종묘제례악으로 채택된 뒤 오늘날까지 연주되도 있다. 음악이 극치를 이루었던 시대, 그 문화의 시대를 이끌었던 세종대왕과 세조가 품었던 치세지음의 유훈(遺訓)이 500여 년이 지난 오늘날까지 살아 숨쉬는 종묘제례악이다. 이 음악은 외래의 악기와 향악기의 만남, 동양의 고대 악론과 조선인의 음악 감성의 만남에 의해 탄생되었으며, 무수한 음악인들의 숨결을 거쳐 독특한 한국 음악미를 창출했다.

오늘날 종묘제례의 의례는 전주이씨대동종약원과 1975년에 중요 무형문화재 제 56호로 지정된 보유자가 중심이 되어 전승하고 있고, 음악은 국립국악원과 1964년에 중요 무형문화재 제1호로 지정된 보유자 및 그 후계자들, 일부는 국립국악고등학교에서 맡아 전승하고 있다. 이 밖에 국립국악원에서는 종묘제례악을 현대 공연예술의 한 장으로 수용하기 위해 종묘제례의 예와 악을 무대 공연 양식으로 정착시키려는 노력도 진행중이다. 종묘제례악 전승의 새로운 대안 가운데 하나로 기대가 된다. 종묘의 정전이나 공연장에서 열리는 종묘제례 외에 접근할 수 있는 자료로는 음반 『종묘제례악』, 비디오 『종묘 · 종묘대제』 등이 있고, 악보로는 국립국악원에서 간행한 정간보 『국악전』과 오선보 『한국음악』 제11권, 사진집 『종묘』 등이 있다.

환언하면 종묘제례악(宗廟祭禮樂)은 조선 역대 군왕(君王)의 신위(神位)를 모시는 종묘의 제향에 쓰이는 음악이다. 줄여서 〈종묘악〉이라고도 한다. 조선의 종묘가 이룩된 것은 1395년(태조 4년)이며 당시의 종묘악에는 당악 · 향악 · 아악 등을 두루 써 왔다. 1435년(세종 17년) 세종대왕의 뜻으로 우리의 향악으로 보태평(保太平) 11곡, 정대업

(定大業) 15곡을 제정했고, 63년(세조 9년) 이것이 종묘악으로 채택되었다. 조선 500년 역사의 숨결을 이어온 종묘제향은 해방 전까지 연 4회 실시되어 오다가 한때 중단, 1969년 부활되어 매년 1회 봉행(奉行)되고 있다.

3. 김장문화

고국에서 대가족 시대에 살다가 삶터를 옮겨 이민 온 사람들의 말이다. 한인 이민자들이 공통적으로 그리워하는 것 중 하나가 김장김치 맛이다. 엄동설한에 정신이 번쩍 나도록 차가운 김치를 한입 베어 먹는 맛은 다른 어떤 것으로도 대체 될 수가 없다. 미국에서도 웬만한 도시마다 한국식품점이 있어서 김치가 귀하지는 않다. 그러나 생각만 해도 입가에 침이 괴는, 그 싸하고 깊은 맛의 김장김치는 아니다. 김장김치 못지않게 그리운 것 중의 하나는 또 김장문화이다. 해마다 김장철이 되면 동네마다 시끌벅적 잔치 분위기가 이어졌다. 이웃이나 친척들이 함께 모여 '오늘은 이 집. 내일은 저 집' 하며 돌아가면서 김장을 담그고 왁자지껄 웃음과 음식, 정을 나누는 것이 연중행사였다. 간간하게 절여진 샛노란 배추 고갱이에 잘 버무려진 김치 속과 편육을 얹어 먹는 맛은 한국인이라면 누구나 잊지 못할 추억의 맛이다. 그 맛이 그리워지고 침이 나올 것이다.

한국의 김장문화가 유네스코 인류 무형 유산으로 등재되었다. 김장이 겨울철 한국인들의 나눔과 공동체 문화를 상징하며 사회 구성원들 단결속과 연대감을 강화함으로써 한국인으로서의 정체성과 소속감을 부여한다고 무형 유산위원회는 평가했다. 우리 민족이 김치를 즐겨 먹은 것은 고려 때부터로 보인다. 삼국시대에 이미 여러 가지 채소를 소금이나 장, 식초들에 절여 먹었다는 기록이 있기는 하지만 파, 마늘, 생강 등 양념을 넣은 김치는 고려 때 등장한 것으로 알려졌다.

고려시대 문인 이규보는 "순무를 장에 넣으면 삼하(여름 3개월)에 더욱 좋고 청염(소금물)에 절여 구동지(겨울 3개월)에 대비한다"「동국이상국」집에서 이처럼 기록, 김장 풍속을 시사했다. 이어 임진왜란 이후 일본에서 고추가 유입되면서 지금의 맵고 붉은 색 김치가 자리 잡게 되었다고 한다. 김치와 비슷한 채소 절임은 사실 다른 문화권에도 있다. 하지만 지역 구성원들이 함께 품앗이의 형태로 연중 한번씩 대량으로 만드는 풍속은 찾아보기 힘들다. '김치' 자체 보다 '김장'이 유산으로 등재된 배경이다. 이번에 인류무형 유산으로 등재된 것은 정확히 '김장, 한국에서의 김치 만들기와 나누기'이다. 유네스코 무형유산위원회의 결정으로 한국은 종묘제례, 판소리, 강릉 단오제, 남사당놀이, 매사냥, 줄타기, 아리랑 등 16건의 인류무형유산을 보유하게 되었다. 이중 우리에게 가장 가까이 다가오는 것은 물론 김장이다. 다른 유산들은 일부 전승자들에 의해 계승되어 온 반면 김장은 우리 민족 모두에게 유전자에 각인된 듯 친근하다는 점에서 특별하다.

한국이 가난했던 시절, 겨울을 나려면 집집마다 세 가지를 준비해야 했다. 쌀과 연탄 그리고 김장이었다. 쌀 두어 가마니 사들이고 연탄 그득하게 쌓아놓고 김장까지 끝내면 세상에 부러울 게 없던 것이 70년대, 80년대 서민들의 삶이었다. 가구 당 김장 분량은 보통 배추 100포기 이상으로 이웃들 간 돌아가며 돕는 품앗이 없이는 어려운 노동량이었다. 2000년대 이후 한국의 김장 문화도 전 같지 않다고 한다. 도시화,

서구화, 상업화가 원인으로 꼽힌다. 아파트 생활이 보편화하면서 김장독은 구경하기도 힘들게 되었고 무엇보다 김장 규모가 대폭 줄었다. 겨울철에도 채소가 흔한 데다 젊은 세대의 식성이 서구화돼서 김치를 잘 먹지 않기 때문이다. 김장 문화도 소수의 전승자에 의해 이어질 날이 머지 않았다. 그러나 김치가 세계로 보급되면서 가정에서 행하던 김장 문화가 공장으로 이동하여 대량으로 생산되고 있다. 이것이 세계인의 입맛을 돋우고 있다는 소식이다.

한국의 발효식품인 김치가 세계 5대 건강식품에 등록된 것도 우리 민족의 창의성을 상징한다. 개정판 옥스포드 영어사전에 '김치(Kimchi)'와 '온돌(Ondol)'이라는 새 단어가 수록되어 있다. 이것은 한국 고유문화인 김치와 온돌이 국제화 사회에 발전적으로 기여했다는 것이 된다.

김치는 야채에 굶주린 영국에서는 '식품혁명'으로 김치의 가치를 평가하고 있다. 또 김치만 보면 마늘냄새가 난다고 코를 막던 일본 사람들이 한국에서 산 선물가운데 78%가 김치이다.

4. 판소리

판소리는 고수의 북 장단에 맞추어 또 한 명의 소리꾼이 이야기를 노래와 말로 엮어 몸짓을 곁들이며 구연하는 민속음악이다. 노래로 부르는 것을 '창'이라고 하며 말로 하는 대사를 '아니리'라고 한다.

판소리는 소리하는 이가 혼자 서서 몸짓을 해 가며 노래와 말로 긴 이야기를 이어가는 우리 전통 음악의 한 갈래이며 여기에는 북반주가 곁들여진다. 판소리는 순수한 우리말로 '판'과 '소리'의 합성어이다. 판이란 '일이 벌어지는 자리'를 뜻하는데, 이것을 음악적으로 새긴다면 '사람(관중, 청중)이 모인 자리'라고 할 수 있다. 줄타기를 이르는 '판줄', 풍물에서의 '판굿' 등도 같은 용례이다. 소리는 흔히 쓰이는 '소리 잘한다'라는 표현이나 오늘날에도 남아 있는 김매기 소리, 상여소리와 같은 말에서 그것이 '노래'와 같은 의미임을 알 수 있다.

판소리하는 사람을 흔히 '가객'이나 '소리꾼'이라 이르며, 북치는 이를 '고수'라 한다. 판소리에서 노래를 부르는 것을 '소리한다'고 하고, 말하는 것을 '아니리한다', 몸짓을 하는 것을 '발림한다'고 한다. 그리고 고수가 북을 치면서 알맞은 대목에서 "얼씨구, 좋다!" 등의 말을 외치는 것을 '추임새한다'고 이른다.

명창은 타고난 재주만으로 되는 것이 아니라 그 나름대로 피나는 노력을 해야 한다. 명창이 되려면 창뿐만 아니라, 아니리와 발림도 잘 해야 한다. 판소리는 노래로 하는 소리와 말로 하는 아니리가 섞여서 엮어진 극적인 음악이다.

판소리는 민중이 구경꾼이 되고, 광대가 연희자가 되어 출발했던 것이라 솔직하고도 해학적인 인간관과 미의식이 담긴, 서민들의 생활 이야기로 된 경우가 많다. 이 점은 판소리계 소설이 아닌 일반 옛날 소설의 내용이 흔히 충신, 효자, 열녀를 제재로 삼고, 권선징악을 주제로 하는 것과는 대조를 이룬다.

판소리는 원래 12마당이 있었으나 현재 전해지는 것은 5마당 밖에 없다. 기생과 양반 도령과의 사랑을 다룬 〈춘향가〉, 눈먼 아버지의 눈을 뜨게 하기 위해 뱃사람에게 팔려 가는 효녀 이야기인 〈심청가〉, 욕심 많은 형 놀부와 착한 동생 흥부의 이야기인 〈흥부가〉, 용왕의 병을 고

치기 위해 토끼의 간을 취하러 육지로 간 자라와 지략으로 위기를 모면한 토끼의 이야기〈수궁가〉, 중국의 소설 삼국지연의를 환골탈태하여 재창작한〈적벽가〉등 5편만이 전해진다. 무형문화재 5호인 판소리는 종묘제례악에 이어 세계 무형유산 걸작으로 선정되었다. 국제 사회의 치열한 경쟁 속에서 한국의 판소리가 세계 무형유산 걸작으로 선정되었다는 것은 전통문화로서의 우수한 가치가 국제무대에서 인정받았다는 증거이다.

판소리는 다섯 마당이 모두 중요무형문화재 제5호로 지정되었고, 춘향가에 김소희(金素姬), 심청가에 정권진(鄭權鎭), 수궁가에 정광수(丁珖秀), 적벽가에 박동진(朴東鎭), 박봉술(朴奉述), 한승호(韓承鎬)가 그 기능 보유자로 인정되었다. 두고 두고 우리가 가꾸어야 할 유산임에 틀림없다.

5. 강릉 단오제

강릉단오제(江陵端午祭)는 지역의 문화축제로는 우리나라에서 가장 오래된 전통을 지닌 것이며 강원도 강릉시에서 단오날을 전후하여 서낭신에게 지내는 마을굿(부락제)이다. 범일국사(泛日國師)가 죽어서 대관령 서낭이 되었다는 전설이 있어, 범일국사와 관련이 있는 여러 서낭당에서 차례로 제사를 지낸다. 지금도 중요 무형문화재 제13호로 지정되어 있다.

6. 강강술래

강강술래는 중요 무형문화재 제8호로 전라도 지방에 전하는 민속놀이의 하나이다. 해마다 음력 8월 한가윗날 달 밝은 밤에 곱게 단장한 부녀자들이 수십 명 씩 일정한 장소에 모여 손에 손을 잡고 원형(圓形)으로 늘어서서, 〈강강술래〉라는 후렴이 붙은 노래를 부르며 빙글빙글 돌면서 뛰노는 놀이이다. 목청 좋은 여자 한 사람이 가운데에 서서 앞소리를 부르면 놀이를 하는 일동은 뒷소리로 후렴을 부르며 춤을 춘다. 강강술래의 어의(語義)는 경계(警戒)하라는 뜻이다. 임진왜란 때 당시 수군통제사였던 이순신이 왜군과 대치하고 있을 때 적의 군사에게 해안을 경비하는 우리 군세(軍勢)의 많음을 보이기 위함과 또 왜군이 우리 해안에 상륙하는 것을 감시하기 위하여 특히 전지(戰地) 부근의 부녀자들로 하여금 수십명 씩 떼를 지어 해안지대의 산에 올라 곳곳에 모닥불을 피워 놓고 돌면서 《강강술래》를 부르게 한 데서 비롯되었다. 싸움이 끝난 뒤 그곳 해안 부근의 부녀자들이 당시를 기념하기 위하여 연례 행사로 '강강술래' 노래를 부르며 놀던 것이 전라도 일대에 퍼져 전라도 지방 특유의 여성 민속놀이가 되었다.

7. 남사당 놀음

남사당(男寺黨) 놀음은 조선시대 유랑연예인 집단이었던 남사당(패)의 연희(演戱) 내용이다. 농어촌이나 성곽 밖의 서민층 마을을 대상으로 하여 봄부터 늦은 가을까지를 공연시기로 했다. 풍물, 버나, 살판,

어름, 덧뵈기, 덜미의 6종목으로 이루어져 있다.

8. 제주도 영등굿

영등(靈登)굿놀이는 제주도에서 행해지는 풍신제(風神祭)이다. 음력 2월에 온 마을 사람들이 당에 모여 지내는 무속적 부락제로 이 굿은 매우 오랜 역사를 가지고 있어 《동국여지승람》이나 《동국세시기》에 이미 그 기록이 있다. 〈영등신〉은 일반적으로 〈영등 할머니〉라고 불리는데, 이 신은 음력 2월 1일에 들어와서 같은 달 15일에 나간다고 한다. 들어 올 때에는 북제주군 구좌면(舊左面) 우도(牛島)로 들어와, 보말(고동류의 일종)을 까먹으며 제주도의 해변을 도는데, 이때 미역씨·전복씨·소라씨 등을 뿌려 번식케 하고 떠난다고 한다. 따라서 2월 1일에는 〈영등환영제〉를 지내고, 같은 달 13~15일 사이에는 부락별로 날을 잡아 〈영등송별제〉를 지낸다. 이것을 모두 〈영등굿〉이라고 하며, 어부·해녀가 해상안전과 생산의 풍요를 비는 점에서 뜻을 같이한다.

9. 가곡

가곡(歌曲)은 우리나라의 전통적인 성악곡의 한 갈래이다. 만년장환지곡(萬年長歡之曲)이라고도 한다. 조선시대 상류사회에서 애창된 시조 및 가사와 함께 정가(正歌)에 드는 성악으로서, 판소리·민요·잡가 같이 하류사회에서 불려진 성악곡과 구별된다. 시조와 가사에 비하여 예술성이 뛰어난 가곡은 시조의 시를 5장 형식에 얹어서 부르는데, 피리 · 젓대 · 가야금 · 거문고 · 해금의 관현 반주에 맞추어 불린다. 16박 또는 10박의 장구 장단의 반주에 의하여 연주되고, 우조(羽調)와 계면조(界面調)로 짜여졌으며, 24곡으로 한 바탕을 이루며, 여창 가곡 · 남창 가곡 등으로 나눈다.

10. 대목장

대목장(大木匠)은 중요무형문화재 제74호로 대목일에 능한 장인. 소목(小木)이 가구를 꾸미는 일이라면, 대목은 건축물을 짓는 일이다. 기능 보유자로는 서울 마포구 도화동 배희한(裵喜漢)씨와 서울 마포구 아현동 이광규(李光奎)씨가 있다.

11. 줄타기

줄타기는 옛 정재(呈才)의 하나이다. 〈줄어름타기〉라고도 하며 한문으로는 고환(高桓) · 무환(舞桓) · 환희(桓戱)라고도 한다. 굵은 밧줄을 팽팽하게 양쪽 기둥에 잡아매어 공중에 건너지른 다음, 거기에 올라 걸어다니며 노래하고 춤추며 재담을 한다. 이 놀이는 원래 서역(西域)에서 행하여 지던 것으로, 중국에서는 수 · 당 시대에 성행하였으며 우리나라는 신라 때에 전래되어, 고려 · 조선시대에는 정재와 나례(儺禮) 등의 한 종목이었다.

12. 아리랑

아리랑은 우리나라의 대표적인 민요의 하나이다. 세마치 장단으로 된 이 민요는 우리 민족의 정서에 적합하다. 남녀노소를 초월하여 가장 널리 애창되고 있으며, 한말 이후 일제의 암흑기에는 겨레의 울분과 감정을 토하기에 더없는 수단이 되었다. 이처럼 겨레의 감정이 얽히고 또 공통된 심정을 표현한 노래이므로 그 유래에 대한 설(說)도 구구하고, 지방에 따라 파생된 별조도 많다.

지난 2012년 12월 우리 민족 대표민요「아리랑」이 유네스코 인류 무형유산에 등재되었다. 참으로 기쁜 일이다. 소수 전승자들에 의해서가 아니라 전 국민에 의해 전승된 무형유산으로는 처음으로 등재된 것이어서 더욱 의미가 깊다. 아리랑의 유네스코 등재를 통해 아리랑뿐만 아니라 우리 민족이 간직해 온 다른 무형 유산에 대해서도 국내외 인식이 높아졌으면 한다. 물론 우리 정부도 문화재청을 비롯한 유관기관이 전 국민과 함께 힘을 모아 아리랑의 세계화 등 우리 전통문화를 세계인에게 알리기 위해 더욱 노력해야 할 것이다.

또한 아리랑은 지방마다 그 지방의 특색을 담고 있으며, 경기아리랑, 밀양아리랑, 진도아리랑, 정선아리랑, 강원도아리랑 등이 있다. 아리랑은 한국인의 민족성을 담은 상징적인 노래이다. 아리랑은 한국인의 공통된 민족적 정서인 한(恨)과 그리움의 혼을 담은 노래로서 오랜 역사와 사회의 변화 속에서도 오늘날까지 면면히 이어져 내려와 지금도 민족화합의 노래로 불려지고 있다.

- 경기아리랑

    아리랑 아리랑 아라리요
    아리랑 고개로 넘어간다
    나를 버리고 가시는 님은
    십리도 못 가서 발병 난다

- 밀양아리랑(경상도 민요)

    1. 날좀 보소 날좀 보소 날좀 보소
    동지섣달 꽃본 듯이 날좀 보소
    아리아리랑 쓰리쓰리랑 아라리가 났네
    아리랑 고개로 날 넘겨주소

    2. 정든님이 오셨는데 인사도 못해
    행주치마 입에 물고 입만 방긋
    아리아리랑 쓰리쓰리랑 아라리가 났네
    아리랑 고개로 날 넘겨주소

PART 04
세계 기록 유산

1. 훈민정음과 한글

1) 훈민정음

우리나라 5000년 역사상 가장 훌륭한 지도자가 누구인가 묻는다면 아마도 많은 사람들이 세종대왕을 첫 손에 꼽을 것이다. 그는 서기 1397년 조선의 3대 임금인 태종(이방원)의 셋째 아들로 태어났다. 어려서 충녕대군(忠寧大君)이라 불린 세종은 책을 몹시 좋아하여, 병이 났을 때도 손에서 책을 놓지 않았다. 그런 아들의 모습이 안쓰러웠던 태종은 어느 날 책을 모두 치워 버렸지만, 마침 병풍 사이에 책 한 권이 끼여 있는 것을 본 충녕은 그 책을 수백 번 읽었다 한다. 셋째 아들은 원래 임금이 될 수 없었지만 충녕의 두 형은 아우가 뛰어난 능력을 가지고 있다는 것을 알고 왕위를 양보하기로 마음먹었다. 그래서 첫째인 '양녕'은 미치광이 흉내를 냈고, 둘째인 '효녕'은 스님이 되었다.
세종은 이런 형들의 뜻을 받들어 왕위에 올라, 늘 형들에 대한 고마움과 존경심을 가지고 나랏일을 정성껏 해냈다고 한다. 결국 그의 뛰어난 지혜와 총명함을 알아본 아버지와 형들의 도움으로 위대한 임금 세종대왕이 역사에 남을 수 있었던 것이다.

천성이 어질고 부지런하였으며, 학문을 좋아하고 재능이 뛰어나서 여러 가지 방면에 통하지 않는 것이 없을 만큼 총명한 그는 한국역사상 문화의 황금시대를 이룩하여 성군으로 존경받는 임금이 되었다. 그는 정사를 보살피면서도 늘 독서와 사색에 머리 쓰기를 쉬지 않았으며, 의지가 굳어서 옳다고 생각한 일은 어떠한 반대가 있더라도 기어코 실행하였다. 널리 국민을 사랑하고 국민의 어려운 생활에 깊은 관심을 가져 국민을 본위로 한 왕도정치를 베풀었다. 세종대왕은 우리 민족이 말은 있으나 글이 없는 것을 안타까이 여겨 집현전의 모든 학자들을 모아 놓고 연구한 결과 세계에서 가장 과학적인 글인 한글을 만들어 내었다. 무엇보다도 세종의 가장 큰 업적은 훈민정음을 만든 것이다.

훈민정음은 '백성을 가르치는 바른 글'이란 뜻으로 오늘날 우리가 사용하는 한글을 말한다. 그 시절, 양반들은 모두 한문을 읽고 유학을 공부했지만, 한문은 백성들이 배우기엔 너무 어려웠기 때문에 세종은 백성들이 쉽게 익히고 사용할 수 있는 글을 새로이 창안해 낸 것이다. 세종 대왕은 인재를 등용할 때에 신분에 상관없이 그 재능을 보고 사람을 골랐다. 노비 출신인 장영실이 측우기를 만들 수 있었던 것도 세종의 이런 폭넓은 인재 등용 덕분이었으며, 박연으로 하여금 새로운 악기를 만들고 궁중 음악인 아악을 정리하게 한 것도 학문과 예술에 대한 세종의 남다른 열정 때문에 가능했던 일이라 할 수 있다.

국방면에서는 두만강과 압록강에 6진 4군을 설치했고, 쓰시마 지역의 왜구들을 무찌르는 등 국방을 튼튼히 하기에 힘썼다. 위엄과 자애를 고루 갖춘 세종은 진정한 지도자로 영원히 남을 것이다.

훈민정음이란 우리 말을 적은 글로서 15세기 중반 조선의 세종대왕이 발명했고 현재는 '한글'이라고 불리고 있다. 1446년 이 문자 체계가 국민들에게 공표되면서, 이 문자를 만든 원리와 용례들을 해설하는 책이 함께 출판되었는데, 이 책의 제목 또한 『훈민정음』이다. 『훈민정음』의 출판과 내용에 관해서는 일부 문헌에서 간접적으로 내용이 알려져 오다가, 실제 문헌이라 할 수 있는 원본이 1940년에야 경북 안동에서 발견되어 제 모습을 세상에 드러내게 되었다. 이 원본은 현재 서울 간송미술관에서 소장하고 있다. 『훈민정음』은 1997년에 유네스코에서 지정한 세계기록유산 가운데 포함되었는데, 이 글에서는 『훈민정음』을 중심으로 한글의 구성과 그 원리를 살펴보고, 한글 발명이 갖는 독창성과 문화사적인 의의에 대해 알아보고자 한다.

많은 민족들이, 자신이 사용하는 언어를 글로 적을 수 있는 고유한 문자를 갖고 있지는 못하다. 현대인들이 사용하는 대부분의 언어는 로마문자를 빌려서 혹은 그것을 변형해서 기록한 것이라고 할 수 있다.

세종대왕이 지으신 훈민정음의 의도는 우리나라의 말은 중국과 달라서, (우리나라 말과) 한자로는 서로 잘 통하지 않는다. 그러므로 어리석은 (불쌍한) 백성들이 (제 의사를)나타내려고 해도 결국 자기의 생각을 (글자로) 적지 못하는 사람이 많다. 나(세종대왕)는 이들을 불쌍하게 생각하여 새로 스물 여덟 개의 글자를 만들었는데, (그 이유는) 모든 사람들이 (이 문자를)쉽게 배워서, 매일 쓰는 데에 편하게 하고자 하는 것이다.

이 훈민정음을 만드는 과정에서 보여준 세종대왕의 모습은 그저 놀라울 뿐이다. 그는 집현전 학자들과 같이 사람의 말소리뿐만 아니라 자연의 모든 소리를 쉽게 적을 수 있는 문자를 만들고자 하였기에, 수많은 연구와 시도를 거듭하였다. 목소리를 내는 입안과 목구멍의 변화를 관찰하기도 하고, 심장의 박동소리, 허파의 숨소리가 어떻게 입 밖으로 나오는지도 세심하게 살폈다. 심지어는 세종대왕은 시체를 해부한 경험이 있는 의원을 불러 사람의 입 안의 발음기관 등을 직접 그려보게 하면서 관찰과 실험을 거듭하였으며, 사람의 발음기관과 유사한 체계로 소리가 난다고 생각하여 악기인 피리까지도 연구하며 소리연구에 심혈을 기울였다. 더 나아가 불경이나 인도 문학 등에 쓰인 소리글자인 산스크리트어까지 연구하며 소리연구의 학문적 폭과 깊이을 넓힌 진정한 학자요, 성군이 바로 세종대왕이시다.

이 분의 명성과 훈민정음 창제의 업적은 이제는 한국을 넘어 세계의 학자들에게까지도 찬사를 받고 있다고 하니 이 얼마나 기쁘고 자랑스러운 일인가! 화성과 목성 사이의 소행성을 발견한 일본의 천문학자 와타나베 가즈오는 자신이 발견한 별의 이름을 '세종'이라 붙였다고 한다. 한국과는 가깝고도 먼 나라인 일본인 학자가 그렇게 한 이유를 한 기자가 의문을 가지고 질문을 하니, 지금까지 세종보다 더 훌륭한 임금을 본 적이 없기 때문이라고 답했다고 한다. 또한 '대지'의 작가 펄벅은 한글의 우수성을 보며 세종대왕을 한국의 레오나르도 다빈치라고 극찬했다하니, 언젠가 세계의 어린이들이 세종대왕 위인전을 읽으며 미래의 꿈을 펼칠 날을 기대하게 된다.

2) 한글

우리는 선조들로부터 세계 최고의 창의력을 물려받은 민족이다. 최근에 자국에서 창조한 문자를 쓰거나 타국 문자를 차용, 개조해 쓰는 나라 27개국의 학자들이 참가한 제2차 세계문자 올림픽(태국-방콕,

2012년 10월 1~4일)에서 한글이 금메달을 받았다. 2위는 인도의 텔루그 문자다. 평가 항목은 기원의 구조, 유형, 글자 수, 글자의 결합능력 독립성 등이었으며 응용 및 개발 여지가 얼마나 있는지도 중요한 요소였다. 지난 2009년 10월에도 자국에서 창조한 문자를 가진 나라 16개국이 모여 문자의 우수성을 겨뤘는데 이는 문자의 우열을 가리는 세계 첫 공식대회의 시작이었다. 이 대회에서도 한글이 1위를 차지했고 그리스와 이탈리아 문자가 뒤를 이었다.

한글은 정보화 시대에 컴퓨터 자판, 전화 문자에 이르기까지 다른나라 문자와는 비교할 수 없을 정도로 1등 속도를 자랑하고 있다. 또한 영어 알파벳 26자로 표현할 수 있는 소리는 300여 개에 불과하지만 한글 24자로는 이론상 1만 1천여 개, 실제로 8천 700여 개의 소리를 낼 수 있다고 한다.

그리고 2000년 이상 중국의 영향을 받으면서도 중국 문화에 흡수되지 않고 우리 고유의 한글을 창안한 것은 우리 민족의 위대한 창의력을 다시 한번 입증한 것이다. 한글은 종종 매우 신비한 문자라 불린다. 왜냐하면 세계의 문자 가운데 아주 드물게, 만든 사람(세종)을 알고 문자 제정을 공표한 날(1446년 10월 9일)을 알며 심지어 글자을 어떻게 만들었는지에 대해서도 알 수 있기 때문이다.

글자의 제정 원리까지 알 수 있었던 것은 1940년 안동에서 《훈민정음 해례본》이라는 책이 발견되었기 때문이다. 이 책에는 한글의 자음과 모음이 발성기관이나 자연의 모습을 따라 만들었다고 쓰여 있다. 유네스코 세계기록유산에 등재되어 있는 것도 바로 이 책이다.

한글이라는 이름은 원래 있었던 것이 아니라 1910년대에 주시경을 비롯한 한글학자들이 만든 이름이다. 한글이라고 할 때 '한'은 크거나 높은 것을 뜻하니 한글은 '큰 글'이라는 뜻이 된다. 세계에는 현재 6천여 개의 말이 있는데 이 가운데 문자를 갖고 있는 말은 30개 정도 밖에 되지 않는다고 한다. 따라서 어떤 민족이 고유의 문자를 갖고 있다면 그것은 그 민족에게는 대단히 자랑스러운 일이다. 우리에게는 한글이라는 우리 고유의 문자가 있다. 한글이 이 30개 문자 가운데 하나이니 한글은 대단히 자랑스러운 것이다. 게다가 그 문자들 가운데에서도 한글은 으뜸이니 한글을 갖고 있는 한국인들은 얼마나 큰 행운인지 모른다. 세계의 언어학자들 가운데는 한글의 우수성에 대해 놀라는 사람들이 많다. 첫번 째, 한글은 소리를 바탕으로 해서 소리와 글자의 상관관계까지 고려해 만든 글자라는 것이다. 그래서 한글을 '소리 바탕글자(feature based writing system)'라고 부르기도 한다. 여기서 간단한 예를 들면, 한글의 자음 중 ㄱ과 ㅋ의 발음은 거의 같다(그래서 이 두 글자의 발음을 구별하지 못하는 외국인도 많다). 그래서 세종은 글자도 비슷하게 만들었다. 그러나 영어에서는 각각 ㄱ과 ㅋ에 해당하는 두 글자인 g와 k가 전혀 비슷하게 생기지 않았다. 이처럼 영어, 정확히 말하면 로마 글자는 세종 같은 어떤 한 사람의 천재가 만든 것이 아니고 그냥 사람들 사이에서 변모하면서 발전한 문자라 일관된 법칙이 잘 발견되지 않는다.

그러나 한글은 다르다. 학자들에 따르면 세계의 문자 가운데 그 문자가 만들어질 때 한글처럼 소리까지 생각해 만든 글자는 없다고 한다. 두번 째 특징은, 한글은 자음과 모음이 결합해 한 글자(혹은 음절)를 이루고 그 글자는 단음으로 발음된다는 것이다. 이것이 가능하게 된 것은 세종이 모음을 발견해 글자를 부여했기 때문이다. 세종 이전에는 모음에 글자를 부여한 문자는 거의 없었던 모양이다. 지금은 이것이

별 이야기 아닌 것 같지만 이런 정도의 음운학적 지식은 20세기 들어와서야 알 수 있게 되었다고 한다.

학자들에 따르면 대학을 나온 정도의 학력이 있는 외국인이 한글을 한 시간만 배우면 자기 이름 정도는 한글로 쓸 수 있다고 한다. 이 세상에 한 시간 만에 문자의 기본을 터득할 수 있는 문자는 한글 이외에 없을 것이다. 그러나 세계의 언어학자들을 놀라게 하는 것은 정작 다른 데에 있다. 세종이 문자를 만들 때 소리와의 상관관계까지 생각하는 과학적인 원리로 인간이 상상할 수 없을 정도로 용의주도하게 글자를 만들었다는 사실이 그것이다.

한글은 뛰어난 요소가 많지만 이 정도만 보아도 한글을 두고 왜 최고의 문자라고 하는지 알 수 있을 것이다. 그러나 그렇다고 해서 한글이 완벽한 문자라는 것은 결코 아니다. 후손인 우리가 한글을 제대로 발전시키지 못했기 때문에 한글이 갖고 있는 가능성이 제대로 발현되지 못했던 탓이다. 한글이 창제되었건만 정작 당사자인 조선 사람들은 오랜 기간 동안 한글을 외면해 왔고, 일제 식민지 시기에서는 한글이 발전할 수 있는 기회를 놓쳤기 때문이다. 해방이 된 다음에는 미국 문화가 물밀 듯 몰려오자 한국인들은 서양을 배우려는 열망에 한글을 비롯한 민족문화유산들을 발전시키는 데에 게을리 했다.

인류가 만든 문자 가운데 가장 훌륭한 문자라고 할 수 있는 한글(훈민정음)이 1443년에 창제되었지만 당시 조선사회는 새로운 문자의 출현을 반기지 않았다. 특히 양반과 같은 귀족 계층의 반발은 극심했다. 임금이라는 절대 군주가 한 일을 귀족들이 반대하기가 쉽지 않았지만, 그들 입장에서는 한글 제정이 생존과 직결되는 문제라 결코 그냥 지나칠 수 없었던 것이다.

한글은 만들어진 뒤에, 중화문명권에서 이탈할지도 모른다는 두려움과 함께 고급 정보를 독점하여 이득을 챙기려는 지배계층에게 철저하게 외면을 받았다. 문화라는 것은 당사자가 쓰지 않으면 퇴보하는 법이다. 따라서 한글도 더 이상 발전하지 못했을 뿐만 아니라 안타깝게도 자음 중에서 일부 글자들은 사라지고 말았다. 이 글자들은 글자 모양은 알지만 음을 잘 알지 못해 쓸 수 없게 되었다. 글자를 안 쓰게 되니 이런 일이 벌어진 것이다.

그렇다고 해서 한글이 아예 없어진 것은 아니었다. 왕실이나 귀족 집안에서는 주로 여성들이 한글을 애용했고 일반 국민들 가운데도 간혹 한글을 깨쳐 소송이나 상소문에 이용한 경우가 있었다. 한글은 그런 상태로 명맥이 이어지다 1894년(갑오경장의 해)이 되어서야 국가 문자로 공식적으로 인정받는다. 이 해에 조선 정부는 대대적인 혁신을 하는데 여기에 한글을 국가 문자로 만드는 정책을 포함시킨다. 이때부터 조선 정부의 공문서에는 한글도 들어가게 되니 한문만 쓰던 이전과 비교해 보면 엄청난 변화이다.

이것은 한글 창제 뒤 실로 450년이나 지난 뒤의 일이다. 이를 달리 말하면 조선 사람들은 한글이라는 세계 최고의 문자를 450년 동안 내팽개쳤다는 것이다. 물론 소수의 사람들이 한글을 쓰긴 했지만 그 정도 가지고는 한글과 관계된 문화가 발전하기 힘들다. 문화는 인간이 오랫동안 돌보지 않으면 없어진다. 그런데도 한글은 조선 사람들이 그렇게 등한시했는데도 없어지지 않았다. 한글이 '정말' 좋은 문자이기 때문이다. 귀족 그리고 남성과 같은 조선의 실세들이 철저하게 외면했지만 한글은 '정말로' 좋은 문화물이어서 살아남은 것이다.

한글이 이렇게 훌륭한 문화물이라는 것은 현대에 와서도 여지없이 증명된다. 예를 들어 타자기가 수입되었을 때도 한글 타자기 만드는 것은 그다지 어렵지 않았다. 이에 비해 이웃나라인 중국이나 일본에서는 자신들의 문자를 담은 타자기를 만드는 데 엄청나게 힘든 시간을 보냈다. 그 많은 한자를 타자기에 담는 것이 쉬운 일은 아니었기 때문이다.

한글이 다시금 괴력을 발휘한 것은 휴대전화로 문자를 보낼 때이다. 전화기에는 12개의 자판밖에 없는데 한글은 여기에 글자를 다 넣어도 자판이 남을 지경이다. 한글에 비해 영어나 중국어와 같은 외국어는 문자를 작성하는 데에 불편해 시간이 7배나 더 걸린다(태국어는 문자 하나를 꺼내려면 자판을 세 네 번 누르는 일이 다반사라고 한다).

한글이 1894년에 가까스로 국가 문자가 되었지만 나라가 곧 일본에 강제 합병되어 발전할 수 있는 기회를 또 놓쳤다. 이때에 뜻있는 한글 학자들은 일제 당국에 의해 감옥에 투옥되면서도 한글을 지켜내는 데에 큰 노력을 기울였다. 그러나 1941년 일제에 의해 한글을 아예 못 쓰게 되자 다시 한 번 한글은 철퇴를 맞는다.

그 뒤 해방이 되었지만 한글은 그다지 좋은 환경을 만나지 못했다. 이번에는 영어의 공습이 시작된 것이다. 특히 20세기 후반에 영어가 사실상 세계 공용어가 되면서 한국인들은 영어 학습을 지나치게 중요시한 나머지 한글을 다시 외면하기 시작했다. 그래서 일상에서 영어 쓰는 일이 아주 흔해졌다. 특히 전문직들은 영어 쓰는 것을 외려 자랑스럽게 여기는 지경에 이르렀다. 이렇게 영어를 많이 쓰면 당연히 한글이 발전할 수 있는 기회가 줄어든다. 문화란 당사자들이 꾸준히 쓰지 않으면 발전하지 못한다. 우리는 한글이 창제되고 450년 동안 돌보지 않았던 어리석은 일을 다시 되풀이 하지 말아야겠다.

인도네시아에 있는 인구 60,000명의 섬 찌아찌아 족은 자기들의 고유한 언어를 표기할 문자가 없어서 언어 자체가 없어질 위기에 처하자, 표기문자로 우리 한글을 그들 언어의 표기문자로 채택하였다. 또 남미 볼리비아 원주민 '아이마라(Aymara)족' 도 같은 조건이어서, 본격적으로 한글을 그들의 표기문자로 채택하기로 했다. '아이마라'족의 인구는 210만에 달한다. 그 이웃 부족 '께추어' 부족도 인구 250만 명인데, 문자가 없어 아이마라 족의 뒤를 따라 우리 한글을 자신들의 표기문자로 채택하게 될 예정이라고 한다. 1990년 영국 옥스포드 대학의 언어연구결과에 의하면, 한글은 과학성이나 독창성, 합리성 등에서 현존하는 전세계 문자 중 단연 1위라고 발표하였다.

한국이 우수하다, 세계적이다, 얘기하는 것이 중요한 게 아니라 한글을 어떻게 현대에 맞게 또 글로벌 시대에 맞게 세계화하고, 대중화하고, 정보화 하는 것이 관건이 아닐 수 없다.

3) 한국어

우리에게는 우리나라를 문화적으로 상징하는 것들이 꽤 많다. 한국인의 문화 특성을 보여 주는 상징 가운데 말(한국어)과 글(한글)은 대단히 중요한 위치를 차지한다. 여기서는 한국어에 대해서만 보자. 우리는 보통 한국어가 우랄 알타이어 군에 속한다고 배우는데 사실일까?

언어의 특징을 말할 때 가장 많이 거론하는 것은 어순이다. 즉 주어(S)와 목적어(O)와 동사(V)가 어떤 순으로 배열되는지를 가지고 언어들의 차이를 이야기하는 경우가 많다. 어순은 언어의 차이를 가장 간단하게 보여주기 때문이다. 그렇다면 한국어의 어순은 다른 언어와 어떻게 다를까?

중국어나 영어는 "워 아이 니(我愛你)"나 "I love you"라고 하는 것처럼 문장이 '주어+동사+목적어'의 순으로 되어 있다. 이에 비해 한국어는 "나는 너를 사랑해"의 경우처럼 '주어+목적어+동사'의 순으로 되어 있다. 어순이 한국어처럼 되어 있는 언어는 생각보다 많다. 일본어를 비롯해 몽골어, 티베트어, 인도의 힌디어, 터키어뿐만 아니라 심지어는 유럽의 러시아어나 헝가리어, 그리고 핀란드어도 어순이 한국어와 비슷하다. 그러나 그렇다고 이들 언어가 같은 어군에 속한 것은 아니니 계통이 같은 언어라고 생각하면 안 된다. 가령 힌디어나 러시아어는 어순을 빼놓고는 그리 공통점이 없어 아예 한국어와 어군 자체가 다르다.

한국어와 비교적 가까운 언어는 우랄 알타이어족에 속하는 언어들이다. 우랄어족에는 핀란드어나 헝가리어가 있고 알타이어족에는 퉁구스어나 몽골어가 속해 있다. 한국어와 일본어는 큰 틀에서 보았을 때 이 두 언어 군에 속하는데 그중에서도 특히 알타이어족에 더 가깝다. 그러나 세부적인 면에서는 맞지 않는 면이 있어 반드시 이 어족에 속한다고 보지 않는 학자들도 있다. 이 우랄 알타이어군에 속한 언어들의 대표적인 특징은 동사를 활용할 때 동사의 뿌리(어간)는 놓아 두고 뒤에 붙는 어미만 변형시키는 것이다.

반면 유럽어족에서는 동사의 상태를 바꾸려 할 때 아예 단어를 바꾸거나 혹은 새로운 단어를 추가해서 활용한다. 예를 들어 영어의 'come'은 과거가 될 때 'came'처럼 단어가 바뀌게 되고 미래가 될 때에는 'will come'처럼 새로운 단어가 추가되는 것이 그것이다. 우리말과는 달리 단어의 중심이 되는 어근의 형태가 변하는 것이다.

이런 것 이외에도 한국어의 특징은 매우 많고 복잡하다. 예를 들어 한국어에 있는 '은, 는, 이, 가' 같은 주격 혹은 목적격 보조사는 영어나 중국어 같은 언어에는 없는 특수한 요소들인데, 그 활용법은 상당히 전문적이다. 우리는 한국어를 적을 수 있는 뛰어난 문자가 있다. 그 문자는 말할것도 없이 한글이다. 다른 언어들과 비교하여 생각해보면 한글이라는 문자가 얼마나 대단한지를 금세 알 수 있으며 맘껏 자랑하고도 남을 정도로 우수하다. 지금 전 세계에는 약 6,000여 정도의 언어가 있다. 그런데 놀랍게도 이 많은 언어 가운데 자국의 문자가 있는 것은 약 30개 언어 정도밖에 안 된다. 생각보다 훨씬 적은 수의 언어가 문자를 갖고 있는 것이다. 왜 이럴까? 예를 들어 독일이나 프랑스 같은 유럽 국가들은 엄밀히 말하면 자국의 문자가 있는 것이 아니다. 로마의 문자인 로만 알파벳을 가져다 쓰고 있기 때문이다. 러시아도 자국에서 만든 것이 아닌 키릴 문자를 이용하고 있으니 문자가 있는 것은 아니다. 우리 주변국 가운데 월남이나 인도네시아는 문자가 없어 아예 로만 알파벳을 쓰지 않는가? 일본이 과연 자기들만의 문자를 갖고 있는가 하는 질문에는 조금 고개가 갸우뚱거린다. 한자가 없으면 문자를 쓸 수 없기 때문이다(게다가 '히라가나'나 '가타카나' 같은 문자도 한자의 변형인 것이 많다).

그런데 우리는 우리말을 정확하게 적을 수 있는 문자가 있을 뿐만 아니라 그 문자가 세계에서 가장 우수한 문자라는 평가를 받는다. 우리 '훈민정음'이 얼마나 훌륭한 문자인지는 다시 말할 필요가 없다. 그리고 우리 한국인은 이처럼 세계에서 가장 훌륭한 문자를 쓰고 있으니 문화민족이라 하겠다. 이런 한국어를 쓰는 사람들은 전 세계에 얼마나 될까? 흔히들 한국어가 소수의 언어라고 생각하는 경향이 있는데 그것은 잘못된 생각이다. 한국말을 쓰는 사람은 일단 남북한을 합해 7,500만 명이 있고 외국에도 한국어를 어느 정도라도 구사하는 수백만 명의 동포가 있으니 약 8,000만 명이 한국어를 쓰고 있는 것이다.

이 숫자를 전 세계적으로 보면 한국어를 사용하고 있는 사람들은 세계 여러 언어 사용자들 가운데 13위 정도에 달한다는 통계 자료가 있다. 이 정도면 한국어는 소수의 언어가 아니라 다수의 언어라 할 수 있다.

LA 통합교육구(LAUSD)가 2015년 가을부터 온라인 한국어 수업을 본격적으로 허용 한다. 킨더가튼, 12학년 학생들을 위한 온라인 한국어 수업과정 일부가 LAUSD의 승인을 받았다. 이에 따라 그동안 한국어반이 없어 외국어 과목으로 채택하지 못했던 학생들도 손쉽게 한국어를 공부할 수 있게 됐다. 특히 이번에 개설된 온라인한국어 수업은 UC에서 정식 학점으로 인정받아 대입지원시에도 큰 도움이 될 것으로 보인다.

한국어 수업 레벨 1~4중 일단 레벨 4만 승인받은 상태라며 9월쯤 다른 레벨도 승인 받을 것으로 예상하고 있다고 밝혔다. 한류붐을 타고 한국어를 배우려는 열기가 갈수록 높아지고 있는 만큼 타인종 학생들의 한국어 교육에 큰 도움이 될 것이다. 한편 온라인 한국어 수업이 본격적으로 시작됨에 따라 한국어 AP과목 개설 가능성이 높아졌다.

한국어진흥재단에 따르면 2014년 12월 현재 가주에 50여 개, 미 전역에서 80여 개의 중·고등학교가 한국어를 정식 과목으로 가르치고 있다. 한편 IKEN은 지난해부터 공통 교과 과정 커리큘럼에 맞춘 온라인 한국어 수업 교재를 개발해왔다. 이 교재는 수준별로 한국어 듣기, 말하기, 읽기, 쓰기 부분을 배울 수 있도록 비디오 강의, 연습문제, 시험문제 등이 수록돼 있다.

미국 내 외국어 사용 이민자들 현황을 분석한 센서스 조사에서는 가정에서 한국어를 사용하는 사람들의 수가 이민자 언어들 가운데 6번 째로 많은 것으로 나타났다. 특히 한인 최대 밀집지인 남가주의 경우 한국어는 LA카운티에서 4번 째로, 오렌지카운티에서는 3번 째로 많이 사용되는 외국어인 것으로 집계됐다.

연방 센서스국이 2009~2013년 아메리칸 커뮤니티 서베이 자료를 토대로 분석해 3일 발표한 전국 및 주, 지역별 외국어 구사자 현황 데이터에 따르면 미 전국적으로 가정 내에서 한국어를 사용한다고 답한 인구수는 111만 7,343명으로 나타났다.

이는 언어별 사용자 인구수에서 스페니쉬, 중국어, 타갈로그어(필리핀계), 베트남어, 프랑스어에 이어 6번 째로 많은 것이다. 캘리포니아에서는 한국어 사용자 수가 37만 2,742명으로 집계돼 프랑스어를 제치고 가장 많이 사용하는 외국어 5위에 올랐다.

LA카운티의 경우는 총 18만 3,007명이 가정 내에서 한국어를 사용한다고 답해 가장 많이 사용되는 외국어 4위를 기록했으며, 오렌지카운티에서는 한국어가 스페니쉬와 베트남어에 이어 3번 째로 사용자가 많은 외국어로 나타났다.

미국가정내 외국어 구사자수

순위	언어	구사자수	영어미숙 비율
■ 전국			
1	스페니쉬	37,458,470	43.6%
2	중국어	2,896,766	55.3%
3	타갈로그어	1,613,346	32.0%
4	베트남어	1,399,936	59.9%
5	프랑스어	1,253,560	21.0%
6	한국어	1,117,343	60.8%
7	독일어	1,063,275	16.4%
8	아랍어	924,374	37.0%
9	러시아어	879,434	47.4%
10	이탈리아어	708,966	27.0%
■ 캘리포니아			
1	스패니쉬	10,105,385	45.0%
2	중국어	1,058,231	56.1%
3	타갈로그어	764,743	33.7%
4	베트남어	521,534	59.7%
5	한국어	372,742	58.7%

자료 : 연방 센서스국, 2009-13ACS

그러나 미국 내 한국어 구사자들의 경우 영어 미숙 비율이 다른 언어 구사자들보다 높아 전국의 경우 한국어 사용자 가운데 영어를 잘 하지 못한다고 답한 비율은 60.8%에 달해 상위 10개 언어 군 중에 가장 높았다.

2. 조선왕조실록

수많은 왕조 중에 조선왕조처럼 전 역사를 꼼꼼하게 기록한 나라는 아주 드물다. 이처럼 정부에서 일어나는 일을 기록으로 남기는 것은 중국에서 비롯한 제도이다. 따라서 중국에서도 명나라나 청나라의 역사를 적은 《명실록》이나 《청실록》 같은 기록물들이 있었다. 그런데 이것들은 유네스코의 세계기록유산에 등재되지 못했는데 중국의 경우 황제의 자유로운 실록 열람으로 인해 다분히 황제 중심적이며 궁중의 정치 기록으로 한정되어 있는 단점이 있다. 반면 조선왕조실록은 왕이 사사로이 열람할 수 없었고 민간의 생활상까지 기록되어 있어 사료적 가치가 높아 세계적으로 인정받을 수 있었다.

과거를 기록해 후손들에게 남기는 것은 대단히 중요한 일인데 그것은 역사 기록을 통해 후손들이 많은 정보를 얻을 수 있을 뿐만 아니라, 이전의 과오를 참조하여 잘못을 피해갈 수 있기 때문이다. 다시 말해 선진국이 아니면 이런 일을 할 수 없다.

《조선왕조실록》이 방대할 수 밖에 없는 것은 태조 이성계부터 철종까지 472년간의 역사를 적었기 때문이다. 다른 나라의 왕조들은 300년 이상을 지속하기도 힘들었는데, 조선은 무려 500년 이상 지속했을 뿐만 아니라 그 가운데 472년간의 역사를 기록했다. 조선의 문(文)의 정신은 이렇게 놀랍다. 전 인류의 역사에서 이와 비슷한 유례를 찾는 일은 쉽지 않다.

조선의 왕들은 근무 시간에 자신의 말을 적는 사관(조선왕조실록의 작성자)이나 주서(승정원일기의 작성자) 등과 같은 관리가 없으면 어느 누구도 혼자 만날 수 없었다. 이러한 제도는 왕이 하는 모든 말을 기록에 남기기 위해 만들어진 것이다. 이렇게 하는 또 다른 이유는 왕이 제멋대로 하는 것을 막아 왕의 권력을 견제하기 위함이다. 이렇듯 조선의 왕은 행동 제약을 많이 받았다. 자신이 하는 모든 말이 기록에 남는다면 누구든 자신의 언행을 조심하지 않을 수 없을 것이다. 이것이 바로 조선의 정치이다. 왕의 권력이나 입김을 제한하여 독재정치로 가지 않게 사전에 막는 것이다.

이렇게 사관을 두는 제도가 조선에서는 정착됐지만 정작 종주국인 중국에서는 잘 안 지켜진 경우가 많았던 모양이다. 막강한 권력을 휘두르는 황제가 아예 사관 제도를 없앤 경우도 있었다. 왕이나 황제 입장에서는 사관의 존재가 결코 탐탁하지 않았을 것이다. 자기가 한 모든 언행이 매일 기록되어서 후대에 전해지는데, 좋아할 사람이 어디 있겠는가.

그러나 조선은 중국과 달리 이 제도가 철저하게 지켜졌다. 이러한 사실은 연산군 같은 폭군조차도 사관을 두려워했다는 사례를 통해서 알 수 있다. 왕이었다가 정치를 잘못해 쫓겨난 연산군은 재위시 이 세상에 사관을 빼고 두려운 사람은 아무도 없다고 고백했다고 한다. 연산군은 왕으로 있을 때 수없이 많은 악행을 저질렀는데, 이것을 사관들이 옆에서 묵묵히 적고 있었으니 두렵지 않을 수 없었을 것이다. 일단 사관이 기록하면 후손들에게 자신의 악행이 알려질 테니 그것이 영 못마땅했던 것이다. 우리가 연산군이 저지른 악행을 자세하게 알 수 있는 것은 그의 악행이 《연산군 일기》에 모두 기록되어 있기 때문이다. 조선은 바로 이렇게 정치했다. 그래서 500년 이상을 간 것이다.

《조선왕조실록》의 그다음 특징은 왕이 내용을 볼 수 없었다는 것이다. 만일 사관이 적은 내용을 왕이 볼 수 있었다면 사관은 보복이나 처벌이 두려워 소신있게 적을 수 없다. 왕이 볼 수 없었으므로 사관은 유교적 입장에서 왕이 잘하고 있는지 못하고 있는지를 자유롭게 쓸 수 있었을 것이다. 왕이 아무리 높은 존재라도 행동에는 이러한 제약이 있었다. 왕이 사관이 쓴 내용을 보지 못하는 원칙도 조선조 내내 거의 지켜진 것으로 알려져 있다. 따라서《조선왕조실록》은 극소수의 경우를 제외하고 삭제되거나 수정될 수 없었다.

그러나 중국의 경우는 달랐다. 황제의 권한이 너무 강해 그들은 종종 실록을 읽었고 자신의 마음에 안 드는 구절이 있으면 지우라고 했다고 한다. 이처럼《조선왕조실록》의 작성만 보아도 조선이 좋은 정치를 하기위해 얼마나 많은 노력을 기울인 왕조인지 알 수 있다.

그다음으로 생각해야 할 것은 종이로 만든 이 책이 아직껏 우리에게 남아 있다는 사실이다. 우리나라는 지난 역사 동안 많은 전쟁을 겪어 유물들이 실로 막대한 손상을 입었다. 이런 전쟁 중 가장 심대한 피해를 준 것은 말할 것도 없이 16세기 말에 있었던 조선과 일본의 전쟁, 즉 임진왜란이다. 이 전쟁은 7년이나 계속되었기에 우리나라에 있는 목조건물들을 비롯한 수많은 유물들이 타서 없어졌다.《조선왕조실록》도 예외가 될 순 없었다. 임진왜란 전에《조선왕조실록》들을 보관하고 있던 사고(史庫)는 전국에 네 개가 있었다. 유사시를 대비한 것이다. 이 가운데 세 개는 임진왜란 때 우리나라를 침략한 일본군에 의해 타 버리고 전주 사고에 있는 것만 살아 남았다.

그 뒤《조선왕조실록》은 다시 인쇄되어 묘향산이나 태백산, 적상산 처럼 산속 깊은 다섯 군데에 나뉘어 보관된다(적상산 사고는 높이가 약 1,000m나 되는 정상 근처에 있다). 전쟁이 나도 군인들이 잘 갈 수 없는 그런 곳을 골라 보관한 것이다. 그렇게 보관을 했어도 사고나《조선왕조실록》과 관련해서 여러 우여곡절이 있었다. 현재는 서울대학교 연구소인 규장각에《조선왕조실록》이 보관되어 있다.

규장각에는 이《조선왕조실록》이 오동나무 통에 보관되어 있다. 조선 사람들은 이《조선왕조실록》을 너무도 중시해, 단 네 부를 찍는 데에도 아름다운 활자를 만들어 사용했다. 그래서 우리는 지금도 아주 좋은 상태로《조선왕조실록》의 글자들을 대할 수 있다.

중국의 실록은 손으로 흘려 쓴 글씨체로 보관되어 있어 어떤 경우에는 해독이 안 된다고 한다. 중국의《명실록》이나《청실록》이 유네스코의 세계기록유산에 등재되지 못한 것은 이처럼 실록을 기록하는 정신이 제대로 지켜지지 않았다는 점이 크게 작용한 것 같다.

조선은 가능한 한《조선왕조실록》의 역사 기록 정신을 지키고자 노력했다. 이러한 정신은 지금까지도 이어져《조선왕조실록》은 현재 모두 한글로 번역되고 전산화되어 있어 모든 국민이 쉽게 찾아볼 수 있다.

편찬 자료는 주로 사초(史草)와 시정기(時政記)를 기본으로 삼고, 그 밖에도《승정원 일기(承政院日記)》《의정부 일기(議政府日記)》와, 후세에는《비변사등록(備邊司謄錄)》《일성록(日省錄)》 등을 자료로 했다. 이 방대한 실록은 조선왕조사 연구의 근본 사료(史料)이며, 중국·일본·유구(流球)·만주 등과의 교섭기록이 포함되어 있어 동양사 연구에도 귀한 자료이다.

《조선왕조실록》은 조선 왕조 첫째 임금인 태조 이성계에서 25대 철종에 이르는 472년, 즉 172,000천여 일을 총 1,893권 888책, 5,300여 만 자에 담은 기록물이다. 다른 나라의 현존하는 모든 실록들이 필사본인데 비해,《조선왕조실록》은 인쇄물로써 인쇄된 실록이 지금까지 보존되어 왔다는 것에 큰 의미가 있다. 단 4부를 만들면서도 새로운 활자를 제작해서 인쇄한 것을 보면,《조선왕조실록》이 역사 기록물인 동시에, 조선인들의 뛰어난 역사 의식과 문화 의식을 담고 있다고 할 수 있다. 《조선왕조실록》은 일찍부터 문화적 가치와 사료적 가치가 인정되어 1973년에 국보 151호로 지정되었고, 1997년에는 유네스코 세계기록유산 국제자문 위원회로부터 『훈민정음』(국보 70호)과 더불어 세계기록유산에 선정되었다. 《조선왕조실록》은 우리의 역사 기록이 세계사의 연구와 서술에도 여러가지로 기여하고 있다는 사실을 세계로부터 인정받은 귀중한 문화적 자산이다.

한 나라의 문화나 역사에 국한된 것보다는 보편적인 가치를 중요시하는데《조선왕조실록》이 바로 이 보편적인 가치를 충족하고 있는 것이다. 한국의 눈부신 경제 발전에 놀란 전 세계가 이제 한국을 주시하고, 한국문화의 배경을 알기 위한 한국학 연구가 점차 확산되고 있는 것이다.

《조선왕조실록》은 이제 세계인들에게 한국사 연구를 촉진하고, 한국의 전통과 문화를 외국에 알리는 뛰어난 매개체 역할을 하게 되었다. 《조선왕조실록》은 근 500년의 기간을 일관된 기준으로 서술한 역사 자료로, 세계기록유산이라는 이름에 걸맞게 조선시대의 연구는 물론이고 중국, 몽골, 만주, 일본 등 동아시아의 여러 국가와 민족의 문화와 역사, 특히 대외 관계사의 연구에 귀중한 자료이다. 최근 활발하게 이루어지고 있는 세계사 연구에서 꼭 필요한 조건의 하나는, 구체적이면서도 장기간의 기록을 담은 문헌 자료인데,《조선왕조실록》이야 말로 바로 이러한 조건을 충족하며 세계사의 서술에 큰 가능성을 보여 주고 있다.

방대한 중국 사료에서도 찾아볼 수 없는 자료를 《조선왕조실록》에서 찾을 수 있으며, 특히《조선왕조실록》에 의존하지 않고서는 한중 관계사를 연구하는데 필요한 정확하고 포괄적인 이해를 얻을 수 없다.
《조선왕조실록》가운데 한중 교류에 관한, 특히 왕조간의 정식 교류에 대한 상세한 기록은 이미 기초 역사 자료로서 중요성을 인정받았다. 이에 한국의 역사 자료를 거의 인용하지 않는 중국의 동아시아사 연구자들도 명과 청대의 대외 관계사와 만주 지역의 역사 연구에서는《조선왕조실록》을 참조하여 그 내용을 인용하고 있다. 그리고 이러한《조선왕조실록》의 중국사, 그중에서도 특히 만주사 연구를 위한 사료적 가치는 일본과 서양의 학자들에게도 많이 알려져 있다.《조선왕조실록》에 기록되어 있는 조선과 외국(특히 중국 북방과 만주의 몽골족, 여진족, 지금의 오키나와에 있던 큐슈 왕국)과의 교류에 관한 내용들은, 그 민족들이 남긴 기록이 거의 없거나, 그나마 남아 있는 기록들마저도 중국 왕조의 화이론에 바탕을 둔 일방적이고 편파적인 서술이 대부분이기에 역사적 편견을 극복할 수 있는 중요한 자료가 된다.
유네스코 세계기록유산의 가장 중요한 심사 기준은, 그 내용이 어느 한 국가나 민족의 문화나 역사에 국한되지 않는, 이른바 인류 공통의 보편적 가치인데, 한국의《조선왕조실록》이 바로 이러한 보편적 가치를 충족하고 있는, 세계인의 자랑스런 역사 기록인 것이다.

3. 「백운화상초록 불조직지심체요절」

전 세계적으로 보았을 때 한국인은 교육열이 높은 민족으로 알려져 있다. 한국인의 비상한 교육열이 어디에서 유래하는지에 대해서는 여러 이유를 들 수 있을 것이다. 그중에서도 먼저 손꼽을 수 있는 것이 유교의 영향이다. 유교의 핵심 경전인 「논어」에는 그 첫머리에 "학이시습지불역열호(學而時習之不亦說乎)." 곧 "배우고 때때로 그것을 익히면 또한 즐겁지 아니한가?"라 하여 공부가 인생의 즐거움이라는 것을 강조하였다. 비록 우리나라가 유교의 발생지는 아니지만 우리나라는 동아시아에서 유교를 가장 철저하게 신봉하고 실천하는 나라로 알려져 있다.

금속활자로 찍은 책도 1200년대의 것은 아직까지 발견된 것이 없다. 단지 남아 있는 자료로는 1377년 청주 홍덕사에서 찍은 『백운화상초록불조직지심체요절』(이하 『직지심체요절』로 약칭) 하권 1책뿐인데, 이것도 프랑스 국립도서관에 보관되어 있다. 『직지심체요절』의 의미는 현존하는 금속 활자 중 가장 오래된 인쇄물로서 서양에서 금속 활자가 처음 시작되었다는 주장을 뒤집은 인쇄물이라는데 있다.

우리나라에서 금속활자의 발명은 단시일 내에 이루어진 것이 아니라 목판 인쇄라는 기초가 있었기 때문에 가능한 일이었다. 독일의 구텐베르크는 곧바로 금속활자를 창안했지만, 동양에서는 금속활자에 앞서 목판 인쇄가 먼저 시작되었다. 목판 인쇄는 700년 쯤 중국에서 처음 시작되었다. 목판 인쇄를 할 수 있는 종이와 먹, 판각술은 이미 축적되어 있었다. 종이는 전한의 채륜(蔡倫)이 기존의 종이 만드는 기술을 개량하여 보급시켰고, 먹(墨丸)도 270년 중국에서 만들어졌다. 또한 판각술의 원형이라고 할 수 있는 도장(印章)은 이미 서력 기원을 전후하여 중국에서 시작되었다.

이렇게 만든 목판 인쇄본 중 현재까지 전해지는 것은, 868년 중국에서 간행한 「금강경」과 770년 일본에서 간행한 「백만탑다라니경」이 있고,

한국에는 신라시대인 751년에 간행한 것으로 추정되는 「무구정광대다라니경」이 있다.

신라와 고려는 불교를 국교로 삼았다. 중세유럽에서 카톨릭의 타락으로 종교개혁이 일어났듯이 오랜 기간 불교를 국교로 채택했던 우리나라 또한 중세 유럽과 같은 형편이 되었다. 이에 뜻있는 불교계 인사들이 불교 정화를 위해 많은 노력을 기울이게 되었다. 대표적인 인물이 고려 말 3대 화상인 나옹, 백운, 태고 화상인데, 태고 화상과 나옹 화상은 국사와 왕사로 있으면서 전면에서 불교 정화에 힘썼고, 백운 화상은 사상면에서 노력을 기울였다. 그 결실이 바로 『직지심체요절』이다. 『직지심체요절』의 찬자인 백운 화상의 호는 백운(白雲)이며, 법명은 경한(景閑)이었다. 고려 충렬왕 24년에 전라도 고부에서 출생하여, 공민왕 23년에 여주의 취암사에서 77세를 일기로 입적했다. 백운 화상은 어려서 출가하여 불학을 익히고 수도에만 전념하다가, 중국의 석옥 청공 화상으로부터 직접 심법(心法)을 전수받았고, 인도의 지공 화상에게도 직접 법을 물어 도를 깨달았다고 한다. 태고 화상이나 나옹 화상과 더불어 대선사로서 어깨를 나란히 했을 뿐만 아니라, 황해도 해주의 안국사에서 11년 동안이나 선림의 정업에 전력하였다.

『직지심체요절』이 공식적으로 세상에 공개된 것은 1972년이다. 유네스코가 1972년을 '세계 도서의 해'로 선포한 후 유네스코 본부가 있는 프랑스 파리의 여러 기관에서는 세계 도서의 해를 기념하기 위한 여러 가지 행사를 개최했다. 프랑스 국립도서관에서도 도서관이 소장한 세계 각국의 고서를 모아서 'BOOKS'라는 전시회를 개최하였다. 프랑스 국립도서관은 1968년부터 이 전시를 준비했는데, 이때 한국과 중국의 고서를 담당한 사람이 당시 도서관 연구원으로 재직하고 있었던 박병선 박사이다.

『직지심체요절』은 현재 프랑스 국립도서관의 귀중본으로 분류되어 단독 금고에 보관되어 있다. 『직지심체요절』이 현존하는 금속활자본 중 세계에서 가장 오래된 것이기는 하나, 이 사실을 아는 나라는 많지 않다. 청주 고인쇄 박물관은 우리나라가 인류 역사에 가장 큰 영향력을 발휘한 금속활자 발명국이라는 사실을 세계에 널리 알리고자 세계 석학들을 초청하여 학술회의를 격년제로 개최하고, 매년 해외 순회 전시도 열고 있다. 그리고 1998년에는 유네스코 한국 위원회를 통하여 유네스코에 세계기록유산으로 등재 신청을 하였다.

그러나 『직지심체요절』은 1999년 오스트리아 비엔나에서 개최된 "제4차 유네스코 세계기록유산 자문회의"에서 안건으로 상정되지도 못했다. 지금까지 세계기록유산으로 등재된 기록물과는 달리 『직지심체요절』은 한국에서 간행하기는 했지만, 보관은 프랑스에서 하고 있기 때문이었다. 쉽게 말해 원산지와 소유국이 다른 것이다. 그래서 유네스코에서는 프랑스와 공동 신청을 권유했는데, 프랑스 국립도서관의 거부로 무산되었다.

마침내 2001년 6월 청주에서 열린 제5차 유네스코 세계기록유산 자문회의에서 『직지심체요절』은 유네스코 세계기록유산으로 등재되었다. 이 책을 인정한 이유는 다음과 같다. 『직지심체요절』은 현존하는 세계 최고(最古)의 금속활자로, 인쇄문화의 전파와 인류의 역사에 큰 영향을 주었다. 이에 세계적인 영향력을 미친 기록유산으로 인정하게 되었고, 현재 프랑스에 단 한 권만이 보관되어 있기에 그 희귀성 또한 크게 고려되었다. 아울러 『직지심체요절』과 『구텐베르크성서』는 현존하는, 세계에서 가장 오래된 동·서양의 금속활자본으로, 인류의 기록 문화를 혁신적으로 바꾼 최대의 유산이다. 유네스코는 유네스코 기록 유산 자문 회의의 세계 기억사업 정신에 입각해 등재 권고를 한 것이다.

유네스코 측의 말처럼 이제 『직지심체요절』은 한국만의 기록 유산이 아닌 세계인의 기록 유산으로 공인되었다. 우리는 주변에 흔히 있는 것들을 중요시 여기지 않는다. 『직지심체요절』도 구한말 우리 선조들이 소중하게 여겼다면 프랑스로 건너가지는 않았을 것이다. 지금도 우리가 대수롭게 여기지 않는 것이 몇 세기 후에는 『직지심체요절』과 같이 세계적인 유산으로 보호 받게 될 수 있다. 따라서 지금 다시 한 번 우리 주변을 살펴보는 것도 우리의 소중한 문화유산을 보존하는 길이라고 생각한다.

『직지심체요절』은 앞서 말한 독일의 구텐베르크가 금속활자로 찍은 이른바 《42 행서》라는 책보다 정확히 78년이 앞섰다(1377년 제작). 고려인들은 구텐베르크보다 훨씬 먼저 금속 활자를 만들었다. 예를 들어 《고금상정예문》 같은 책에 대한 기록을 보면 이 책은 구텐베르크 보다 적어도 200년 이상을 앞서서 금속활자로 인쇄한 것으로 되어 있다.

4. 조선왕조의궤

《조선왕조의궤》는 결혼이나 장례 혹은 사신 영접과 같은 왕실의 주요 행사들을 일일이 그림으로 그리고 글로 설명해 놓은 책으로 다른 나라에서는 찾아보기 힘들다고 한다. 이 책은 전권이 국내에 있어 오래전에 국보로 지정되어 있었다.

《외규장각 의궤》는 프랑스 군대에 의해 약탈당했다가 2011년 조국으로 반환된 이채로운 책이다. 약탈당했던 것들은 원래 강화도에 있는 외규장각(규장각은 궁 안에 있는 왕실 도서관이며, 외규장각은 왕실 밖에 있는 도서관)에 보관되어 있었다. 그 가운데 일부가 19세기 말 프랑스 군대에 의해 약탈당했다가 백여 년만에 다시 돌아왔다(2011년 영구 임대 형태로 반환). 이 책을 처음으로 발견한 사람은 프랑스 국립도서관의 사서로 일하던 박병선 박사이다. 박 박사는 이 책을 찾기 시작한 지 약 20년 만인 1975년에 프랑스 국립도서관 창고에서 가까스로 발견했다.

《의궤》와 같은 자료에서는 화원이나 하급 장인들의 이름까지 일일이 기록한 모습을 볼 수 있다. 이런 실명제는 제작에 따르는 책임 소재를 명확히 하려는 뜻도 있겠지만, 기록 작성자에게 사명감과 자부심을 고취하려는 뜻도 숨어 있다고 할 수 있다.

5. 승정원일기

승정원일기(承政院日記)는 조선시대에, 왕명(王命)의 출납을 관장하던 왕의 비서실인 승정원에서 매일 매일 취급한 문서와 사건을 기록한 일기로 필사본이며 3,243권으로 되어 있다. 이 일기의 작성은 승정원의 주서(注書)와 가주서(假注書)의 소임으로, 한 달에 한 권 작성하는 것을 원칙으로 하되 사건이 많을 경우에는 2권 이상으로도 작성하였으며, 반드시 그 다음날 안으로 완성하여 보존하였다. 원래 조선 개국 초부터 일기가 있었으나 임진왜란 때에 소실되어, 1623년(인조 1년)부터 1894년(고종 31년)까지 270여 년간의 일기만이 현존한다. 1894년(고종 31년) 갑오경장(甲午更張) 이후는 관제(官制)의 변경에 따라, 승선원일기(承宣院日記)·궁 내부일기(宮內府日記)·비서감일기(秘書監日記)·비서원일기(秘書院日記)·규장각일기(奎章閣日記) 등으로 명칭이 변경되면서 한일 합방 때까지 계속 작성되었다.

왕의 비서실은 각 부서에서 올라오는 정보를 잘 요약해 왕에게 보고하고 다시 왕이 내리는 명령을 각 부서에 전달하는 역할을 맡는다. 유네스코가 인정한 《승정원일기》의 가치 가운데 하나는 이 책이 19세기 말이나 20세기 초에 동북아시아에서 일어난 복잡한 정치사를 대단히 자세하게 적었기 때문이다. 《승정원일기》에는 당시 조선 황실을 둘러싸고 일본이나 중국, 러시아, 독일 등의 국가들이 세력을 확장하고자 벌였던 여러 사건들이 아주 자세하게 적혀 있다.

이런 기록은 다른 주변 국가들에서는 잘 발견되지 않는다고 한다. 기록이 있더라도 자기 나라에 편향되게 기록되어 있어 사료로서 가치가 다소 떨어지는 모양이다. 19세기 말에서 20세기 초는 동북아시아의 격동기였는데 그 자세한 사정을 알려면 《승정원일기》를 참고하는 것이 가장 좋다는 의미에서 유네스코의 지지를 얻은 것이다.

《조선왕조실록》이 나라 전반에서 일어난 일을 적는 것이라면, 《승정원일기》는 주로 왕 개인에 대한 기록이 중심을 이룬다. 왕에 대한 개인적인 기록이라 해서 왕의 사생활을 적은 것은 아니다. 왕을 중심으로 이루어지는 정치 현장에 대해 기록했다는 것이다. 이 기록을 보면 마치 왕이 대신들과 국무회의하는 현장에 나와 있는 것 같은 생동감을 느낄수 있다고 한다. 왕이 혼잣말로 넋두리하는 것도 적어놓았기 때문이다. 예를 들어 영조가 "이렇게 일 때문에 골치를 썩는 것은 내 팔자"라고 한 말이 그대로 《승정원일기》에 적혀 있다. 왕은 그저 혼잣소리로 푸념한 것인데 주서가 그것마저 적었으니 조선의 기록 정신은 인정할 만 하다. 이 책이 세계에서 가장 방대한 분량의 역사 기록임을 자랑하지만 안타깝게도 이책은 《조선왕조실록》처럼 조선왕조 전체의 기록을 담고 있지는 않다. 늘 그렇듯이 임진왜란 때 경복궁에 보관되어 있던 것이 불탔기 때문이다. 뿐만 아니라 인조 2년(1624)에 이괄이 반란을 일으켰을 때 다시금 불타 지금 남아 있는 것은 이 이후의 것뿐이다.

그럼에도 이렇게 방대한 역사서가 됐으니 만일 조선 초부터의 기록이 모두 남아 있다면 얼마나 많은 분량이 될지 모를 일이다. 이 책이 방대할 수 있었던 이유는 《조선왕조실록》처럼 활자로 인쇄한 것이 아니라 손으로 직접 썼기 때문이다. 글자 수로만 따지면 2억 3~4천만 글자가 된다고 하니 그 양이 엄청날 것이라는 것을 짐작할 수 있다.

이 책에서도 우리는 조선 사람들의 치열한 기록 정신을 엿볼 수 있다. 두세 개 예를 들어 조선 사람들의 기록 정신을 살펴보면 먼저 상소문을 보자. 여러 통로로 상소문이 올라오는데 《조선왕조실록》은 요약해서 적는다. 그러나 《승정원일기》는 상소문의 전문을 모두 다시 적어 놓는다. 예를 들어 만인소라는 상소문이 있었다. 만인소는 만 명에 달하는 선비들이 임금에게 상소문을 올리는 것을 말하는데 《승정원일기》에는 만 명의 이름을 모두 적어야 했다. 이는 대단히 번거로운 일임에 틀림없었을 것이다.

그런데 이런 일이 18세기 말에 실제로 있었다. 정조 때 그의 아버지인 사도세자의 복권을 바라는 영남의 선비 만여 명이 만인소를 올린 것이다. 이런 상소문이 올라오면 《승정원일기》는 상소의 전문을 다 적을 뿐만 아니라 만 명에 달하는 이름을 다 베껴 적는다(조선 왕조실록에서는 만 명의 이름을 다 적지 않는다). 오늘날 컴퓨터로 입력하여 넣는 것도 수월하지 않은데 당시는 붓으로 일일이 써야 했으니 그 정성과 대단한 기록 정신을 알 수 있겠다.

이러한 기록 정신은 날씨나 별들의 움직임을 적는 데에서 절정을 이룬다. 《승정원일기》는 매일 매일 날씨를 매우 상세하게 적은 것으로 유명하다. 날씨를 100여 가지 방법으로 세분해 아침·저녁은 물론이고 필요할 때에는 시각을 달리하여 적는다. 즉, 비가 왔다고 적을 때에도 단지 비가 왔다고만 적는 것이 아니라 여덟 가지의 비(보슬비, 가랑비 등)로 나누어 적었다는 뜻이다. 이런 날씨 기록은 288년 동안 지속된다. 더 놀라운 것은 내린 비의 양까지 정확히 기록했다는 사실이다. 조선은 측우기를 세계에서 가장 먼저 발명했다. 그런데 중간에 전쟁을 겪으면서 기계가 모두 없어졌다가 영조 임금 때, 정확히 말하면 1770년에 측우기를 다시 복원했다. 이때부터 비가 오는 날은 어김없이 강우량을 기록했고 그때부터 따지면 약 140년 동안의 강우량을 기록한 것이다.

그런가 하면 밤하늘도 주요 관찰대상이었다. 그래서 유성이 떨어지면 어느 방향에 어떤 크기의 유성이 떨어졌는지도 기록했다. 그러니까 조선왕조 때 기록을 맡은 사람들은 밤에도 자지 않았던 것이다. 이들이 이렇게 별들의 움직임에 관심이 많은 것은 하늘의 변화가 인간 생활과 밀접한 관계가 있다고 믿었기 때문이다.

전 세계 어디에도, 어떤 나라에서도 날씨나 천문 현상을 이렇게 오랫동안 정확하게 기록한 예는 없다고 한다. 이 때문에 동북아시아의 최근 300년 동안의 기후나 천문을 연구하는 학자들에게 《승정원일기》의 기록은 최고로 좋은 자료가 된다고 한다.

지금 우리가 본 조선의 기록은 극히 일부에 불과하다. 관청만 보더라도 의금부나 비변사 등과 같은 관청에서도 모두《의금부등록》이나《비변사등록》같은 기록을 남겼다. 조선에는 이런 관청이 수도 없이 많았으니 그 기록이 더 많이 있었을 것이 틀림없다. 이런 문서들은 아직 번역이 안 된 것이 많다. 앞으로 이런 주요 문서들이 번역되어 우리들이 자유롭게 활용할 수 있게 된다면 한국학이나 역사 연구 분야에 크게 공헌하리라 본다.

《승정원일기》는 그 자료적 가치와 우수성이 확인되어 1999년 국보 제303호로 지정되었고, 2001년 청주에서 열린 유네스코 세계 기억사업 제5차 국제자문회의에서 《불조 직지심체요절》과 함께 세계기록유산으로 권고되었으며, 그해 세계기록유산으로 등재되었다. 그런데《승정원일기》는 세계기록유산으로 등록되는 과정에서 국제자문위원회의 까다로운 질문을 받아야 했다.《조선왕조실록》이 이미 기록유산으로 등록된 마당에《승정원일기》가 지정되어야 하는 이유를 세계인들은 궁금해 했다. 아마도 제대로 된 국가 기록물을 갖추지 못한 다른 나라들은 국가의 공식 기록을 여러 기관에서 체계적으로 편찬하는 것을 접하지 못했기 때문이었을 것이다. 국가의 공식 연대기가 두 가지나 세계기록유산으로 등록된 것은 조선시대 기록 문화가 탁월했음을 증명하는 것이다.

한편 국보와 기록유산으로 지정된《승정원일기》3,000여 개의 책 중에는《승선원일기》《궁내부일기》등 다른 제목이 붙은 책들이 포함된 것도 눈에 띈다. 이것은 비서실의 기능을 하던 승정원의 명칭이 승선원이나 궁내부로 바뀌면서《승정원일기》도 그 이름이 바뀐 것이므로, 이 책들을 모두 '승정원일기'라 해도 큰 무리는 없다고 본다.

《승정원일기》는 실록 편찬에도 가장 기본적인 자료의 하나로 활용했으며, 또한 실록보다 내용이 훨씬 상세하고, 주로 전례나 국방 · 외교상의 현안이 있을 때 전대의《승정원일기》를 참고하기도 했다.《승정원일기》는 역사의 기록물이자 현재 정치의 참고 자료로 항상 활용되었던 것이다. 이처럼《승정원일기》는《조선왕조실록》과 서로 보완 관계를 지니며, 무엇보다도 인조 이후 조선 후기의 역사를 총람하는데 필수 자료라 할 수 있다.

승정원이란 조선시대 왕명 출납에 관한 일을 맡아 보던 기관으로, 오늘날의 청와대 비서실에 해당한다.《승정원일기》는 무엇보다도 매일매일 기록한 것이라는 점이다.

《승정원일기(국보 303호, 1999년)》는《조선왕조실록(국보 151호, 1973년)》,《비변 사등록(국보 152호, 1973년)》,《일성록(국보 153호, 1973년)》등과 함께 조선시대 관찬 연대기의 우수성을 보여 주는 대표적인 자료이다.《비변사등록》은 16세기 이후 국가의 최고회의 기관이었던 비변사의 일기체 기록으로, 오늘날의 국무회의 회의록에 해당한다. 이처럼 각 기관의 기록물들이 서로 다른 기관에서 분산 편찬되었기 때문에, 조선 시대 기록물은 방대한 분량임에도 불구하고 객관성을 띠고 있다고 볼 수 있다.

6. 고려 대장경

고려대장경(高麗大藏經)은 고려시대에 불경과 장소(章疏)를 모아 집대성하여 인간(印刊)한 불경이다.《고려대장경》의 대사업은 불교의 흥왕(興旺)과 문화의 선양이라는 목적도 있었지만, 그보다도 불력(佛

力)으로 국난을 극복하려는 호국(護國)의 뜻에서 이룩되었다고 할 것이다. 맨 처음의 《초고대장경(初雕大藏經)》은 초판고본(初版古本) 대장경이라고도 하는데, 거란의 침입을 계기로 1011년(현종 2)에 착수, 87년(선종 4)까지 77년간에 걸쳐 6,000여 권을 완성했다. 그후 대각국사(大覺國師) 의천(義天)이 《속장경(續藏經)》을 간행, 99년(숙종 4)까지 4740여 권을 인간하였다. 36~51년(고종 23~38)에 걸쳐 완성한 재조대장경(再雕大藏經)이 현재 해인사(海印寺)에 소장되어 있다. 이는 두 번째로 만든 것이다. 현재 해인사에 보관되어 있는 팔만대장경은 총 8만 1,137매로 조판이 정교하고 내용이 방대한 세계 제1의 대장경이다. 국보 32호 《고려대장경》은 종교적 중요성 외에도, 인쇄와 출판을 비롯한 과학과 기술의 영역에서 중세 한국인들의 뛰어난 자질을 증명하는 자료이기도 하다.

다시 기술하면 대장경은 모든 불교 경전을 다 모은 것으로 여기에는 세 종류의 문헌이 들어 있다. 우선 가장 중요한 부처님 말씀[經]이 들어 있고, 그 다음으로는 승려들이 지켜야 하는 계율[律]에 대한 문헌이 있다. 그리고 마지막으로는 최고의 승려들이 쓴 논[論]문들이 포함되어 있다. 대장경은 한 마디로 불교 경전의 종합 세트라 할 수 있는데, 다 모으면 대장경의 양이 엄청나게 방대할 수 밖에 없다. 대장경을 제작하려면 워낙 많은 경비가 지출되기 때문에 아무나 갖고 있지 못했다. 그래서 그랬던지 일본은 대장경 제작에 성공하지 못했고 단지 중국과 고려만이 만들어 갖고 있었다.

일본은 표류한 우리 어선을 돌려주고 왜적을 막아줄터이니 대장경 한 질만 얻게 해 달라고 수십 번 간청했다. 고로 친선을 위해 일부를 나누어 주었다.

《고려대장경》은 중국 것을 그대로 따라 한 것이지만 완성도는 고려 것이 더 높다. 그래서《고려대장경》은 한문으로 되어 있는 대장경 중 최고(最高, best)이면서 동시에 또 최고(最古, oldest)라는 평을 받는다.《고려대장경》보다 먼저 만들어진 중국 대장경은 다 타서 없어졌기 때문에 우리 것이 가장 오래된 대장경이 되었다. 그러면서도《고려대장경》은 워낙 잘 만들었기 때문에 우리 것보다 뒤에 만들어지는 대장경들은《고려대장경》을 기준으로 만들게 된다. 고려 정부가 만든 두 개의 대장경 중 첫 번째 것은 몽골이 침입했을때 불에 타 지금은 남아 있지 않다. 그러나 그 대장경의 인쇄본은 우리나라와 일본에 부분적으로 남아 있다.

이 대장경 사업은 고려 정부가 한 일 가운데 아마 가장 규모가 큰 대형 프로젝트였을 것이다. 우선 경판의 양면을 다 사용했으니 전체 면은 16여 만 면이 되는 셈이다. 각 면에는 322개의 글자를 새겨 놓았으니 전체 글자 수는 무려 5천 2백여 만 글자가 된다.

대장경을 만들려면 나무를 잘라 가공하는 것이다. 그런데 나무는 마르면 뒤틀리거나 터지는 등 문제가 생기기 때문에 갯벌에 약 2년 정도 넣어 두어야 한다. 그렇게 둔 나무들을 모두 건져 소금물에서 다시 찐다. 그 다음에는 햇빛이 아니라 바람이 잘 통하는 응달에서 약 1년여 동안 말린다. 이런 과정들이 모두 나무를 가공하기 위한 것인데 이렇게만 해도 2~3년은 훌쩍 흐른다. 그 사이에 해야 할 중요한 일이 있다. 경판에 붙일 원고를 만드는 일이다. 그러려면 종이가 있어야 한다. 꼭 필요한 종이의 양은 16여 만 장이지만 경을 쓰는 과정에서 오자나 탈자가 나오기 때문에 이보다 두세 배의 종이가 더 필요하다. 따라서 30~40만 장의 종이가 필요했다고 한다. 그리고 이때의 종이를 오늘날 종이와 비교하면 안 된다.

당시에 종이란 것은 대단히 귀중한 물건이라 값이 매우 비쌌다. 아무리 왕실 행사라고 하지만 마음대로 종이를 쓸 수는 없었다. 그런데 이 종이 제작에만 1만 명 정도가 동원됐다고 하니 얼마나 많은 분량의 종이가 만들어졌는지 알 수 있다. 아울러 이를 위해 얼마나 많은 돈을 썼는지도 알 수 있을 것이다.

그다음 순서는 종이에 경전을 쓰는 일이다. 즉, 원고를 쓰는 것이다. 그런데 글자 수가 5천 2백여 만 글자에 달하니 이 방대한 양을 적기 위해 약 5만 명 정도의 사람들이 원고 쓰는 데에 동원됐다고 한다. 여러 명이 쓰면 글씨체가 달라져 일관성이 없다. 그래서 글씨를 쓸 사람들에게 중국의 명필이었던 구양순이라는 사람의 글씨체로 통일해서 쓰게 했다고 한다. 그렇게 많은 사람들이 썼는데도 글씨가 매우 빼어났다고 한다.

이 원고까지 마치면 글자를 새길 준비가 모두 끝난 셈이다. 이제 원고를 나무 판에 붙이고 파야 한다. 그때부터 한 글자 파고 절하고 또 한 글자 파고 절하는 것을 5천 2백여 만 번을 반복했다. 한 사람이 하루에 팔 수 있는 글자는 42개 정도였다고 한다. 약 12만 명의 판각수가 동원된 것으로 된다. 엄청난 수의 사람이 동원 된 것이다. 경전을 펴놓고 한 글자 한 글자를 모두 대조해 틀린 것을 고쳐야 한다. 그 많은 글자를 다 점검하는 데에 무려 1년여의 시간이 걸렸다고 한다. 흔히 《고려대장경》에는 오자나 탈자가 하나도 없다고 주장하기도 하는데 오자를 찾아보니 150여 자라고 한다. 전체 5천 2백여 만 글자 가운데 오자가 이 정도가 나왔다면 이것은 거의 없는 것이나 다름없다고 할 수 있다.

어쨌든 이렇게 해서 글자 새기는 작업이 다 끝나면 그 다음에는 나무가

썩거나 습기 차는 것을 방지하기 위해 옻칠을 했다. 옻은 옻나무에서 채취해야 하는데 나무 한 그루에서 채취할 수 있는 옻은 매우 한정적이다. 그런데 경판에 칠한 옻의 양은 엄청나게 많아 무려 400kg정도가 된다고 한다. 그래서 이 옻을 채취하는 데에만 1천여 명의 사람이 매달렸다고 한다. 이제 정말 마지막 작업으로 경판 양쪽에 나무로 마구리를 대는 작업을 해야 하는데 나무가 뒤틀리거나 굽는 것을 방지하기 위해 하는 것이다. 이것이 끝나면 경판을 장경각에 보관하게 된다. 《고려대장경》이 만들어지는 전체 과정에는 엄청난 자본과 세월이 필요해서 전체 제작 기간이 16년이라는 긴 세월이 걸린 것이라 한다.

이러한 과정을 다 훑어보면 고려는 완연한 선진국이었음을 알 수 있다. 대장경 제작 작업은 문화력은 말할 것도 없고 경제력이나 정치력, 군사력이 뒷받침해 주지 않으면 불가능하다. 이렇게 만든 《고려대장경》이 오늘날까지 전해 내려온 것은 기적 같은 일이다. 왜냐하면 경판은 나무로 되어 있어 불에 지극히 약하기 때문이다. 그래서 우리의 문화유산 가운데 나무로 만들었으면서 《고려대장경》처럼 800년을 지탱해 온 유물은 거의 없다. 특히 전란이 있으면 나무나 종이로 된 것들은 타버릴 확률이 매우 높다. 그런데 대장경판이 아직까지 남은 것은 하늘의 뜻으로 본다. 불행하게도 문화재 관리국 보고에 의하면 경판 18장이 분실된 것으로 되어 있다.

《고려대장경》은 현존 한역 대장경 중 세계에서 가장 오래된 것일 뿐 아니라, 현존하는 세계 유일의 완본 한역 대장경으로서 한국이 가장 자랑하는 문화유산 가운데 하나다.

7. 동의보감

진정한 의사는 사람의 생명을 소중히 여기고 병든 이들을 구하기 위해 최선을 다하는 사람이라고 할 수 있는데, 조선 시대 최고의 의사라고 불렸던 허준이 바로 그런 사람이었다. 사람에 대한 사랑으로 병을 치료하고자 했던 허준, 그는 경기도 김포의 한 양반 집안에서 서자(첩의 자식)로 태어났다. 조선 시대의 서자는 일반 관리가 될 수 없었고 매우 천한 대접을 받았었는데, 그는 자신에게 주어진 조건을 이겨 내기 위해 의원이 되기로 결심했다. 열심히 공부해 내의원(內醫院) 시험에 합격하고, 궁궐에 들어간 그는 다른 사람보다 더욱 열심히 의술을 익혔다. 그러던 어느날, 임금을 모시는 내관이 달려와 말했다. "왕자님이 심하게 아프십니다." 허준은 곧 왕자에게 달려가 정성을 다해 병을 치료해 얼마 후 왕자의 병이 씻은 듯이 낫게 되었고, 임금과 왕자 모두가 그를 매우 아끼게 되었다.

1592년 임진왜란이 일어나자 허준은 임금인 선조와 함께 피난을 가게 되었다. 그 때 허준은 많은 백성들이 전염병으로 죽어가면서도 약조차 제대로 쓰지 못하는 것을 보고 무척 가슴이 아팠다. 전쟁이 끝나 궁궐로 돌아온 왕은 허준에게 새로운 임무를 맡겼다. 약초에 조선말 이름을 달고 모든 치료법을 조선말로 적어 우리 풍토에 맞는 의학책을 내는 일이었다. 허준은 산과 들에 흔히 나는 풀과 나무를 써서 약을 쓰고 병을 고칠 수 있었으면 하던 자신의 평소 생각을 실현할 좋은 기회라 생각하고 열심히 연구에 몰두했다. 무엇보다 백성들 누구나 쉽게 구할 수 있는 약초들에 대한 책을 쓰려고 노력했다. 그러던 중, 허준을 아끼던 선조 임금이 갑자기 죽고 말자, 허준을 시기하던 무리들은 그에게

억울한 누명을 씌워 귀양을 보냈다.

그러나 새 임금이 또 다시 그를 감싸 준 덕분에 곧 귀양살이에서 풀려나 연구를 계속할 수 있었다. 마침내 1610년 8월, 허준이 책을 쓰기 시작한지 14년 만에, 25권의 책이 완성되었다. 동쪽나라의 귀한 책이라는 뜻으로 〈동의보감〉이라고 이름 붙인 이 책은 그 전까지 나왔던 의학 서적을 종합한 것일 뿐만 아니라 최초로 조선 사람들의 체질과 풍토에 맞는 치료법을 다룬 책이었다. 이후 〈동의보감〉은 한의학을 공부하는 모든 사람에게 꼭 필요한 교과서가 되었다.

동의보감은 전 25권으로 내용은 내경편, 외형편, 유행성병, 급성병, 부인과, 소아과 등을 합한 잡병편, 약제학, 약물학에 관한 탕액편, 침구편으로 구성되었다.

이 책은 그 우수함 때문에 한의학의 본국인 중국에서도 많이 참고했을 뿐만 아니라, 일본이나 대만의 한의학자들도 이 책을 많이 보았다고 전해진다. 그래서 우리나라 사람이 쓴 책 가운데 이 책만큼 중국인이나 일본인들에게 널리 읽힌 책은 없다고 한다.

8. 일성록

〈일성록〉도 재미있는 기록물이다. 〈일성록〉은 왕의 개인적인 일기로 처음 시작은 정조가 왕자로 있었던 1752년부터였다. 그 뒤 조선이 망하던 1910년까지 조선 국왕들은 자신의 주위에서 일어난 일들을 꼼꼼히 일기형식으로 써서 남겼는데 그것을 모은 것이 이 책이다. 왕이 이렇게 일기형식으로 정치 기록을 남긴 것은 세계적으로도 보기 드물다.

이렇게 왕이 개인적으로 기록을 남긴 것은 후대에 세세한 기록을 남겨 정치를 보다 수월하게 할 수 있게 해주기 위한 것이다.

일성록(日省錄)은 국보 제153호로 지정되어 있으며 2,329권의 원본과 그 사본이 있는데 원본은 서울대 규장각 한국학연구원이 보관 중이다. 정조가 세손(世孫) 시절부터 언행·동정을 일기체로 스스로 적었고, 그가 왕위에 오른 후로는 규장각을 설치하여 각신(閣臣)들로 하여금 조정에 있었던 사실을 적게 하였는데, 이것이 1785년에 하나의 체제를 갖춘 책으로 편찬된 것이다. 1827년(순조 27)에는 유본예(柳本藝)가 〈일성록 범례〉를 만들어 내용을 이해하기 쉽도록 분류하였다.

9. 난중 일기

〈난중일기〉는 충무공 이순신 장군이 1592년부터 7년간(1598년까지) 일본과 전쟁을 수행하면서 남긴 일기 형식의 책이다. 직접 지휘하던 (해군)최고 지휘관이 매일매일 전무 상황과 자신의 생각이나 느낀 점을 현장감 있게 기록했다는 점에서 높은 평가를 받는다. 인류 전 역사에 이런 책의 유례는 찾을 수 없다고 하니 이 책의 가치가 어떠한 지 알 수 있을 것이다.

조선은 이처럼 기록을 중시하고 역사를 보존하려는 정신이 남달랐다. 난중일기는 국보 제 76호로 지정되어 있으며 본책 7권, 부록 1권으로 구성되었다. 친필 초고본은 충남 아산의 현충사에 보관 되어 있고 다른 하나는 이충무공 전서에 있다. 난중 일기는 1968년에 도난 당했다가 무사히 되찾았다.

10. 무구정광 대다라니경

무구정광 대다라니경은 불교의 경문을 인쇄한 것으로 작은 두루마리처럼 되어 있다. 당시에는 아직 제본술이 발달되지 않아 이때의 책들은 모두 두루마리로 되어 있다. 그래서 책의 모습을 보면 폭에 비해 길이가 매우 길다. 이 책도 폭은 6.7cm인 반면에 길이는 약 7m라고 하니, 길이가 매우 긴 것을 알 수 있다.

이 책은 목판으로 찍은 것인데 1966년 10월 13일 불국사 석가탑을 해체·복원하는 과정에서 발견되었다. 그런데, 석가탑을 751년에 세웠으니 이 책은 그 이전에 만든 것이 된다(704년에서 751년사이). 이 연대가 맞는다면 이 책은 세계에서 가장 오래된 책(인쇄본)이 된다. 이 경문이 발견되기 전에는 일본 책이 세계에서 가장 오래된 인쇄본으로 되어 있었는데 우리의 〈무구정광 대다라니경〉이 더 오래된 것으로 판명되어 순위가 바뀌었다.

그런데 이 책은 아직 국제사회에서 세상에서 가장 오래된 인쇄본으로 인정받지 못하고 있다(그 때문에 유네스코의 세계기록유산으로 등재되지 못했다). 여기에는 몇 가지 이유가 있는데 가장 큰 이유는 중국인들이 이 책을 자기네 것이라고 주장하기 때문이다. 중국 주장에 의하면 이 책은 자신들이 찍어 신라에 보낸 것이라고 한다.

중국학자들의 주장에 대해 한국 학자들은 〈무구정광 대다라니경〉에 쓰인 먹이 신라 먹일 뿐만 아니라 서체나 필법 등이 신라 것이기 때문에 틀림없이 신라 것이라고 주장한다. 대다수 사람들이 한국 학자들의 의견에 동의하는데, 사정이 어찌 됐든 세계에서 가장 오래된 책이 현재 우리나라에 있다는 것은 틀림없는 사실이다.

세계 최고(最古)의 목각 인쇄물인 다라니경(陀羅尼經)과 참으로 귀중한 불국사 창건 당시의 수십 점의 석가탑 사리장치 유물(현재 일괄하여 국보 제126호)을 고스란히 도굴자들에 의하여 절취당할뻔 한 적도 있다.

11. 한국의 유교책판

'유교책판'은 경북 안동시 한국국학진흥원이 소장한 유학 관련 책판(册板·책을 인쇄하기 위해 글을 새긴 나무판) 718종 6만 4,226장으로 구성되었다. 한국의 유교책판은 305개문 중에서 기탁한 자료이다.

가장 오래된 1460년 경북 청도군 선암서원에서 판각한 배자예부운략(排字禮部韻略, 보물 917호)부터, 1956년에 판각된 박주종(朴周鍾·1813~1887), 산천선생문집(山泉先生文集)까지 포함돼 있다. 718종 중 문집이 583종으로 가장 많은데, 사대부 사후에 그의 글을 모은 문집을 가문과 주변 유학자들이 함께 목판으로 만들었기 때문이다.

조선의 양반들은 유교책판 제작을 통해 당대의 지배사상인 유학을 전파하고자 했다. 각 지역 지식인 집단이 공론을 모아 십시일반으로 비용을 충당했다.

박순 한국국학진흥원 목판연구소 연구원은 "책판 소유자들은 책판을 한국국학진흥원에 기탁할 때 고유제(告由祭, 중대한 결정을 내린후 그 내용을 조상에 알리는 제사)를 지낼 정도로 애착이 컸다"며 "유교책판은 조선 사대부들이 추구하던 정신적 가치의 상징"이라 설명했다.

조선시대 유학자들의 저작물을 간행하기 위해 판각한 목판인 '한국의 유교책판'이 9일 유네스코 세계기록유산(Memory fo the World)에 등재됐다. 유네스코 세계기록유산 국제 자문위원회(IAC)는 2015년 10월, 4~6일 아랍 에미리트 아부다비에서 제12차 회의를 열어 한국의 유교책판과 이산가족 생방송 기록물을 심사해 '등재 권고' 판정을 내렸고, 이리나 보코바 유네스코 사무총장이 이를 추인해 등재가 확정됐다.

한국의 유교책판은 305개 문중에서 기탁한 것이다. 내용은 유학자의 문집, 성리학 서적, 족보, 연보, 예학서(예법에 관한 책), 역사서, 훈몽서(어린아이를 위한 책), 지리지 등이다. 현재 유교책판은 대부분 영남 지역 문중에서 기탁했지만, 세계기록유산 등재 후 전국에서 위탁 행렬이 이어질 것으로 기대되고 있다.

유교책판은 유네스코 세계기록유산에 등재된 국내 작품 13종 중 '난중일기'나 '팔만대장경' 등과는 달리 문중마다 흩어진 것들을 모은 '컬렉션' 방식으로 가치를 인정받았다는 특성이 있다. 컬렉션 등재 방식이 세계적 추세인 만큼 다른 자료들도 세밀히 검토해서 등재 신청을 할 수 있도록 해야 한다.

12. 이산 가족 찾기

KBS특별방송 '이산가족을 찾습니다' 기록물은 1983년 6월 30일부터 11월 14일까지 생방송 된 비디오테이프, 담당 프로듀서의 업무수첩, 이산가족이 작성한 신청서, 일일 방송 진행표, 큐시트, 기념음반, 사진, 잃어버린 30년 등 2만 522건의 자료를 포함한다.

한국은 1997년 훈민정음 해례본과 조선왕조실록을 처음 세계기록유산에 등재시켰고 2001년에는 승정원일기와 직지심체 요절, 2007년에는 해인사 대장경판 및 제경판과 조선왕조의궤, 2009년에는 동의보감을 유산목록에 추가했다. 이어 2011년에는 일성록과 5·18 민주화운동 기록물, 2013은 난중일기와 새마을운동 기록물이 세계기록유산에 이름을 올렸다. KBS 특별생방송 '이산가족을 찾습니다' 프로그램은 당초 1시간 30분으로 예정된 방송이, 이산가족이 몰려들어 138일동안 이어져 당시 이산가족 생방송에는 10만 여건이 접수돼 사연 5만 3,536건이 소개됐고 1만 189명이 잃어버린 가족을 찾았다. 총 방송시간 453시간 45분은 단일 프로그램 세계 최장기간 연속 생방송 기록이다.

서경호 서울대 자유전공학부 교수는 "영상 기록물이 세계기록유산으로 등재된 전례는 많지만 하나의 방송 프로그램이 단독으로 세계기록유산이 되는 것은 처음"이라고 의미를 설명했다.

PART 05
기념 유물

1. 미륵반가사유상(백제)

백제가 만든 국보 83호인 미륵반가사유상은 그냥 지나칠 수 없는 작품이다. 그 기품이 하도 대단해 국립중앙박물관에는 이 불상만 별도로 전시해 놓은 방이 있다. 이런 불상들은 따로 설명이 필요 없다. 그냥 박물관에 가서 보면 되기 때문이다. 게다가 박물관 관람은 무료로 이런 세계적인 작품을 공짜로 볼 수 있다. 불상에 대해 아무런 지식이 없어도 이런 작품 앞에 가면 감탄이 절로 나온다.
이 불상은 일본 교토에 있는 광륭사의 불상과 자매라고 해도 될 정도로 닮았다. 차이가 있다면 이 불상은 청동으로 주조한 것이고 일본에 있는 것은 나무로 만들었다는 것이다. 우리 불상은 청동으로 주조한 것이라 일본에 있는 불상보다 만들기가 더 힘들었을 것이다.
수백 년이 흘러도 본래의 모습을 지니는 불상의 금장 기술이 자랑 스럽다.

2. 금동향로(백제)

백제 기술로 만들어진 것으로 발견된 지 얼마 안 된 금동향로는 세계적인 작품임에 틀림없다. 이 작품도 박물관에 전시되어 있다. 이 금동향로의 발견은 한국 고고학계의 발굴 중 가장 극적인 것 가운데 하나이다. 부여 능산리 고분군 옆에 주차장을 파다가 발견되었기 때문이다. 고분군 옆에 주차장을 만들려는데 문화재청에서 유물조사를 해보자고 제의를 했다. 이 과정에서 이 금동향로가 극적으로 1300여 년 만에 기왓장 밑에서 발견된 것이다. 나당 연합군이 왕성으로 진격해 오자 이 금동향로를 황급히 땅에 묻고 도주한 것으로 보인다.

이 주차장에는 원래 왕실이 만든 절이 있었다. 고분에 모신 왕들을 제사 지내기 위해 만든 절로 당시 최고의 물건들이 있었을 것이다.

이 금동향로는 바로 이 절에서 사용되던 물품이었다. 이처럼 왕실이 사용했던 물건이었으니 이 향로는 대단한 작품인 것이다. 물론 이 향로 양식은 중국에서 비롯된 것이다. 그런데 같은 양식으로 된 중국 향로와 비교해 보면 우리 향로가 월등하게 뛰어난 것임을 알 수 있다.

이 작품의 감상 포인트는 향로 밑부분을 구성하고 있는 용의 발톱과 가장 윗부분에 있는 주작의 꼬리 생김새를 보는 것이다. 이 부분들은 모두 매우 활기차고 늘씬하게 표현되었는데 이것은 당시 백제가 얼마나 활기 찬 나라였는지를 보여 준다. 용의 발톱들은 힘이 흘러넘치고, 주작의 꼬리가 보여 주는 곡선은 유려하기 짝이 없다.

더구나 이 향로는 그냥 나무 같은 것을 깎은 것이 아니라 청동으로 주조한 것이다. 청동으로 주조해 이 정도의 예술품을 만드는 것은 결코 쉽지 않다.

3. 금관(신라)

금관(金冠)은 삼국시대 왕이나 귀족들이 쓰던 관의 하나로 고분에서 출토된 금관은 상당 수에 달하며, 시대와 나라에 따라서 그 양식도 다르다. 금관은 아니지만 관(冠)에 장식했던 금관식(金冠飾)도 금관의 범주에 넣어 생각하는 것이 좋다. 우리나라 금관의 대표적인 것은 역시 금관총(金冠塚)·서봉총(瑞鳳塚)·금령총(金鈴塚)·천마총(天馬塚)·황남동(皇南洞) 98호 분(墳)에서 출토된 것들이라 할 수 있다. 이것들은 내관(內冠)과 외관(外冠)의 두 부분으로 구성되어 있는데, 내관은 금관에다 전면에 걸쳐 여러 가지 무늬를 질서 있게 두각(逗刻)했고, 타점(打點)으로 직선이나 곡선 등을 그리기도 했다.

신라시대와 같은 고대에 전 세계에 있던 금관들의 개수는 보통 12~13개로 잡는다. 그런데 신라 금관이 6~7개가 되니 전 세계 금관 중 반 이상이 신라 금관인 것이다. 게다가 신라 금관의 아름다움은 다른 금관들을 압도한다. 이처럼 신라인들은 금을 다루는 기술이나 예술적 역량이 매우 뛰어났다.

그 기술 가운데 한 가지만 예로 들어보자. 금이란 무른 금속이라 힘을 잘 받지 못한다. 그런데도 신라 금관의 앞면에는 나무 형상을 한 금판들이 꼿꼿하게 서 있다. 게다가 그 금판에는 옥이 매달려 있다. 그래도 금이 휘거나 구부러지지 않는다 이것은 금관의 가장자리에 어떤 처리를 했기 때문이다. 이런 높은 기술들이 모여 신라 금관과 같은 세계 최고의 작품이 나온 것이다. 그런데 우리는 당시 신라인들이 이런 대단한 기술과 예술적 기량을 어디서 취했는지에 대해 아직도 결론을 내리지 못하고 있다.

4. 에밀레종(신라)

종은 금속음을 이용한 타악기이다. 서양에서는 약 3000년 전 바빌론에서 사용된 컵 모양의 소형종이 오래된 것이고 방울 모양이나 접시 모양의 것도 역사가 깊다. 교회의 종은 11세기 경에 보급되었고 13세기에는 대종도 만들었다.

종은 소리가 복잡하고 여운이 길어서 사원 등 종교적인 기관과 관계가 깊다. 종소리는 일종의 신비감을 풍겨서 많은 전설이 따른다. 경주의 봉덕사 종인 에밀레종의 전설은 그 대표적인 것이다. 지금 에밀레 종은 경주 박물관에 있다.

에밀레종의 종소리는 소리가 끊어졌다가 다시 살아나기를 십여 차례 반복하는 등 소리의 공명 설계는 최첨단 컴퓨터로도 분석이 어려운 실정이라 한다.

지금은 중단되었지만 에밀레종은 새벽을 알리는 종소리로 매일 여섯 시에 세 번 타종되었다. 이 종이 만들어진 770년 12월 14일 이후 그것이 종각에 걸려 있는 한 변함없이 서라벌에 울려온 종소리였다. 에밀레종의 소리는 장중함과 맑음이, 그리고 그 형태는 정중하면서도 유려한 형체감을 동시에 보여준다. 여느 종과 마찬가지로 종이컵을 뒤집어 놓은 형상, 또는 대포알을 머리와 허리춤에서 자른 모습이지만 가운데 아래쪽이 불룩하게 부풀어 있으면서 끝마무리는 슬쩍 오므려 팽창감과 포만감을 주는 긴장미를 유지하며, 동시에 동 어깨에서 몸체를 지나 허리에서 마감하는 유려한 곡선을 드러낸다. 정중하면 유려하기 힘들고, 유려하면 정중하기 힘든 법이지만 에밀레종은 그 모두를 충족시켜 준다. 그래서 에밀레종을 보면서 감히 아름답다는 형용사를 쓰지 못한다. 그것은 거룩한 것이고, 인간이 만들어 낼 수 있는 가장 위대한 형태와 소리를 지닌 신종(神鐘)이라고 생각하면서 최대의 찬사와 경의를 받을 만하다.

에밀레종은 인간이 만들어 낼 수 있는 유물이 아니다. 에밀레종 이전에도 없었고 에밀레종 이후에도 없는, 오직 에밀레종 하나가 있을 따름이다. 1986년에 우리는 두 차례에 걸쳐 에밀레종 복제품을 만들었다. 하나는 아메리카 건국 200주년을 기념하는 선물로 제작되어 '우정의 종'이라는 이름을 붙여 지금 로스엔젤레스의 산페드로 태평양이 바라보이는 어느 공원 언덕에 설치되어 있다. 또 하나는 서울 보신각종이 이제 수명을 다하여 더이상 타종할 수 없게 됨에 따라 이것을 국립중앙박물관 후원으로 옮기고 그 자리에 새 종을 만들면서 에밀레종을 복제하였다. 그러나 문양구성을 현대에 맞춘다고 바꾼 것이 촌스러운 것은 그렇다 치고 우선 종소리가 전혀 아니다.

에밀레종은 높이 3.7m, 둘레 7m, 입지름 2.27m, 종 두께는 아래쪽이 22cm, 위쪽이 10cm, 전체부피는 약 3m, 무게는 20~22톤, 이 거대한 종이 완성된 것은 770년 12월 14일이었다. 에밀레종은 봉덕사(奉德寺)에 봉안되었다. 봉덕사는 성덕대왕의 명복을 빌기 위하여 세운 절이니 이 종이 거기에 봉안된 것은 당연한 일이다. 지금 우리는 봉덕사가 어디였는지 정확히 알지 못한다. 다만 어느 때인가 경주 북천(北川)이 홍수로 넘쳐 봉덕사는 매몰되고 오직 에밀레종만 이 폐사지에서 뒹굴고 있었다고 한다.

봉황대 밑에서 성문종(城門鐘)으로 480년간 방치한 에밀레종은 1915년 8월, 경주 법원 뒤쪽에 있는 구 경주박물관 자리로 옮겨지게 되었다. 이곳은 본래 경주부 관아터였던 곳이다. 에밀레종을 구관에서 신

관까옮기는 과정의 에피소드 하나를 소개하면 월성로를 따라가면 불과 2km의 거리였지만 그 중간에 있는 다리로는 결코 50톤의 하중을 견디지 못한다는 결론이 나왔다. 결국 돌아서 5km를 가야 하는데 이번에는 경주시내 전깃줄이 모두 걸리는 것이었다. 그래도 이 길을 택했다. 한국전력공사에서는 전공들이 여럿 동원되어 에밀레종을 실은 트레일러가 지나 갈 때마다 전깃줄을 끊어주고 지나간 다음에는 곧 이어주고 하면서 시내를 관통하기로 한 것이다.

에밀레종은 납형법(蠟型法)으로 제작되었다. 중국종, 일본종이 만형법(挽型法), 또는 회전형법(廻轉型法)으로 제작된 것과는 큰 차이이다. 중국과 일본의 학자들이 '조선종'이라고 부르는 것은 이런 기법의 차이에서부터 유래한다. 이 기법의 차이는 곧 형태와 소리 모두에서 큰 차이를 보여준다. 납형법이 아니고서는 종 몸체에 그와 같이 아름다운 문양을 새기는 것은 불가능하고, 납형법이 아니고서는 긴 여운을 내지 못한다. 우리가 듣는 종소리, 그것은 세상 사람들이 모두 듣는 소리가 아니라 '조선종'을 만들어낸 우리들만 듣는 소리인 것이다.

일본의 범종학자인 쓰보이 료헤이(坪井良平)에 의하면 몇 해 전 일본 NHK에서 세계의 종소리를 특집으로 꾸민 적이 있는데 에밀레종이 단연 으뜸이었다는 것이다. 장중하고 맑은 소리뿐만 아니라 긴 여운을 갖는 것은 에밀레종뿐이라고 한다.

조선종에서의 이 울림, 물리학에서 말하는 '맥놀이' 현상은 진동수가 거의 동일한 두 개의 음파가 동시에 발생될 때 생기는 일종의 간접현상이라고 한다. 그러나 에밀레종에서 이 진동원(振動源)이 어디인지는 아직도 찾아내지 못했다. 사람들은 아마도 음관(音管)에 그 비결이 있지 않을까 생각하고 있다. 에밀레종 용머리 뒤쪽에는 대통모양의 관이

솟아 있는데 이 관은 높이 96cm, 안쪽이 14.8cm, 위쪽이 8.2cm로 속이 비어 있다. 이 음관은 조선종에만 있고 중국종, 일본종에는 없기 때문에 더욱 그렇게 생각되는 것이다. 에밀레종이 납형법으로 제작되려면 22톤의 쇳물, 감량 20~30%를 계산하면 약 25~30톤의 쇳물을 끓여 동시에 부어야 한다. 27톤의 끓는 쇳물을 거푸집(鑄型)에 일시에 붓는데, 염영하박사의 조사에 의하면 10곳에 주입구가 있었던 흔적이 있다고 한다. 그 압력이 대단하여 거푸집이 웬만큼 튼튼하지 않고는 못 견딘다고 한다. 또 쇳물이 쏟아질 때는 거품이 일어나 버글거리는데 이때 공기가 미처 빠져 나오지 못하면 공기를 품은 채 굳어버려 기포가 생기게 된다는 것이다. 이 공기를 어떻게 빼내었을까? 요즘 만든 주물에는 기포가 많은데 그때는 없었다니 신비할 따름이다. 그 모든 것이 불가사의한 일일 따름이다.

5. 고려 청자(고려)

청자는 인류가 만들어낸 그릇 가운데 아름다움이나 실용면에서 가장 훌륭한 그릇 가운데 하나이다. 특히 고려청자가 천하명품이었다는 것은 잘 알려진 사실이다. 그릇에 관한 한 우리나라는 항상 세계적인 선진국이었다. 중국에서 그릇 만드는 기술을 들여 왔지만 고려사람들은 거기에 만족하지 않고 중국인들이 모두 부러워하는 그릇, 청자를 만들어 냈다.
잘 알려진대로 고려청자는 두 가지 면에서 중국의 청자를 앞질렀다. 우선 고려사람들은 청자를 만들 때 중국에서는 하지 않는 상감기법, 즉 그릇 겉면을 파서 다른 종류의 흙이나 금속 같은 것을 넣어 문양을 만드는 방법을 사용했다. 고려청자에 잘 나타나는 학 같은 문양은 모두 이 상감기법을 사용해 만든 것이다. 잘 모르는 사람들이 이 학이 그림으로 그려진 것으로 오해하는데, 장인이 하나하나 파서 다른 흙을 메워 넣은 다음에 구운 것이다. 아주 공이 많이 들어가는 작업이 바로 이 상감기법이다.

두 번째로 중국을 능가한 것은 고려청자의 색깔인 비색이다. 이 색깔은 말로 표현하기가 힘든 신묘한 경지에 이른 색깔로 초보자들은 그 오묘함에 대해 쉽게 알기어렵다. 비가 오고 난 다음의 하늘처럼 푸를 뿐아니라, 그와 더불어 은은한 녹색의 비취빛이 나야 한다고 하니 말로 설명하기 힘들다고 한 것이다. 현대를 사는 우리들은 아직도 고려사람들이 이 비색을 어떻게 만들어냈는지 잘 모른다고 한다.

셋째로 1000년이 지나도 색이 변하지 않는 페인트의 기술, 1000년이 지나 바닷물 속에서 건져도 신비로운 그 색을 그대로 유지하는 그 기술을 파악할 수가 없다. 고려시대의 청자는 단정하면서도 엄격한 반면, 조선백자는 중량감이 있으면서도 넉넉함을 보이고 있다.

9세기 말에서 10세기 초 무렵에 중국의 청자 기법이 수입되었지만 중국을 능가했다. 11세기 송(宋)나라의 도자기는 정교치밀함과 의장(意匠)의 세련됨이 가장 높은 수준에 달해 있었는데, 문종(文宗)은 이들과 접촉하여 고려자기의 수준을 크게 높였다. 당시 작품으로 지금까지 전해지는 것으로는 양각(陽刻)·음각(陰刻)·순청자(純靑瓷) 등이 있다.

12세기 전기는 순청자 시대였고, 후기부터 상감청자(象嵌靑瓷)시대로 들어간다. 57년(의종 11)에는 청자와(靑瓷瓦)도 만들었다. 13세기에는 12세기 중엽부터 말기에 걸쳐 절정을 이루었던 청자상감이 31년 몽고의 침입 때까지 계속되었으며, 90년대에 만들어진 것으로 철재백상감자기류(鐵彩白象嵌瓷器類) 등이 있다. 14세기, 고려가 멸망할 때까지 고려청자의 질이 저하된다. 태토(胎土)는 거칠어지고 상감기법도 진지하지 못하게 된다. 이와 같은 일은 분청사기 배태의 전주곡이 되었다.

고려청자 재현운동(高麗靑瓷再現運動)은 고려청자의 재현과 새로운 한국청자의 개발로 조상의 도예기능을 되찾자는 운동이다. 일제시대에 이미 이왕가(李王家)에서 시도된 바 있고, 해방 후 경기도 이천군에서도 시도되었지만, 뚜렷한 성과를 본 것은 전남 강진군 대구면의 옛 도요지에 세운 강진요(康津窯)의 경우이다.

6. 금속활자(고려)

금속활자는 고려에서 세계 최초로 만들어졌다. 고려는 금속활자 이전에도 목판인쇄 기술을 이용, 대규모로 대장경을 조판하여 유명한 팔만대장경을 만들었다. 원래 대장경이란 불경을 모아 목판에 새겨 놓은 것을 가리키며 거란 침입때 부처님의 힘을 빌려 나라를 위기에서 구해보자는 목적으로 만들어진 것이었다.

이렇듯 높은 인쇄 기술을 가지고 있던 고려인들은 목판 인쇄에 이어 드디어 훨씬 정교하고 견고한 금속활자를 발명했다. 금속활자(金屬活字)는 놋쇠·납·부쇠 등을 녹여 부어 만든 활자로서 주자(鑄字)라고도 한다. 이로서 우리나라는 서양 금속활자 인쇄술의 선구자로 일컬어지는 구텐베르크보다 200년이나 앞선 선진기술을 보유했던 것이다. 기록상 남아 있는 것으로는 1234년 강화도에서 〈고금상정예문(古今詳定禮文)〉 28부를 인쇄한 것이 세계 최초의 금속활자 인쇄라고 알려져 있다. 다만 이것은 지금 남아 있지 않으며, 현존하는 세계 최고(最古)의 금속활자 인쇄본은 고려에서 인쇄되어 현재 파리 국립도서관이 소장하고 있는 〈직지심경(直指心經)〉이다. 그것은 1377년 청주 흥덕사에서 인쇄한 것이다. 이 책은 2001년 UNESCO 세계기록유산으로 인정 받았다.

서양에서 사상 처음 금속활자로 인쇄됐다는 '구텐베르크' 성서는 1455년 것으로 우리 보다 78년이 뒤져 있다. 우리나라는 이걸 보더라도 세계에서 가장 앞서간 문화민족으로 볼 수 있다. 우선 고려는 불교 국가로서 불경을 인쇄하는 일이 국가적 과제로 부각되었다. 특히 팔만 대장경을 인쇄하는 엄청난 대사업 과정에서 필연적으로 고도의 인쇄 기술이 발전할 수 밖에 없었던 것이다. 특히 금속활자 발명은 무엇보다 신라 시대이래 우리나라의 합금술과 주조술이 매우 뛰어난 수준에 있었기 때문에 가능했던 것이다. 우리나라는 삼국시대부터 불상이나 종 등의 제작에서 중국과는 다른 성분의 한국식 청동을 만들어 왔다.

동양의 인쇄술은 몽골이 세계를 제패했던 바로 그때 투르케스탄의 위구르족을 통해 페르시아를 거쳐 서양에 전해졌다. 몽골이 폴란드와 헝가리, 독일 국경에까지 마치 질풍노도 같이 휩쓸고 지나간 직후 그곳에서 목판 인쇄술이 등장하게 되었던 것이다. 그리고 1458년에 이르러 요하네스 구텐베르크가 금속활자를 발명했다.

7. 거북선(이조)

이순신 장군의 거북선은 임진왜란 당시 압도적으로 일본군을 물리치고 조국을 방위하는 데 결정적 역할을 했다. 거북선은 당시 돌격 선으로 활약하면서 왜구들에게 극도의 공포심을 심어주었다. 거북선은 일본군을 꺾기 위해 이순신 장군이 만든 비장의 카드였다. 이순신 장군은 일본의 침략에 대비해야 한다는 주장을 담은 〈징비록〉이라는 책을 지었던 유성룡과 절친한 사이였다. 하지만 조야에서 이러한 주장이 전혀 받아들여지지 않자 이순신 장군은 스스로 조국을 지키고자 결심했다. 그리고 그 노력은 끝내 거북선 발명으로 이어졌던 것이다.

거북선은 이순신 장군이 처음으로 창안했고 기술자인 나대용의 피나는 노력으로 만들어 졌다. 이렇게 만들어진 거북선은 세계 최초로 만들어진 장갑선(裝甲船)이다.

거북선은 선상에 나무 덮개를 덮고 쇠못을 꽂아 적이 뛰어들지 못하게 했고, 좌우에 각 6문, 전후에 각 1문의 대포가 장치되어 있었다. 거북선에 장착한 대포는 임진왜란 당시 일본 수군의 대포보다 월등한 화력을 자랑했다. 앞부분에 있는 용머리 모양의 입에서는 '공포스런' 연기가 뿜어져 나왔다. 노는 배의 안쪽에서 젓도록 되어 있었다. 거북선의 크기는 28m, 폭은 8.7m였다. 안에서는 밖을 내다볼 수 있어도 밖에서는 안을 들여다 볼 수 없으며, 수백 척의 적선(敵船) 속이라도 뚫고 들어가 대포를 쏠 수 있다. 정유재란(丁酉再亂)에 종군 한 이분(李芬)의 저서 〈충무공행록(忠武公行錄)〉에는 (크기는 판옥선(板屋船)과 같고, 위는 판자로 덮었는데, 판상에 좁은 십자로(十字路)를 만들어 사람이 다닐수 있되, 그밖에는 모두 도추(刀錐)를 꽂아 사방에 발을 붙일 수 없도록 했다)고 기록되어 있다.

그런데 우리가 쉽게 연상하듯 당시 수많은 거북선이 떼 지어 전쟁을 치른 것은 아니었다. 거북선은 정교한 기술이 필요했기 때문에 많이 만들 수 없었던 것이다. 그리하여 임진왜란 당시 겨우 3척의 거북선만 활약했을 뿐이었다.

우리 민족은 전통적으로 수군이 강했다. 장보고가 청해진을 설치하여 한중일 삼국의 해상로를 완전 장악했던 것은 강력한 수군력이 뒷받침되었기 때문이다. 신라 시대와 고려시대에도 연안을 노략질하는 왜구를 격멸하는 등 강력한 수군을 두고 있었다.

오늘날 핵탄두를 탑재한 함대 이상의 위력을 보인 거북선은 복잡한 물살에서도 안전성과 기동성을 보장토록 거북선의 폭은 넓게 하는 대신 길이를 짧게 하였고 쇠못 대신 나무못을 사용하여 바닷물로부터의 부식을 예방토록 했다.

8. 측우기(이조)

비의 양을 재는 측우기를 세계에서 맨 처음 만든 사람은 누구일까? 주로 농사를 짓고 살던 시대에는 비의 양을 정확히 아는 것이 배우 중요했다. 우리나라엔 서양보다 200여 년이나 앞서 측우기를 만들어 낸 뛰어난 과학자가 있었다. 관기(관청의 기생)의 아들로 태어났던 장영실은 어린 시절부터 늘 무언가를 만들기를 좋아했다. 열 살 때쯤 되었을 때, 장영실은 대장간에 가서 일을 배우고 싶다며 대장장이에게 떼를 썼으나, 대장장이가 쉽사리 장영실의 말을 들어 주지 않았다. "아저씨,

품삯은 필요 없으니 일을 시켜 주세요, 네?" 다음 날부터 장영실은 경상도 동래현에 들어가 관청에서 일하는 노비가 되었다. 열댓 살 되던 어느 날에는 농수부족을 염려하는 현감의 분부를 받고 연구의 연구를 거듭하여 물레방아 끝에 두레박을 달아 낮은 곳에 있는 강물을 퍼올리는 도구를 발명해 내기도 하였다.

주자소(鑄字所)에서 일할 때에는 막대기 그림자를 이용하여 해시계를 만드는 연구를 하기도 하였다. 마침내 그의 재주와 노력이 나날이 알려져 세종대왕까지 그 이름을 알게 되었고, 과학을 중시하며 인재를 찾고 있던 세종대왕은 장영실에게 벼슬을 내리고 어머니를 모시고 살면서 연구에 전념할 수 있도록 배려해 주었다.

또 장영실은 과학자 이천과 함께 농사와 밀접한 관계가 있는 별의 움직임을 관찰하는 혼천의 등을 계속해서 만들기 시작했다. 피나는 노력 끝에 그가 물을 이용한 시계인 자격루까지 만들어 내자 세종대왕의 기쁨은 이루 말할 수 없었다. 세종은 그에게 벼슬을 더욱 높여 주었다. "그대는 궁중에 머물며 더욱 열심히 연구하도록 하라." 세종대왕의 깊은 은혜에 장영실은 감격했다. 그가 이 은혜에 보답하는 길은 오로지 과학 연구에 전념하는 것뿐이라고 생각했다. 1441년, 장영실은 세계 최초로 측우기를 만들어 냈다. 측우기 덕분에 비가 언제 많이 오고 적게 오는지를 알 수 있게 된 농부들은 좀 더 과학적으로 농사를 지을 수 있었다. 신분제 사회에서 천한 노비로 태어났던 장영실, 그러나 그는 자신의 재능을 갈고 닦아 우리 과학사에 크나큰 발자취를 남긴 시대의 요구에 응하여 열심히 노력한 사람이라 할 수 있다.

그에 대해 알려진 아쉬운 일화가 하나 있다. 세종대왕은 나이가 들자 병치레가 잦아 전국에 있는 좋은 온천을 찾아다녔다. 그래서 장영실을 세종대왕이 탈 가마를 만들었다. 어느 날, 그는 온 정성을 다해 가마를 만들었지만, 세종이 가마에 오른 순간, '우지끈' 하는 소리와 함께 가마가 부서지고 말았다. 당시 임금이 사용할 물건을 허술하게 만든 것은 매우 큰 죄에 해당되었다. 결국 이 일로 장영실은 곤장을 맞고 벼슬에서 쫓겨나 그 후 어떻게 살다 갔는지 아는 사람이 없다고 한다. 그는 갔지만 그가 만든 물시계와 해시계, 측우기 등은 우리 역사에 길이 남아 있다고 하겠다.

PART 06 한국의 자랑

1. 과학기술

1) IT 산업

한국 IT의 소프트웨어 분야는 아직 세계적인 수준이 못되지만 하드웨어 분야는 단연 세계 최고이다. 새로운 분야에서 세계 최고가 되는 것은 결코 쉬운 일이 아니다. 한국은 어떻게 해서 IT의 하드웨어 부분에서 세계 최고가 되었을까? 그 요인은 여러가지가 있는데, 그중에서 과거의 문화와 연관해서 보자.

우리나라는 지금도 IT강국이지만 과거에도 IT강국이었다. IT란 정보(Information)와 기술(Technique)이다. 한국은 정보의 개발이나 축적, 유통 등과 같은 면에서 과거에 단연 세계 최고였다. 이것은 유네스코에 등재된 한국의 세계기록유산을 보면 된다. 한국은 세계에서 가장 훌륭한 문자를 발명했고 세계 최초로 금속활자를 만들어 썼으며 역사 기록 정신이 대단히 훌륭했고 목판인쇄술 역시 세계 최고였다.

이와 같이 정보를 처리하는 부분에서 과거 한국은 대단히 탁월한 능력이 있었다. 그런 전통을 이어받아 자연스럽게 IT산업에서 세계적으로 큰 두각을 나타낸 것이다.

우리나라는 책을 중시한 만큼 교육도 중시했다. 우리나라가 경이로운 경제성장을 할 수 있었던 가장 주된 요인으로 학자들은 교육을 꼽는다. 서양학자들 가운데에는 1960년대에 이미 한국이 비약적인 발전을 할 것이라고 예견한 사람이 있었다. 그들은 그 요인으로 교육을 중시하는 한국의 풍조를 들었다. 아무리 외딴 시골일지라도 반드시 초등학교가 세워져 있었는데, 특히 그런 모습에 그들은 큰 감동을 받았다고 한다. 한국인의 교육열은 학생들 사이에 지나친 경쟁을 유발한다거나 사교육비 낭비라는 부정적인 면도 있지만 그 교육열 때문에 뛰어난 인재들을 많이 길러낼 수 있었다. 뿐만 아니라 선진국에 많은 유학생들을 보내 발전된 기술을 배워 오게 했다. 이렇게 길러진 훌륭한 인재들이 한국을 세계적인 산업국가로 만드는 데에 큰 역할을 한 것이다.

우리나라가 비약적인 경제발전을 할 수 있었던 데에는 우리나라 사람들이 갖고 있던 사회 문화도 큰 역할을 했다. 우리나라는 개인보다 집단을 더 중요하게 생각하는 문화가 발달해 와서 개인주의 문화보다 집단주의 문화에 더 익숙해 있다. 그 때문에 한국인들은 자기 자신보다 국가나 자기가 속해 있는 단체를 위해 열심히 일했다. 일찍 출근해서 밤늦게까지 열심히 일했을 뿐만 아니라 회사 일을 흡사 자기 집의 일처럼 열심히 했다. 그런 결과 IT 산업을 세계 1위로 이끌었다.

2) 반도체 산업

1998년 아프리카 남동부 짐바브웨 대한민국 대사관에서 해외 근무를 시작했을 때의 이병호 영사의 이야기다. 짐바브웨는 로디지아라는 나라에서 흑·백간 내전을 거쳐 1980년 승리한 흑인들이 세운 나라다. 로디지아는 남아프리카 공화국과 같이 소수의 백인이 다수의 흑인을 대상으로 인종차별 정책을 펼쳤던 곳이다.

당시 짐바브웨에서 우리나라로 오려면 먼저 남아프리카공화국으로 가서 홍콩이나 대만을 경유해 들어와야 했다. 비행 시간도 장장 15시간이나 걸려 방한 인사가 드물었다. 우리 관광객도 똑같은 항공편을 거쳐야 했다.

짐바브웨에는 세계적으로 유명한 빅토리아 폭포라는 관광지가 있기는 했지만, 다들 남아프리카 공화국과 케냐 관광 일정의 한 부분으로 여기는 정도였다. 그러다 보니 짐바브웨의 수도 하라레(Harare)에서 아시아 관광객을 목격하는 것은 매우 드문 일이었다.

첫 근무지가 한국에서 멀리 떨어진 아프리카인 데다 홀로 부임해 낯선 환경에서 살 집을 구하느라 애를 먹었다. 다행히 좋은 집주인을 만나 그곳에 정착하는데 꽤 많은 도움을 받았다. 지금은 이름이 기억나지 않지만, 50대 후반의 영국계 신사인 그 집주인은 가끔 나를 집으로 초청해 차를 대접하곤 했다. 아마도 나 때문에 한국에 대한 관심이 생겼을 것이다.

어느 날 집주인이 또 불러서 갔더니 집주인의 친구도 있었다. 집주인은 친구에게 며칠 전 신문기사를 보니 한국이 반도체 분야 시장 점유율이 세계 1위더라, 그 사실을 아냐면서 꽤나 진지한 어조로 우리나라를 열심히 홍보해 주었다.

당시 대부분의 한국 사람들이 짐바브웨가 어디에 있는지 몰랐듯이, 내 집주인도 멀리 떨어진 한국이라는 나라를 잘 몰랐다. 그런 그에게 당시 미국, 일본, 독일 등 선진국의 각축장이었던 반도체 시장을 한국이 석권하고 있다는 사실은 매우 인상적인 충격이었으리라. 그 후 많은 시간이 지나 집주인의 이름도, 얼굴 윤곽도 기억나지 않지만 짐바브웨를 떠올릴 때면 그때 집주인의 상기된 표정과 목소리가 떠오른다.
그로부터 15년여가 흘렀다. 우리나라의 위상이 전 세계적으로 달라졌다. 짐바브웨의 내 집주인은 지금은 한국산 차량을 몰고, 한국산 휴대전화를 쓰면서 한국산 TV로 한국 드라마를 시청하고 있을지도 모른다는 좋은 상상을 해본다.

다음은 로스엔젤레스 총영사관 김영산 문화원장의 글에서 발췌한 것이다.

2012년 라스베이거스에서 국제전자제품박람회(CES)가 열렸다. 박람회에 가기 전에 대한민국 제품이 박람회장을 압도하고 있다는 말은 많이 들었지만, 막상 현장에 도착해보니 상상 이상이었다. CES는 미국 600여 소비재 전자산업 종사 업체의 모임인 가전제품제조 업자 협회 CES에서 주최하는 세계 최대의 전자제품 전시회로 라스베이거스에서 해마다 열린다.
이 전시회에서는 오디오, 비디오, 카오디오, 컴퓨터, 하드웨어, 소프트웨어, 위성수신기, 전화기를 비롯해 홈 네트워크, 모바일, MP3 등 일상생활과 관련된 모든 종류의 가전제품이 전시된다. 따라서 현재와 미래의 가전제품 트렌드를 한눈에 볼 수 있을 뿐더러, 세계 각지의 바이어와 프로듀서들이 방문해 제품의 운명을 결정하는 비즈니스의 장이기도 하다.
세계 최대 가전박람회에서 삼성과 LG 전시관은 초만원 상태라 옴짝달싹 할 수 없었다. 전시회에 출품된 제품뿐 아니라 내부 인테리어도 얼마나 멋지던지, 전시관을 찾는 사람들의 탄성과 환호가 쏟아졌다. 세계 최대의

110인치 TV, 세계 최초의 곡선 LCD TV, 갤럭시노트…, 성능은 물론 디자인까지 여타 제품을 압도하고 있었다. 1990년대 말 경에는 일본 소니 TV가 최고였다. 불과 10년도 지나지 않았는데 사정이 달라졌다. 우리 제품이 수출이 잘된다기에 '그저 후진국이나 선진국에 저가로 팔리는 거겠지.' 하고 막연하게 생각했다. 그런데 해외에 나와 우리나라 제품에 대한 호평이 쏟아지는 걸 보면서 세계 속의 우리 위상을 생생하게 체험한 것이다.

다시 2013년 라스베이거스 현장이다.
이곳에서 우리나라 제품이 천하를 평정했다고 해도 과언이 아니다. 우리나라 전시관 주변을 둘러싼 일본, 중국, 기타 국가들의 전시관은 왜 그리 초라한지, 그건 나만 느낀 게 아니었다. 이번 박람회에 참관한 모든 사람들이 같은 생각이었을 것이다. 이제는 세계 어디서나 당당한 대한민국이다. 하지만 여기서 자만하면 안된다. 일본의 전례가 있지 않은가. 더욱 정신을 바짝 차려야 한다. 이번 전자제품박람회는 우리 생활에 필요한 제품들 즉, 하드웨어적인 전시회였다.
미국인들이 그토록 좋아하는 슈퍼볼을 삼성 TV로 보고, 더러워진 옷은 LG 세탁기로 빨고, 삼성 갤럭시폰으로 친구와 약속해서 현대 자동차를 타고 한식을 먹으로 간다. 그리고 음악은 한 번만 들어도 끌리는 케이팝을 듣는다. 대한민국 밖에 있는 나로서는 그것을 더욱 절실히 느끼고 있다. 이제 우리는 한류를 넘어 전 세계에 우뚝 서고 있다. 경제력은 물론 한 나라의 위상을 결정하는 문화적인 힘에서도 그렇다.

3) 세계가 삼성전자를 주시 하고 있다

제2차 세계대전이 끝나고 많은 나라들이 식민지에서 해방되었다. 이 나라들은 거의가 가난한 나라였고, 게다가 한국은 3년 동안 혹독한 한국전쟁을 겪으면서 모든 것이 파괴되어 나라에 남은 것이라고는 하나도 없는 상태에서 이룬 성공이다.

한국전쟁을 겪고 아무것도 없는 상태에서 시작한 한국은 2011년 경에 이미 국내총생산(GDP) 규모에서 세계 12위가 되었다. 이는 전 세계 약 250여 국가 가운데에서 상위 5%안에 드는 대단한 것이다. 한국의 제조업은 여느 후진국처럼 보잘것없이 시작했지만 마침내 한국의 대표 회사라 할 수 있는 삼성이 일본의 대표 회사였던 소니를 추월한 것이다. 2010년의 기록을 보면 소니가 한국 회사인 삼성전자에 밀린 것은 물론이고 일본 전자회사 전체가 얻은 이익보다 삼성전자의 이익이 더 많은 것으로 나왔다. 한국인들은 이 사실을 믿을 수 없었다. 너무나도 뜻밖의 사건이었기 때문이다.

일본 뿐만이 아니다. 미국의 애플사가 아이폰의 둥그스럼한 모서리를 삼성이 자기들 것을 모방했다고 소송을 걸어왔다. 또 세계적인 전자회사 인텔, 도시바가 우리 삼성 하나를 죽이려고 힘을 합쳐서 협공에 나설 태세를 갖추고 있다. 그리고 인텔이 이유 없이 마이크론과 손을 잡는다는 말도 들린다. 이 모든 일들은 세계를 제압하고 있는 우리 삼성을 견제하기 위한 시도들이다. 일본의 도시바가 미국 샌디스크와 손잡은 것도 삼성 견제와 관계가 있다고 본다. 세계를 대표하는 전자 업계들이 삼성 하나 때문에 해묵은 서로의 이해 관계를 초월해 가면서 까지 서로 뭉치고 있다. 그리고 애플사가 지금까지 삼성으로부터 그렇게 많이 사용하던 반도체 부품을 이유 없이 갑자기 인텔이나 대만의

TSMC사 제품으로 돌리고 있는 것도 무섭게 커가는 삼성을 견제하기 위해서라고 한다. 그들은 삼성을 견제의 대상에서 타도의 대상으로까지 여기게 된 것이다. 우리는 이제 세계 초강자들로부터 두려움의 대상까지 되었다. 그들은 "타도 삼성전자", "커지는 삼성 파워 가만 두면 큰일 나겠다."라는 구호를 대놓고 외치고 있다.

또 삼성은 2012년 2/4분기에 5억 5백만 대의 갤럭시폰을 팔아, 강력한 경쟁자 인 애플의 아이폰 판매 대수 2억 6천만 대의 2배를 기록했다. 이렇게 삼성의 갤럭시폰은 세기의 천재로 칭송받는 '스티븐 잡스'의 아이폰을 저만큼 보기 좋게 떨쳐 버리는 위업을 달성했다.

2012년 4/4분기에서 삼성의 갤럭시 S3와 애플의 아이폰5의 치열한 재대결이 벌어졌다. 이 역사적인 결승전 게임에서 스마트폰의 세계 최강자로 삼성이 된 것이다.

삼성전자는 (2012년) 1/4분기에(1~3월) 45조 원의 매출과 5조 8천억 원의 영업 이익을 올린 사상 최고의 실적이다. 이 이익금 80%는 외국에서 벌어 들인 것이다. 이 기간 소니, 파나소닉 등 일본의 전자 업체들이 대규모 적자에 허덕이는 것과 비교하면 실로 놀라운 기록이다. 삼성이 당초 스마트폰을 개발할 당시 주위에서 '오르지 못할 나무는 아예 쳐다 보지도 마라' 라고 쏟아지던 비판과 비아냥을 통쾌하게 극복한 쾌거다. 특히 국내에서는 재벌 때리기, 재벌 해체 등 정치권의 호된 공세 속에서도 흔들리지 않고 선전해 주었다. 이익 25조 원을 목표로 하고 있다(우리나라의 1년 예산이 325조 원이다).

일본 기업들은 삼성전자의 이러한 놀라운 매출의 비결을 찾아내기 위해 안간힘을 쏟고 있다고 한다. 삼성식 노하우 경영 서적들이 일본 서점에서 인기리에 판배되고 있다. 삼성이 국내에서 보다는 일본에서 엄청 부러움의 대상이 되고 있다.

4) 삼성은 해외법인 최다 보유

우리나라 10대 그룹의 해외 법인은 주로 중국 시장에 포진해 있으며 미국은 두번째로 해외법인이 많은 곳으로 꼽혔다. 또 해외에 가장 많은 법인을 보유한 그룹은 삼성으로 나타났다.

한국 CXO연구소는 한국 10대 그룹이 공정거래위원회에서 밝힌 기업집단 현황 자료를 분석한 결과 중국에 설립된 법인 470곳 가운데 10대 그룹 계열사 비중이 23%에 달한다고 밝혔다.

CXO연구소에 따르면 10대 그룹은 전 세계91개국에 걸쳐 해외 법인 255곳을 설립했다. 이들 그룹이 가장 많은 계열사를 두고 있는 나라는 중국인 것으로 나타났다. 중국에 가장 많은 계열사를 둔 그룹은 롯데와 SK그룹이었다. 롯데 그룹은 전체 해외 계열사 250개사 중 33.6%, SK그룹은 284개사 가운데 29.6%가 중국 법인으로 조사됐다.

LG와 삼성 그룹의 중국 계열사는 81개사, 80개사인 것으로 집계됐다. 이외 두산 24개사, GS 24개사, 한진 12개사, 현대중공업 12개사 등이었다.

중국 다음으로 10대 그룹은 미국 시장에 해외 법인을 많이 두고 있는데 이들의 미국 계열사는 모두 300곳에 이른다. 현대차 그룹은 전체 268개사 가운데 20.5%에 이르는 55개사가 미국 법인이다. 한화 그룹 또한 134개 해외 법인 중 미국 계열사가 54개사에 달했다. 가장 해외 계열사를 많이 보유한 곳은 삼성 그룹인 것으로 나타났다. 삼성그룹은 모두 67개국에 법인 488곳을 두고 있는 것으로 나타났다.

이외 LG 55개국 292개사, 현대차 40개국 268개사, 두산 33개국 114개사 등으로 외국에 법인을 설립한 것으로 조사됐다.

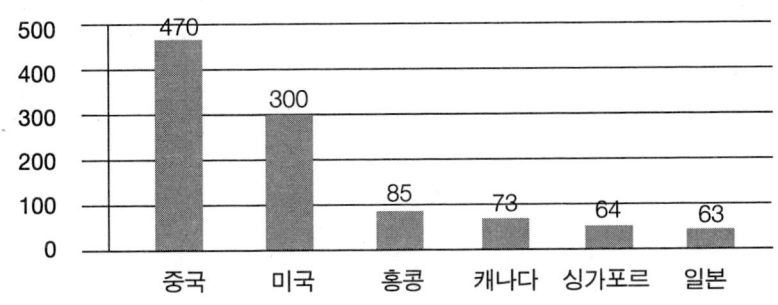

10대 그룹, 전세계 91개국에 총 2천55개 해외독립 법인 설립

그룹별 설립 국가 및 법인 수

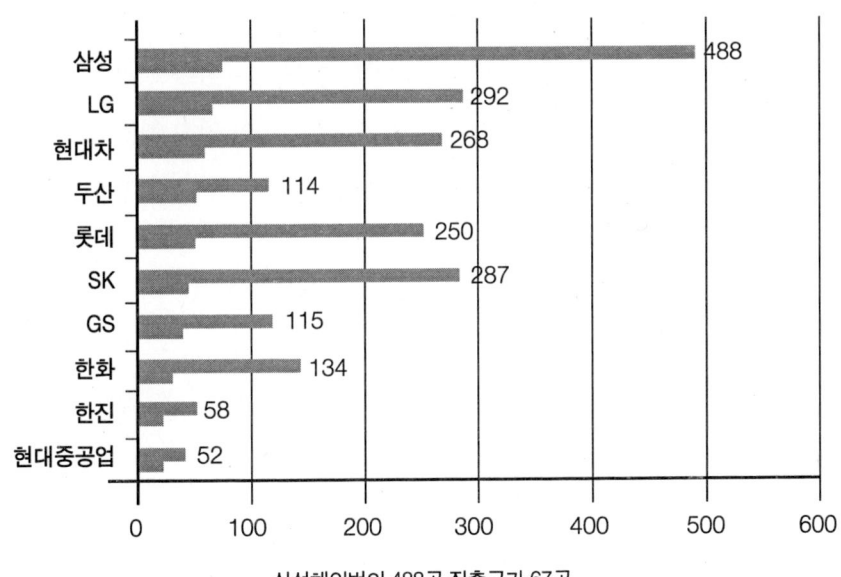

삼성해외법인 488곳 진출국가 67곳

5) 일본을 초월한 가전제품과 자동차 산업

일본이 승승장구 잘 나갈 때 세계 어느 나라고 일본을 무시하지 못했다. 지구상에서 일본쯤이야 하고 내려다보는 나라 하나가 있었으니 곧 한국이었다. 제조업 강국인 일본이 한국에 드디어 무릎을 꿇고 말았다. TV, 핸드폰, LCD, 반도체 그리고 가전 제품 등에서 모두가 그렇게 됐다. 일본은 이 분야에서 한국을 다시는 따라 올 수 없게 돼 있다. 삼성과 LG는 낮은 가격에 양질의 신제품을 계속 만들 수 있는 조건을 갖추고 있지만, 일본은 그렇지 못하기 때문이다.

자동차 부분에서도 마찬가지다. 현대 자동차에 엔진 기술을 전수해 주던 미쯔비시 자동차는 유럽에서 현대, 기아차의 공세에 밀려, 드디어 유럽 공장을 철수하기로 하였다. 현대차가 처음 자동차 사업을 시작할 때, 미쓰비시사에 로열티를 지불 하면서 엔진 기술을 사용해 오다가, 급기야 용인에 순 우리 기술로 엔진을 만들 연구소를 설립하게 되자 미쯔비시사에서 엔진 로열티를 대폭 깎아 줄 테니 용인 엔진 연구소를 폐쇄하라는 제의가 들어 왔다. 정주영 회장은 이를 단호히 거절하고, 엔진 개발에 더욱 박차를 가해서 마침내 성공했다. 그 후, 현대차는 독자적으로 개발한 '세타 엔진'을 역으로 미쓰비시와 미국 크라이슬러에 로열티를 받고 역전수 하는 쾌거를 이뤄냈다. 뿐만 아니라 현대 기아는 유럽에서 미쯔비시, 도요타, 혼다, 닛산 등 일본 빅 4를 모두 제치고 시장 점유율에서 앞서고 있다. 2011년 현대 · 기아의 유럽시장 점유율은 5.1%이고 도요다가 3.9%, 닛산이 3.4%, 혼다가 1.1%이다.

즉 미국시장에서 소비자들의 한국차 선호도가 일본차를 앞질렀다. 현대자동차와 기아 자동차가 도요타, 혼다, 닛산 등 일본 빅3업체들을 누르고 선호도에서 평균점 이상을 기록했다. 시장조사기관인 JD파워는

22일 신차 상품성 만족도 평가에서 현대차가 14위, 기아차가 20위를 기록했다고 밝혔다.

이번 조사는 2015년형 신차를 3개월 이상 사용한 소비자 8만 4,000여 명을 대상으로 77개 항목을 평가한 결과다. 만점은 1,000점이다. 각 브랜드별 점수로 순위를 결정했고 평균 점수는 798점이었다. 미 소비자들의 선호차 1~10위는 대부분 유럽 고급차였다. 1위인 포르쉐(874점)의 뒤를 재규어(855점)와 BMW(854점), 벤츠(853점), 아우디(852점), 랜드로버(843점) 순이었다. 이어 링컨(842점)이 7위, 캐딜락(838점) 8위로 미국차가 차지했다.

현대차(809점)는 14위로 폭스바겐(806점), 마쓰다(796점), 미쓰비시(755점) 등을 제쳤다. 기아자동차(798점)는 20위를 기록했다.

6) 삼성 세계 굴지의 회사와 Cross Licence 계약

삼성은 미국 굴지의 회사 IBM과 마이크로소프트(MS) 그리고 일본의 SONY와 CROSS LICENCE 계약을 체결했다. 크로스 라이센스란 각 회사가 가지고 있는 특허를 필요에 따라 서로 자유롭게 사용할 수 있게 하는 제도이다. 자기 회사의 극비에 속한 기술을 경쟁사에게 다 내놓는 것이다. 좀처럼 이루어지기 어려운 계약이다. 그러나 이렇게 되면 서로 특허 분쟁도 줄일 수 있고 상대방 기술을 그냥 갖다 쓸 수 있어서 중복되는 연구 개발비도 줄일 수 있다. 그런데 IBM이나 마이크로소프트, SONY 등 이 회사들이 갖고 있는 특허 건수는 모두 삼성보다 훨씬 많다. 특허 건수는 비록 적지만 삼성 특허는 자기들이 넘지 못할 꼭 필요한 것이기 때문에 이 계약이 이루어 진 것이다.

7) 자동차 배터리(Battery) 생산

세계적인 자동차 메이커들은 장차 휘발유 없이 달리는 차세대 베터리 자동차 개발에 너도나도 열을 올리고 있다. 이 배터리 전기차에 제일 중요한 것은 가볍고 오래 달릴 수 있는 배터리다. 이것을 누가 먼저 개발해, 이 새로운 분야에서 패권을 잡느냐가 큰 관심사가 되고 있다.

우리나라는 여기에도 겁 없이 뛰어들었다. 우리는 이미 핸드폰 강국으로 꾸준히 성장해 왔는데 이 핸드폰 경쟁에서도 한 때 누가 얼마나 가볍고 오래 가는 배터리를 내 놓느냐가 승패를 좌우했다. 그래서 각 메이커들은 그동안 피나는 경쟁 속에서 배터리 개발에 사운을 걸고 달려왔다. 따라서 우리나라는 어느 나라보다도 이 분야에서 기술이 월등히 앞서고 있다. 이 뛰어난 배터리 제조 기술을 새로 개발되는 전기 자동차에 접목시키려는 것이다.

LG는 이미 세계적인 자동차회사 GM과 BMW, FORD, 크라이슬러 그리고 현대, 기아차들과 (일본 자동차와 독일 벤츠만 빼고) 장기간 이 자동차용 배터리를 공급하기로 하였다. 그 유명하다는 세계 배터리 제조 회사들을 다 제치고, 이미 미국 미시간주 홀랜드 시에는 미국 오바마 대통령이 참석한 가운데 LG자동차 전용 배터리 공장이 세워졌다. 또 중국에도 이같은 공장이 세워지고 있다. LG 없으면 미국 전기차가 움직이지 못한다는 말까지 나오고 있는 것을 보면 우리나라가 이 분야에서도 세계를 휩쓸고 있다.

세계는 지금 이 배터리 기술이 장차 새로운 전기 자동차 산업의 성패를 좌우하는 중요한 기술로 보고 있다. 이 배터리의 주원료가 '리튬'인데 이것은 전 세계에서 볼리비아가 40%, 칠레가 30%의 매장량을 갖고 있다. 선진국들은 이것을 먼저 확보하려고 치열한 경쟁을 벌였지만, 우리나라가 모든 국가를 물리치고 볼리비아로부터 이 리튬 개발권을 따내는데 성공했다. 전 세계에서 전기 자동차용 배터리를 만드는 나라는 미국, 일본과 우리뿐이다. 전기자동차의 배터리는 자동차 원가에 무려 40%나 차지한다고 한다.

8) 삼성의 20나노

한국은 치열한 반도체 경쟁에서 단연 앞서가고 있다. 삼성전자는 이번에 세계 반도체 업계에서는 처음으로 20나노급 (1나노m는 10억분의 1m이다) D램 반도체를 개발하고, 양산에 들어갔다. 이는 30나노급보다 경쟁력이 40%이상 향상된 것이다. D램 30년 전쟁은 삼성, SK하이닉스의 승리로 마무리 되었다. 세계 3위 D램 업체인 일본 '엘피다'는 계속 되는 적자를 이겨내지 못해 드디어 파산하고 말았다. 그후 엘피다는 미국 마이크론 사가 인수했다.

일본 정부가 TV, 휴대폰, LCD 등 IT시장에서 모두 한국에 뒤지는 상황에서 마지막 엘피다의 D램 마저 사라질 경우 일본 국민에게 깊은 상처가 남을 것을 염려해, 할 수 있는 모든 것을 다 지원했으나 끝내 구해 낼 수가 없었다. 이렇게 되면 D램 시장에서 삼성, SK하이닉스는 전세계의 70%이상 점유율을 가지게 된다. 이로써 뒤를 바짝 추격해 오던 경쟁국 일본과 대만을 보기 좋게 따돌린 셈이다.

한마디로 일본, 대만 등의 경쟁 업체를 초토화 시킨 셈이다. 이 반도체는 전자 산업에 있어서 없어서는 안될 우리의 주식인 쌀과 같은 중요한 물체로서, 앞으로 이 분야에서는 한국이 세계를 주도하게 될 것이다.

9) 카메라 렌즈

휴대 전화기에 카메라 기능이 들어가면서 카메라 렌즈의 수요가 갑자기 늘었다. 카메라 그리고 렌즈하면 당연히 독일이나 일본이다. 지금까지 그들은 렌즈를 일일이 수작업으로 만들었기 때문에, 대량 생산도 안되고 Cost down도 쉽지 않았다. 또 재료가 유리이기 때문에 무게도 무거웠다.

이 문제를 해결하기 위해 한국 벤처 기업 '세코닉스'가 혁신적인 기술을 창안해 냈다. 유리 아닌 플라스틱으로 1/1,000mm의 박막 렌즈를 만들어 800만 화소 내지 1,200만 화소를 담을 수 있게 되었다. 또한 이들은 렌즈를 일일이 손으로 만드는게 아니라, 기계로 팍팍 찍어서 만드는 기술도 개발해 냈다. 그래서 가격이 1개에 400원 내지 800원 밖에 안 든다. 이러니 100년 전통과 기술을 자랑하던 독일이나 일본이 속수무책으로 두 손을 들고 말았다. 이 렌즈가 삼성, LG는 물론 미국의 애플사에도 납품되고 있다.

10) 원자력 발전

원자력발전(原子力發電)은 원자의 에너지를 이용하는 발전이다. 핵분열에 의해 발생하는 대량의 열로 고온·고압의 증기를 만들어 발전용 터빈을 돌린다. 흑연 감속형·가압수형(加壓水型) 등의 노심(爐心)에서 가열된 냉각재를 열교환기를 통하여 물을 가열하여 고온·고압의 수증기를 발생시킨다. 경수로(輕水爐)인 비등수형(沸騰水型 : BWR)에서는 노심에서 생긴 증기를 직접 터빈으로 보낸다.

1954년 소련에서 처음으로 성공하고(5,000kw), 이어 56년 영국에서 발전을 시작했으며(3만 5,000kw), 우리나라에서는 78년 가동된 고리

(古里) 1호기(60만 kw급)가 처음이다. 수력·화력을 대신하는 발전방식으로 유력하나 발전용 원자로 자체가 방사능 핵분열 생성물을 만들기 때문에 그 안전성에 각별히 신경을 쓰고 있다.

선진국들이 지금까지 하던 경공업이나 노동 집약적인 업종은 후진국에 물려주고, 이제는 새로운 분야에서 남들이 함부로 손대지 못하는 새로운 업종들을 찾아 이를 먼저 차지하려고 피나는 경쟁을 벌이고 있다. 그 중 하나가 바로 원자력 발전 사업이다. 이 프로젝트는 그 규모나 소요 자금, 기술, 건설 기간 등 모든 면에서 너무 엄청나기 때문에, 아무나 손대지 못하는 업종이다. 이 사업은 바야흐로 세계가 녹색 성장으로 가는 국제 조류에도 부합될 뿐만 아니라, 지구상에서 석유 자원이 점점 고갈돼 간다는 것 등을 고려할 때, 이 문제는 전 세계가 시급히 해결해야 할 발등에 떨어진 불이 되어버렸다.

그런데 세계 강대국들이 벌이는 원전경쟁 속에 한국도 끼어 들었다. 이 원전 사업에서 제일 중요시하는 것이 안전성이다. 아무리 원전이 여러 면에서 우수하다고 하더라도 일단 사고가 나면 대량 인명 피해가 뒤따르기 때문이다. 세계는 원전이 다른 어느 동력 분야보다 공해가 적고, 생산 원가도 적게 든다는 점에서 바람직하기도 하지만, 얼마 전 일본 후쿠시마 원전 사건이나 몇년 전 소련 '체르노빌'의 악몽을 잘 기억하고 있기 때문에 안전을 제일로 치고 있다. 지난번 우리는 강력한 경쟁국 프랑스를 제치고 UAE의 47조 규모의 엄청난 원전 수주를 따내는 데 성공해서 세계를 놀라게 했다. 그리고 이 UAE의 원전 사업 수주는 앞으로 한국이 원전 수출국으로서의 실적 발판을 튼튼히 다졌다는 데 더 큰 의미가 있다.

지금까지 국제 원전 입찰 경쟁에서 번번히 실패한 원인이 기술이나 가격, 공사기간 면에서는 월등히 우수한데 다만 수출 실적이 없다는 이유 때문이었다는 것을 감안하면, 이번 UAE와의 계약은 더욱 값어치 있는 것이라 할 수 있다.

지금처럼 잘 나갈 때 남들이 감히 엄두도 못 내는 원전 산업 같은 굵직한 업종에 그 뿌리를 깊이 박고 둥지를 틀어 놔야 한다. 지난번 터키나 베트남의 경우 한국과 원전 계약을 하기로 거의 합의 된 것을 지난번 UAE에서 한국에 밀린 일본이 갑자기 나타나 자금을 무제한 대준다는 조건으로 계약을 가로채간 적이 있다. 그런데 2011년 3월 경 후쿠시마 사건으로 그들이 자랑하던 안전성에 큰 흠집이 생긴 것이다. 이번 후쿠시마 사건으로 일본은 원전 사업에서 국내건 국외건 아주 손을 떼기로 결정했다.

한국은 국제 무대에서 더욱 유리한 입장이 되었다. 당장은 반원전 여론 때문에 각국 정부가 정책 결정을 미루고는 있지만 부족한 전력 소모를 충당하는 길은 원전뿐이므로 다시 원전으로 돌아올 수밖에 없을 것이며 그때는 다시 한국을 찾을 것이다.

〈전 세계 기술자들의 비전〉

한국 사례(The Korean Experience)
박혜원(한국국제교류재단 인사총무부)은 2009년 오스트리아의 대학교에서 국제관계 학부를 졸업하고, 국제관계의 다양한 실무 경험을 쌓기 위해 국제원자력기구(IAEA)에서 사회생활을 시작했다. 그곳은 그의 첫 직장이었고, 무엇보다 해외에서의 첫 사회 경험이었다. 그런만큼 그 개인보다는 그를 통해 비춰질 한국의 모습에 긴장 반 설렘 반으로 IAEA생활을 시작하게 되었다.

당시 원전을 운전 중인 29개국 외에도 약 60개국이 원전 도입에 관심을 보이는 등 원자력 붐이 일었다. 우리나라는 핵심 회원국으로 활발히 활동했으며, 원자력계에서 선진국이라 할 만큼 위상과 명망이 높았다.

첫 업무를 시작한 지 몇 달이 되지 않아 아랍에미리트가 발주한 400억 달러(약 47조 원)규모의 원전사업 프로젝트에 한국 기업들이 최종 사업자로 선정되었다. 한국 원전 컨소시엄이 아랍에미리트 원전 수주라는 뜻깊은 결실을 맺게 되어 온 나라가 환희와 자랑스러움으로 들썩였다. 그때는 어디를 가도 그의 동료 직원들이 그를 향해 엄지손가락을 치켜세우며 "고우 코리아! Go Korea!"라고 외치며 아낌없는 축하와 격려를 해주었다.

그동안 원자력 분야에서 한국은 항상 선진국들과 어깨를 나란히 했지만, 이번 수출을 통해 국가 위상이 한 단계 더 상승했다. 다른 나라들에게 국제무대에서 신뢰할 만한 동반자라는 인식을 심어주었다. 무엇보다도 아랍에미리트에 수출한 원전은 한국 실정에 맞게 국내 기술로 개량한 한국형 원자로라는 점에서 의미가 더 컸다. 인문학부 출신인 그는 한국형 APR-1400원자로를 공부하는 즐거운 고생도 했다.

원자력 기술 분야에서 한국의 높은 위상을 말해주듯, IAEA에는 세계적으로 권위 있는 한국인 원자력 전문가들이 많았다. 그곳에 있는 동안 그는 수많은 국제회의에서 다양한 분야의 전문가들을 만났다. 그들은 하나같이 한국의 원자력 기술을 신뢰할 만하고 안전한 기술이라고 칭찬했다. 한국 원자력이 높은 기술력과 안전 운영으로 세계에서 높이 평가받고 있는 것은 한국인의 자랑이다. 또 보이지 않는 곳에서 열심히 일하고 있는 한국 스태프들에게 고마움을 느꼈다.

전쟁의 잿더미 속에서 단기간에 눈부신 발전을 이룩해 선진국의 대열에 오른 한국의 반전 스토리는 IAEA의 여러 회원국들 사이에서도 흥미로운 이야깃거리가 되곤 했다. 한국의 발전 방식을 벤치마킹하려는 의지도 많이 엿보였다. 특히 많은 개도국들은 한국의 발전상에 매우 큰 관심과 흥미를 보였다. 1년에 한 번 열리는 가장 큰 행사인 IAEA 총회 때는 한국 원자력기술 발전의 핵심 인력이 해마다 한국의 원자력 발전상에 대한 경험을 다른 회원국들과 함께 나눈다. 원자력 관련 워크숍이나 세미나에서 발표 할 때면, '한국 사례(The Korean Experience)' 라는 부제를 꼭 달고 나와 전 세계 기술자들에게 비전을 제시한다.

원자력 기술 분야도 미국과 일본의 기술 지원을 많이 받았지만 이제는 한국기술로 만든 '한국형 원전'을 수출해 많은 나라에 신선한 충격을 주고 있다.

11) 세계 최고 수준 초전도 전선

기존 전선보다 170배나 많은 전류를 보낼 수 있는 초전도(超傳導) 전선이 한국에서 최초로 개발됐다. 이를 이용하면 전력 손실이 전혀 없이 전류를 흘러 보낼 수 있다.

교육과학기술부는 한국전기연구원 오상수 박사팀이 $1mm^2$ 단면적에서 1,250암페어를 흘릴 수 있는 고성능 고온 초전도선을 개발했다고 발표했다. 이것은 전류를 보내는 능력도 뛰어나지만 초전도선을 값싸고 빠르게 만들 수 있게 한 것도 장점이라고 한다.

12) 티타늄

철재 티타늄은 철보다 40% 가볍고 2배나 강한 참 좋은 철재이다. 지금까지 이 티타늄 제조기술 보유국은 미국, 러시아, 일본, 중국 네 나라

뿐이었다. 가격이 너무 비싸기 때문에 로켓, 잠수함, 제트엔진 등 첨단 제품에 한해서만 사용하고 있다. 요즘 유행하고 있는 임플란트 치과 재료도 티타늄이다. 그러나 티타늄 제조 기술보유국들은 기술이전을 강력히 거부하고 있어 한국은 지금까지 비싼 값에 그것을 사다 써야 했다.

그런데 이번에 '한국 기계 연구원' 산하 부설 재료연구소에서 이 '티타늄' 제조 기술을 세계 다섯 번째로 개발해 내는데 성공했다. 국산이 생산되면 앞으로 자동차 산업 등 여러 분야에 크게 기여할 것을 기대한다.

13) 포니 자동차 수출과 현대 기아차의 약진

오늘날 자동차 제조업도 한국이 세계의 여러 나라 중 다섯 번째로 자동차를 많이 만들고 있지만, 1960~1970년대에는 한국이 자동차를 만들 수 있을 거라고 생각조차 하는 사람이 거의 없었다. 한국이 최초로 만든 차는 1955년에 만든 '시작한다' 는 뜻을 가진 '시발(始發)' 이라는 이름의 차였다. 이것은 미 군용지프(GMC)의 엔진을 달고 드럼통을 펴서 만든 매우 원시적인 수준의 차였다. 그 뒤로도 한국의 자동차 산업은 미국이나 일본의 자동차 모델을 조립·생산하는데 그쳐 있었다.

그러다 1인당 국민소득이 600달러 정도 밖에 되지 않던 1976년에 국산차 1호인 포니가 탄생한다. 이 차는 지금의 세련된 감각으로 보면 디자인 수준이 많이 떨어지지만 당시 한국인들이 이 차에 갖는 자부심은 대단했다. 1986년에 미국에 처음으로 포니 차를 수출하였고 그 뒤 한국의 자동차 산업은 승승장구하여 현재는 세계 5대 자동차 생산국이 되었다. 당시에도 물론 미국에 국산차인 포니가 굴러다닐 것이라고 예상한 사람은 많지 않았다. 그래서 당시 미국 거리에서 포니를 발견하면 재미동포들은 자신도 모르게 눈시울이 붉어졌다. 뿐만아니라 포니가 처음 상륙했을 때 재미동포들은 한국산 차를 구입해야 한다고 소리 높이며 구입에 열을 올렸다.

1986년에 현대가 미국에 진출한 차는 엑셀이었다. 그렇게 까다로운 미국의 수입 자동차 테스트에 일단 통과 된 것만으로도 대단한 일이다. 그런데, 정작 이 엑셀이 미국에 들어가자 조롱거리가 됐다. '일회용 차', '장난감 같은 차'라고 비아냥 거렸다. 현대·기아차가 홀대를 받게 되자, 현대는 10년 A/S란 파격적인 조건을 내 걸었다. 그랬더니 모든 자동차 회사가 쾌재를 불렀다. "이제 현대는 망했다. 일시적으로 판매량은 좀 늘어나겠지만 10년 동안 계속되는 소비자의 시달림을 못 당할 것이라고."

그러나, 현대·기아는 10년 동안 고장나지 않는 차를 만들었다. 그런데 또 소비자의 불만은 사라지지 않았다. 값싸고 품질은 좋으나, 중고차로 되팔 때, 헐값에 팔아야 하니 지금 싼 게 싼 게 아니다란 소문이 돌았기 때문이다. 현대·기아 측에서는 이에 대해 '나중에 중고차로 팔기를 원하면, 우리가 제 값에 모두 사준다'고 하여, 이 난관을 극복했다.

미국에 수출하는 모든 자동차 회사는 미국에서 10% 이상의 시장을 점유하는게 꿈인데, 현대·기아는 이번에 그 10%의 벽을 넘었다. 일본의 도요다, 독일의 벤츠, BMW를 제치고, 처음으로 미국에서 GM, 포드에 이어 시장 점유율 3위를 차지했다. 그 후로도 약진은 계속되어, 이번에 미국 시장 진출 30년도 안돼 미국 자동차 시장에서 수입 자동차로는 처음으로 판매량 1위를 차지했다. 이에 놀란 미국 신문들은 요즘 '개가 사람을 문 게 아니라 사람이 개를 물었다'고 평했다. 그리고 세계 2번째의 큰 중국 자동차 시장에서도, 현대·기아차는 10%이상 점유율을 달성함으로써 1위인 폭스바겐, 2위 GM에 이어, 3위를 차지하기도 했다. 또 현대 EQUUS는 이번에 세계 대형 명차 부분에서 BMW, 아우디, 벤츠, 렉서스 등 강력 경쟁차종을 제치고 당당히 1위를 차지하는데 성공했다. 그동안 현대·기아차가 미국 자동차 시장에서 '베르나, 아반떼, 제네시스' 등 중소형 부문에서 1위에 오른 적은 몇 번 있었으나, 대형 명차 부문에서 마저 1위를 차지한 것은 처음이다. 그동안 고급 대형 명차 부분에서 현대·기아차는 끼지도 못했고 BMW, 벤츠, 렉서스가 돌아가며 1위를 차지했었다.

현대·기아자동차 미국판매법인이 2015년 8월 미주 전역에서 총 13만 909대의 차량을 판매해 전년 동기 대비 50% 판매량 증가를 나타냈다. 현대차는 지난 8월 초부터 전국 딜러에 보급을 시작한 2016년 형 올 뉴 투싼이 소비자들에게 큰 인기를 끌며 지난 7월에 비해 2,701대 판매량 증가를 나타냈다고 밝혔으며 당분간 올 뉴 투싼의 신차 효과는 이어질 것이라고 전망했다.

기아자동차는 지난 8월 총 5만 8,897대의 차량을 판매해 지난해 같은 기간 대비 7.7% 판매량 증가를 나타냈으며 미주시장 진출이래 8월 판매량으로서 최다 기록을 수립했다고 발표했다.

8월 차량 제도사별 판매 실적

순위	제조사	판매량 (2015년 8월)	판매량 (2014년 8월)	전년대비 증감(%) (2015년 8월)
1	GM	270,480	272,423	(-0.7)
2	포드	233,880	221,373	5.7
3	도여타/렉서스	224,381	246,100	(-8.8)
4	피아트/크라이슬러	203,094	199,788	1.7
5	혼다/에큐라	155,491	167,038	(-6.9)
6	닛산/인피니티	133,351	134,388	(-0.8)
7	현대/기아	130,909	124,670	5.0
8	아우디/폭스바겐	56,425	57,124	(-1.2)
9	스바루	52,697	50,246	4.9
10	BMW/미니/롤스로이스	32,959	32,312	2.0
11	벤츠/스마트	31,250	30,294	3.2

현대차 생산을 위한 중앙연구소는 2009년 출범했다. 세계 최초로 '수소 연료전지' 양산을 주도한 임태원 소장이 이끌고 있다. 그는 "독일·일본 차와 비교해 전반적인 제품 수준은 올라갔다"면서도 "하지만 기초기술에선 아직 차이가 있어 정부·대학이 물리학·화학 쪽 인재를 더 많이 공급해 줬으면 좋겠다"고 토로했다.

임 소장의 '위기의식'은 세계 자동차 산업의 무한경쟁에서 비롯된다. 현대·기아차는 세계적으로 연간 800만 대가 팔린다. 세계 5위까지 올라왔다. 현대차는 창립 직후인 1960년대 말 허름한 공장에서 고작 연간 3,000대를 만들던 회사였다. '원조 자동차 강국'의 수성전략은 만만치 않다. 한국 차의 입장도 그만큼 다급해졌다. 돌파구는 역시 신기술 뿐이다. 임 소장은 '현대차의 정신적 유산'을 강조했다. 고(故) 정주영 현대 회장이 맨손으로 '알파 엔진'을 개발한 '기술 독립정신'을 되살리겠다는 것이다. 박종서(68) 전 현대·기아차 디자인연구소장은 "쿠페 차량인 티뷰론(96년 출시)을 만들 때 외판을 찍어내는 '금형' 틀도 없어 일본에서 비싸게 사왔다"고 했다. 그는 "쇠를 제대로 다뤄 본 경험이 없었지만 힘겨운 엔지니어의 노력으로 차를 만들던 시절"이라고 했다.

2만 개 넘는 부품도 마찬가지다. 70년대 포니가 도로를 달리던 때엔 부산의 운동화·고무신 업체들이 자동차 고무회사로 변신해 물량을 댈 만큼 척박했다. 이를 악문 현대차는 파워트레인연구소(84년) → 남양연구소(94년) → 환경기술연구소(2005년) → 의왕 중앙연구소(2009년)로 연구개발(R&D)에 총력을 기울여 왔다.

기술력을 높이기 위해 '사체(死體)실험'까지 할 정도다. 그동안 충돌실험을 할 때는 '더미(인체모형)'를 썼지만 인체 장기에 미치는 영향을 정확하게 평가하기 위해 미국에서는 사체를 사용한다. 윤리성 논란 등을 감안해 GM·도요타 등과 국제 공동실험을 했다.

신기술 역량을 키우려면 역시 투자가 선행돼야 한다. 이항구 산업연구원 선임연구회원은 "올 상반기에 한국이 전기차를 800대 만드는 동안 세계 5위권 업체들은 평균 1만여 대를 만들었다"며 "노사 관계 불안으로 인건비가 오르고 R&D가 부진해 결국 혁신동력이 저하된다"고 지적했다. 유지수(전 자동차산업학회장) 국민대 총장은 "정부가 현대차를 지원하면 결국 수천 개 부품 업체도 영향을 받고 그만큼 기술 저변이 두터워진다"고 말했다. 일본은 올해 초 아베 신조 총리가 미라이

'1호 수소차'를 인도받을 만큼 적극적 지원사격을 펴고 있다.

14) 기타 기술

우리의 세계 1위 기술력이 있는 제품은 127개에 달하고 5위 안의 제품은 470개에 이른다고 한다. TV, 반도체, 조선, 건설, 휴대전화, IT 헬멧 등 세계 1위 제품이 즐비하고 자동차도 세계 5대 강국에 들어섰다. 우리의 GDP는 아프리카 대륙 53개국 GDP를 합친 것보다 더 크다. 한·EU, 한·중, 한·일, 한·아시안 FTA뿐만 아니라 세계 전역을 향해 문호를 열어야 한다.

중소기업 중심으로 경제 구조를 개편해야 한다. 대기업 중심에서 중소기업 중심으로 가자는 것은 위험의 분산과 업종의 다양화, 특화에 그 목적이 있다. 대기업이 중소기업 영역에 들어오는 것은 기업 윤리의 문제를 넘어 국가 경쟁력을 좀먹는 비신사적인 기업 경영 형태이다. 성장이냐 분배냐의 논쟁보다는 파이를 키우는 것이 급선무라고 본다. 파이가 커야 나누어 먹을 것이 자연적으로 많기 때문이다.

52회(2015년) 무역의 날 기념식은 밝기는 커녕 우울하기까지 했다. '사상 첫 세계 6위 수출국 도약'이라고 애써 포장은 했지만 잔뜩 쪼그라든 수출 대한민국의 위상이 그대로 드러났기 때문이다. 1억 달러 수출의 탑 수상 기업은 지난 해 95개에서 59개로 38%나 줄었다. 글로벌 금융위기로 직격탄을 맞았던 2009년 수준으로 후퇴한 것이다. 수출은 올 들어 11개월 연속 감소했다. 수출 한국의 시대가 저물고 있다는 우려도 깊어지고 있다.

무역의 날은 '수출의 날'을 계승했다. 1964년 11월 30일 대한민국은 수출 1억 달러를 돌파했고 그날이 '수출의 날'이 됐다. 2011년 12월 5

일엔 무역 1조 달러를 달성했다. 세계에서 아홉 번째다. 이듬해부터 수출의 날을 무역의 날로 바꿨다. 날짜도 11월 30일에서 1조 달러를 달성한 12월 5일로 옮겼다. 그런데 올해는 어떤가. 무역 1조 달러 달성은 진작 물 건너갔다. 11월까지 무역 실적은 8,860억 달러에 그쳤다. 4년째 이어오던 1조 달러 시대가 올해 깨진 것이다. 내년 이후의 상황도 밝지 않다. 어느새 중국보다 기술이 떨어지고 일본보다 가격에서 밀리는 역(逆) 샌드위치론으로 확대됐다.

수출지역과 품목의 다변화는 기본이요, 주력 산업의 근본적인 경쟁력 향상과 국가적 신성장 산업의 발굴이 시급하다. 경제 체질을 확 바꾸는 질적 변화가 필요하다. 국가 개조에 맞먹는 각오와 실천이 없이는 불가능하다. 내년 무역의 날엔 환하게 웃을 수 있게 되기를 바란다.

2. 건축

1) 현수교

미국 샌프란시스코의 명물 금문교와 같이 건너지른 쇠줄에 의지하여 매달아 놓은 다리를 현수교라고 하는데, 이제 한국도 이것을 100% 자체 기술로 만들 수 있는 세계 6번 째의 국가가 되었다. 엑스포가 열렸던 여수 광양만 앞바다에 있는 이순신 대교는 서울 남산(262m) 보다 높은 주탑(270m)과 바다 위에 쭉 뻗은 상판 길이(1,545m)로 장관을 이루고 있다. 미국의 금문교(1,280m) 보다 300m 더 긴 다리를 한국 대림산업이 세워 놓았다.

50조 원이 넘는 세계 현수교 시장에 한국도 이제 끼어들게 되었다. 이

사업은 부가 가치가 매우 높은 산업이다. 대우건설은 또 국내 최초로, 해저 침매 터널과 결합한 해상 장대 교량 거가대교를 완공했다. 뿐만 아니라, 한국 건설 기술 연구원은 최근 장대 고량의 수명을 4배(50년~200년)로 늘리고 공사비도 20% 이상 절감하는 기술을 개발했다. 이처럼 기술 한국의 위상은 하루가 다르게 높아지고 있다.

2) 선박 제조

정주영 회장이 영국 선박 제조회사를 찾아가 500원 짜리 지폐에 있는 거북선을 보이면서 한국은 이미 500년 전에 철갑선을 제작한 실적이 있다고 설득하여 울산 허허 벌판에 세계 일등 조선소를 만들어 냈다. 이제는 기술이 별로 필요로 하지 않는 싸구려 컨테이너선은 노동력이 싼 나라에 넘겨 주고, 한국은 고도의 기술을 요하는 고부가가치 선박에만 주력하고 있다. 컨테이너 선박인 경우, 발주처로부터 중국이 못 만드는, 보다 더 큰 배를 계속 주문해 오고 있으나, 선박을 만드는 기존의 도크가 한정돼 있어서 큰 배의 제작은 한계에 부딪치게 되었다. 그러나 현대는 이 난제를 극복해 냈다. 도크를 더 크게 하는 데는 엄청난 자금이 소요되고, 큰 공사가 필요해 불가능한 형편이었으므로, 한정된 도크에서 반토막의 배를 각각 제작해 이 두개를 하나로 붙이는 새로운 제조 방법을 세계 최초로 개발해냄으로써 초대형 컨테이너선 건조에 성공했다. 이젠 아예 도크 없이 선박을 만드는 육상건조 공법도 개발해 냈다. 그리고 한국의 전통 제조업의 강점인 IT 기술을 여기에 접목해 배를 건조 하기 전에 컴퓨터로 미리 조립해 보는 사이버 탑재 공법도 개발해 냈다. 이것은 중국, 일본 등 경쟁국에서는 흉내도 못 내는 한국만이 갖고 있는 기술이다. 뿐만 아니라, 한국은 지금 원유를 시추하는 드릴쉽, 해양 플랜트, 액화 천연가스 운반선, 쇄빙선, 호화 크루즈선 등 첨단 기술을 요하는 고부가가치 선박에만 주력하고 있다. 현대 중공업, 삼성중공업, 대우조선, 이른바 선박 제조사 빅3는 작년 같은 기간에 비해 두 배 이상의 실적으로 세계 상선 시장의 약 70%를 수주하여, 세계의 고부가가치 선박 시장을 싹쓸이 하는 기적을 이루었다. 세계에서 제일 큰 호화 크루즈선도 한국 STX가 띄웠다(2011년).

척당 6억 달러가 넘는 드릴쉽의 경우, 2011년 상반기 전 세계 발주량 21척을 한국 조선 빅 3가 모두 차지했다. 현대중공업이 세계 최초로 개발한 쇄빙 방선의 경우, 19만 톤의 배가 1.7m 두께의 얼음을 깨면서 6노트의 속도로 달릴 수 있도록 개발했다. 드릴쉽의 경우, 그동안 전 세계에서 발주된 드릴쉽 70척 가운데 39척을 수주 받아 56%를 차지했다. 2011년은 17척 중 7척을 따 내, 약 40억 달러를 벌어 들였다. 삼성의 드릴쉽은 세계 최고 속도의 드릴링 기술을 갖추었을 뿐만 아니라 해상에서 천연 가스의 생산과 정제, 액화 및 저장 기능을 복합적으로 갖추고 있다.

한국은 이런 식으로 많은 분야의 산업을 성공시켜 현재 많은 분야에서 세계적으로 경쟁력 있는 물품들을 만들었다. 세계적인 경쟁력을 갖고 있는 한국의 주요 제품들을 보면 반도체, 휴대전화, 자동차, 조선, 가전 제품, 석유화학, 철강, 섬유 등이 그것이다. 한국이 1960~1970년대에 가발이나 신발, 인형 같은 장난감, 옷 같은 가벼운 제품들만 수출하던 것과는 비교가 안된다. 이렇듯 한국이 일차적인 물품만 만들어 수출하다가 50여년 만에 세계적인 공업국가가 된 것은 무엇보다도 과거에 한국이 앞선 기술을 지닌 선진국이었기 때문이다. 한국은 원래 청자 같은 최고 그릇을 만드는 기술이 있었고, 철을 다루는 기술 역시 대단히 발달 해 있었다. 물론 이처럼 과거의 기술만 가지고 한국의 경이로운 발전을 다 설명할 수 있는 것은 아니다. 한국 국민들 모두 경제발전이라는 목표를 향해 함께 달려갔던 것도 큰 요인이라 할 수 있다.

그러나 쉽게 짐작할 수 있는 것처럼 이러한 발전에는 어두운 면도 많았다. 그 결과 우리 사회는 현재 심한 병을 앓고 있는 것으로 보인다. 우선 국민들이 느끼는 행복감이 OECD 국가 중 최하위이다(34개 국 중 32위). 그러다 보니 삶의 질은 꼴찌이고 스트레스 수준 역시 세계 최고가 되었다. 자살률 역시 높아서 OECD 국가 중 영예스럽게(?) 1위를 차지 했다. 특히 노인 자살률은 다른 선진국의 4~5배가 된다고 한다. 삶이 이렇게 힘드니 한국인들은 아이를 낳지 않아 출산율 역시 꼴찌를 자랑한다. 이런 것 외에도 한국인들을 힘들게 하는 사회요인은 많다.

"외국 산업 전문가들에겐 우리나라 조선 3사(현대중공업·삼성중공업·대우조선해양)의 조단위 손실이 미스터리라고 한다. 조선 3사는 여전히 먹을 거리가 많다"는 반응이다. 전체 조선산업 구조조정과는 별도로 이들 3사는 그렇다는 거다.

기업 관계자들이 "손실을 수업료로 생각한다"거나 "경쟁력 확보 과정"이라고 말하는 것은 그런 의미다. 조선 전문가들은 세계 조선 시장에서 우리 조선 3사는 '탑(top) 3'로 '그들만의 리그'가 있으므로 다른 업체들과 분리해 봐야 한다고도 말한다. 초대형 컨테이너선 등 고부가가치 선박과 최근 확 끌어올린 연비효율 등에선 아직 중국과 일본이 따라오지 못하고, 해양 플랜트 설비는 이들 3사가 못만들면 아무도 만들지 못하는 과점적 제작 기술을 가지고 있다. 세계에서 발주되는 해양플랜트 물량의 70% 이상을 한국이 가져오고, 이들 3사의 수주 잔량에서 해양플랜트가 차지하는 비중이 각각 절반 이상인 것은 새로운 설비에도 과감히 도전하는 압도적 실력 때문이다. 그러나 수주량이 감소되어 고통을 받고 있다.

3) 잠수함

지금까지 강대국만 독점해 오던 무기장사에 이제 한국도 한 몫 끼게 됐다. 우리 해군의 전략 무기이자 첨단 기술의 총집약체이기도 한 잠수함을 이번에 인도네시아에 처녀 수출할 기회가 열린 것이다. 한국은 이제 전 세계를 향해 당당히 무기 수출 선진국임을 선포한 셈이다.

이번에 한국은 엄청 치열한 경쟁속에서 치러진 인도네시아 잠수함 국제 입찰 경쟁에서 러시아와 독일, 프랑스 등 잠수함 강국들을 모두 물리치고 당당히 수주에 성공했다. 더욱이 한국은 20년 전 독일로부터 잠수함 기술을 전수받았는데 이번에 그 스승국 독일마저 체치고 이룬 일이니 더 큰 의미가 있다고 하겠다. 이번에 계약한 금액은 무려 일조 이천억 원으로서 지금까지 무기 거래 단일 계약액으로는 사상 최고의 금액이다. 전세계 잠수함 시장 규모가 무려 200조 원에 이른다고 볼 때, 한국의 또 하나의 진출 분야가 활짝 열린 셈이다.

이제 한국은 못 하는게 없다. 그 어느 분야든 다 자신 있다. 'WE CAN DO!' 무기를 제조 수출하는 나라가 이 지구 상에 몇이나 되나. 한국이 그 중 하나가 되었다.

4) 세계 최대 해양 플랜트

한국 기술로 건설한 세계 최대의 해양 플랜트가 본격 가동에 들어갔다. 아프리카 앙골라 해상의 원유 생산 저장 시설이다. 이 시설은 심해(深海)의 원유를 끌어 올려 진흙 등 각종 불순물도 제거하며 원유 생산에서 저장 하역까지 일괄 처리 할 수 있는 초대형 선박이다. 대우 조선 해양이 프랑스로부터 턴키(Turn Key Base) 방식으로 수주했다. 2조 6,000억 원에 이르는 역대 최대 규모다. 그런데 과다 경쟁으로 문제가 발생한 것이다. 손실이 나타난 것이다.

문제는 과당경쟁이다. 다른 나라 기업이 끼어든 것도 아니고 한국 기업들이 과점해 공급자가 주도권을 쥘 수 있는 시장에서 어째서 번번이 손실을 감수해야 할 정도의 저가 수주와 경쟁이 벌어지느냐는 것도 미스터리에 가깝다. 먼저 지적되는 이유가 적정 가격이 아닌 최저가 입찰로 낙찰 기업이 고통을 감수토록 하는 우리나라의 고질적인 '한계가격 입찰문화'에 길들어 있어 저가 발주에 대한 거부감이 적다는 점이다. 그래서 자신들만의 과점 리그에서 조차 제 가격을 못 받는 걸 당연시하는 것 아니냐는 의문이 제기된다.

5) 세계 제 1위 국제 공항

인천국제공항은 7년 연속 세계 최우수 공항상을 받았다. 이제 명실 공히 명품 공항으로 확고히 자리 매김을 했다. 입국하는데 12분, 출국하는데 16분 밖에 안 걸린다. 전 세계에서 이렇게 빠른 공항은 없다. 물결치듯 곡선을 잘 살린 공항 지붕 등 아름다운 건축물이 한층 돋보인다. 이젠 인천공항은 세계 공항 디자인 교과서가 되었다.

2011년, 인천공항은 환승객 566만 명을 기록함으로써 일본 나리타 공항의 529만 명, 중국 푸동의 100만 명을 넘어섰다. 또 여객수에서는 3,506만 명에 이르러 나리타 공항의 2,806만 명을 훨씬 넘겨 동북아 최대의 허브임이 확인됐다. 그런데 지난 2012.09.10. 캐나다에서 열린 국제공항협의회 총회에서 지금까지 최고공항상을 7년이나 연속 한국이 독식하게 되자 열세에 몰린 유럽국가들은 아예 이 제도 자체를 없애기로 결정했다.

6) 한화, 80억 달러 수주의 위업

우리 나라 한화 그룹이 80억 달러(9조 원)에 달하는 엄청 큰 신도시 개발 사업을 이라크로부터 따 내는 데 성공했다. 10만 가구가 넘는 큰 도시를 일개 회사가 단독으로 건설한다는 것은 세계적으로 유례가 드문 일이다. 이 사업 규모를 한마디로 말하면, 한국 분당 만한 도시 하나를 한 회사가 맡아 건설하는 것이다.

1990년 동아건설이 리비아로부터 65억 달러에 달하는 대수로 공사를 따내 일대 센세이션을 일으켰던 것보다 더 큰 공사이다(리비아 공사는 세계 기네스북에 올랐다).

이라크는 앞으로 이라크전 전후 복구 사업으로 주택 100만 호 건설, 철도, 도로 공사, 그리고 발전소 건설, 석유화학 단지 조성 공사 등 각종 공사가 계속 쏟아져 나올 예정이다. 이번 한화의 이라크 도시 개발 공사가 성공적으로 잘 마무리되면, 한화 그룹은 물론, 한국 건설업체들이 훨씬 유리한 입장에서 그 공사들을 따내는 데 큰 도움이 될 전망이다.

7) 부산항, 환적화물 세계 3위 항구로

지난 40년 간 한국의 경제성장은 수출이 이끌었다. 수출품은 보통 컨테이너 박스에 넣은 뒤 배로 실어 해외로 나간다. 항만물동량을 보면 그동안 한국 수출이 얼마나 많이 늘었는지를 실감할 수 있다. 2013년 전국 항만물동량은 2,347만 TEU(20피트 컨테이너 박스 1개)로 70년 499만 TEU보다 4배 넘게 늘었다. 그 중심엔 부산항이 있다. 이 부산항은 1979년에 컨테이너 전용 항만이 부산 자성대에 개장했다. 부산항은 1876년 개항 이후 일본과의 무역거래를 통해 발전하기 시작했다.

한국전쟁 때는 임시 수도 역할을 하기도 했다. 이후 한국이 수출 국가로 성장하면서 전 세계 국가로 수출품을 보내는 출발지가 됐다. 수출품을 보내는 물동량을 처리할 수 있는, 동남아 다섯 번째 가는 항만으로 발전했다. 지금은 연간 1,868만 개의 컨테이너를 신속히 처리 할 수 있는 초 현대식 항구로 발전했다. 상하이, 선전, 홍콩, 싱가포르 다음가는 동남아 5위의 큰 항만으로 발돋움 한 것이다. 부산항은 컨테이너 한 개 처리하는데 드는 하역비가 40달러인데 반해 상하이항의 경우 90달러나 한다. 그리고 컨테이너 처리 작업하는 속도가 시간당 최고 34개를 처리할 수 있다. 세계 최고다. 중국의 항구들은 항상 안개가 많이 끼어 있어서 화물 하역 작업하는데 극심한 어려움을 겪고 있다고 한다. 그래서 모든 선박이 조건이 좋은 부산항에 몰려 들기 시작한 것이 이 항만이 급속하게 발전하게 된 원인이라고 한다. 여기서도 우리는 자연환경의 좋은 점이 추가되고 있다.

현재 부산항은 명실상부한 한국의 1위 무역항인 동시에 동북아 중심 항만으로 성장하고 있다. 부산항 물동량은 한국 전체 물동량의 80%이다. 물동량 기준 으로는 세계 6위 수출 항구이지만 물건을 옮겨 싣는 환적화물 기준으로는 세계 3위다. 앞으로 크루즈 산업이 발전하면 관광객 수요도 많아질 것으로 기대 된다.

3. 국제 무대

1) 초대형 국제회의 준비위원회 공동의장

다음 글은 유엔 대표부공사참사관인 이용수 씨의 글에서 발췌한 것이다.

지난해 5월, 유엔 회의장에는 반기문 유엔 사무총장, 김용 세계은행 총재, 김숙 주유엔 대사가 단상 위에 나란히 자리를 잡았다. 6월 브라질 리우에서 유엔 역사상 최대 규모로 열린 유엔 지속가능 발전 정상회의(1992년 리우에서 지구정상회의가 개최된 지 20년 만에 다시 리우에서 개최되어 '리우+20 정상회의'라고 통칭한다)를 준비하는 자리였고, 김숙 대사는 리우+20 준비위원회 공동의장 자격이었다. 단상에 한국인이 너무 많다는 부러움 섞인 투정도 기분 나쁘지 않았다.

리우+20은 한국을 포함한 187개국 정부 대표와 시민사회, 국제기구, 민간기업 대표 4만 5,000여 명이 참석한 가운데 정상회의와 500여 건의 부대행사가 진행된 초대형 국제회의였다. 또한 지구촌의 경제·사회·환경 등의 발전 방안을 모색하는 중요한 회의이기도 했다. 이렇게 중요한 국제회의의 준비위원회에서 한국이 선진국 대표로 공동의장을 맡은 것이다. 리우+20과 같이 중요한 UN회의의 준비위 의장을 맡는다는 것은 커다란 명예이지만 또 그만큼 해야 할 일도 많다. 리우+20의 준비 과정은 길고 복잡했으며, 공동의장은 모든 과정을 조정하고 중재해야 했다. 특히 정상회의의 성패를 가름 할 결과문서 문안 협상은 선진국과 개도국 간의 첨예한 입장 차이로 난항을 거듭했다.

한편, 회의 참가 범위에 관해 서로 상충되는 두 개의 총회 결의가 채택되는 바람에, 팔레스타인의 참가를 둘러싸고 입장이 갈려 준비 과정은 더욱 복잡해졌다. 팔레스타인의 참가 자격에 관한 이견은 끝까지 해소되지 않아, 결국 의사규칙 일부 조항을 괄호로 처리한 채 본회의가 진행되는 진기록을 남기기도 했다.

이런 많은 우여곡절과 어려움이 있었지만 리우+20은 '우리가 원하는 미래(The Future We Want)'라는 287개 조항의 결과문서를 채택하고 막을 내렸다. 선진국과 개도국 간의 첨예한 입장 대립을 감안할 때 최선의 결과였다. "다자간 협상 결과는 모두 만족하거나 모두 불만이거나 둘 중 하나이며, 어느 한쪽만 만족하는 경우는 없다."는 말의 의미를 알 수 있었다.

우리는 공동의장으로서 중립적이고 객관적인 입장에서 준비 과정을 조정했고, 특히 문안 협상시 균형과 투명성을 유지함으로써 결과분석의 골격을 마련하는 데 큰 역할을 했다. 그리하여 선진국과 개도국 모두에게 공정한 중재자로 좋은 평가를 받았다. 회의가 끝난 후 많은 대표단으로부터 리우+20 성공의 일등 공신은 한국 대사라는 칭찬을 받았다. 한국의 기여에 대한 감사 표시라고 생각한다. 한국은 리우+20정상회의의 준비위 공동의장으로서 유엔 외교 역량을 과시하고 국제 사회의 주요 어젠다인 지속 가능 발전 논의에 큰 역할을 했다고 자부한다.

193개 유엔 회원국 중 OECD 개발원조위원회 멤버로서 개발원조를 제공하는 선진 원조공여국은 23개국이며, 아시아에서는 우리나라와 일본 두 나라 뿐이다. 우리나라는 필리핀을 부러워하던 최빈 수원국에서 반세기만에 전 세계 개도국이 부러워하는 선진 공여국으로 탈바꿈했다. 이러한 경험은 이제 한국의 대표적인 소프트 파워일 뿐 아니라 국제 사회의 소중한 자산이 되었다. 유엔과 국제무대에서 한국의 위상과 발언권은 과거와 비교할 수 없을 정도로 높아졌다. 무엇보다 한국의 국력이 커지고 강해졌기 때문이다. 사무총장 배출국의 프리미엄도 있을 것이다. 한국의 발전 경험을 국제 사회와 공유하고, 한국이 받은 것을 되돌려주려는 그동안의 노력에 대한 인정과 평가이기도 하다.

2) 고구려 벽화 보존 사업

다음 글은 한준희·심혜승 유네스코 프로그램 스페셜리스트·유네스코 어시스턴트 프로그램 스페셜리스트 등의 글에서 발췌한 것이다.

유네스코 세계유산센터에서는 2012년 10월 11일부터 3주간 파리 본부에서 사진 전시회를 개최했다. 이 전시회는 북한 고구려 벽화·고분 보존 유네스코·대한민국 신탁 기금사업이 지난 10년 동안 이뤄 낸 성과를 조명하는 자리이기도 했다.

2012년 10월 11일, 주유네스코 남·북한 대사가 동시에 참석하는 자리라 설렘과 긴장이 교차하는 가운데, 유네스코 사무총장의 연설을 필두로 고구려 사진전 공식 오픈 행사가 열렸다. 이 행사는 유네스코 문화유산 보전 사업을 통해 이뤄 낸 성과를 알리고, 유네스코가 실현하고자 하는 이념, '평화증진'에 대한 국제 사회의 관심을 다시 한 번 환기시키며 성공적으로 마무리 되었다.

유네스코·대한민국 북한 고구려 벽화·고분 보존 사업은 한국 정부가 대북한 지원을 목적으로 유네스코 내에 설립한 최초의 신탁 기금 사업이다. 그런 만큼, 유네스코 내 대한민국의 신탁기금 설치 역사와 그 맥을 같이하고 있는 의미 있는 사업이다. 먼저, 최초의 고구려 신탁기금 사업으로 2001~2002년 침수 피해로 긴급 보호를 요하는 약수리 고분의 장비 지원을 위해 10만 달러가 지원됐다. 두 번째로 2004~2006년 중장기적으로 북한 전문가들의 벽화 보존 능력을 기르기 위해 총 50만 달러를 들여 전문가 워크숍 프로그램을 진행했다.

그리고 과거 신탁기금 사업을 통해서 얻은 성과를 기반으로, 2008년부터 2013년 상반기까지 100만 달러 규모로 3차 신탁기금 사업을 운영했다. 수산리와 약수리 고분을 시범 고분으로 선정해 고분 벽화, 구조 강화 등의 보존 작업을 실시해 곧 마무리될 예정이다.

이렇듯 지난 10년간 한국은 유네스코 고구려 보존 신탁기금 사업의 규모와 지원 범위를 계속 확대해 왔다. 덕분에 유네스코는 한국 공동의 유산인 고구려 보존과 관련해 북한과 지속적인 협력을 해나갈 수 있었다. 이는 특히 고분의 보존 상태를 개선시키는 데 많은 성과를 이루게 했다. 이렇게 보존 사업을 꾸준히 이뤄낸 결과, 고구려에 관한 국제 사회의 지속적인 관심을 불러일으켰다. 또, 유네스코 문화 분야 Culture Sector에서 주요 프로젝트 Flagship Programme로 인정받고 있는 이 사업이 더욱 확고하게 자리를 잡는데 기여했다. 특히 2012년 10월에 열린 고구려 사진전을 통해 유네스코·대한민국 고구려 신탁기금 사업의 의의와 성과가 다시금 주목받았다.

2012년 12월 유네스코 사무총장은 〈뉴욕타임즈〉에 기고한 'Culture in the Cross Hairs'라는 글에서 대한민국이 지원하는 북한 고구려 보존 사업을 사례로 제시해, 문화를 통한 평화와 화해 증진의 중요성에 대해 강조했다. 또한 비록 국제기구를 통한 방식이기는 하지만 유네스코·대한민국 고구려 고분 보존 사업 신탁기금은 문화재 보존분야에서 남·북한의 문화재 교류와 협력 증진을 위한 계기가 될 것으로 기대되고 있으며 실질적인 성과도 거두고 있다. 한국은 북한의 고구려 고분군 벽화 보존을 위한 3차 유네스코 신탁기금 사업이 곧 종료되므로, 2011년 유네스코와 새로운 약정을 체결해 사업범위를 확대하고 있다. 기존의 북한 고구려 고분을 포함한 아시아·태평양 지역 내 저개발국의 세계유산 등재 준비, 기등재 세계유산의 보존 관리 지원 등이 그것이다.

대한민국은 지난 10년간 유네스코 고구려 신탁기금 사업을 시작으로, 유네스코 수혜국 지위에서 문화를 비롯해 교육, 과학 등 여러 분야에서 공여국 위치로 자리매김할 수 있었다. 대한민국의 위상과 관련된 긍정적인 변화는 유네스코 곳곳에서 감지되고 있다.

한국은 고구려 신탁기금 사업을 통해 세계유산으로 등재된 우리 공동의 유산인 북한 고구려 유적을 보존해오면서 평화적인 남북 협력을 이끌어냈다. 뿐만 아니라 유네스코에 대한 지원과 협력 범위를 확대할 수 있는 발판을 마련했다. 나아가 한국은 유네스코에서 대내외적인 역할과 영향력을 확대할 수 있는 또 다른 전기를 맞고 있다.

3) 한국과 EU는 필연적인 정치 파트너

다음은 주벨기에 유럽 연합대사관 1등 서기관 김재휘 글에서 발췌한 것이다.

EU의 수도인 Belgium 브뤼셀(Brussele)에 근무하면서 대한민국의 위상 변화를 자주 실감했다. 이러한 변화는 거리에 다니는 한국 차가 많아졌다든가 한국에서 왔다고 하면 더 이상 "남한인가, 북한인가?"라고 묻지 않는 차원을 이미 넘어섰다. 매일 이곳 사람들을 접촉하면서 느낀 것은 한국에 대한 유럽 사람들의 기대와 관심이 너무 앞서가고 있다는 것이다.

2012년 한 해 동안의 교역 및 투자액을 보면 EU는 한국에게 중국, 미국에 이어 3번째 교역 상대이고, 투자에서는 최대 투자 주체다. 이러한 관계는 통상 분야뿐만 아니라 정치 분야에서도 아주 고무적이다. 2010년 10월 이명박 대통령이 브뤼셀을 방문해 한국과 EU 간의 전략적 동반자 관계를 출범했다. 이때 헤르만 반 롬푀이(Herman Van Rompuy) EU 상임의장이 "한국은 EU와 가치를 공유하는 파트너"라고 평가했다. 2년이 지난 지금 EU는 한국을 "필연적인 정치적 파트너 natural political partner"라고 까지 높여 선언했다. EU의 이러한 평가는 단순한 선언 차원을 넘어 실제 협력에서도 그대로 드러나고 있다.

이처럼 우리에 대한 인식이 긍정적으로 변한 데는 우리가 가진 유·무형의 자산이 크게 기여했을 것이다. 단적인 예가 바로 최근의 '싸이' 열풍이다. 유럽에서는 싸이 열풍을 그저 지나가는 유행으로만 여기지 않고, 한국의 힘이 드러난 것이라고 평가했다. 평범한 듯 하면서도 사람을 끄는 매력, 유투브라는 새로운 매체를 통한 자발적인 전파, 이러한 것들이 한국의 소프트 파워를 보여주는 것이라며 큰 관심을 보이고 있다.

4) 한국의 특허

다음은 WIPO개도국 IT 지원 총괄과장 장준호 씨의 글에서 발췌한 것이다.

세계 지식재산권기구 WIPO에서 개도국 관련 사업을 하다 보니 개도국 공무원들을 만날 기회가 많다. 그들을 만나면 "한국의 지식재산을 통한 경제 발전 경험과 노하우를 배우고 싶다."라는 말을 많이 듣는다.

WIPO에서 근무하기 전에 나는 한국 특허청에서 내가 출원, 심사 등의 행정업무를 전자화한 특허정보시스템 '특허넷'의 국제협력 업무를 총괄했다. 특히 이 사실을 알게 되면, 시스템을 벤치마킹하고 싶다는 요청을 많이 한다. 그럴 때면 개도국을 돕는다는 점에서 국제기구 공무원으로서 업무상의 만족감도 느끼고, 한국형 시스템 구축을 통해 얻은 것인 만큼 한국인으로서의 자긍심도 느낀다. 무엇보다 출원 규모와 특허 기술 내용 등 우리 지식재산권 역량이 뒷받침하고 있었기 때문에 가능했다.

우리가 어렸을 때만 해도 '잘나가는' 일본 기업은 동경의 대상이었다. 특히 소니 워크맨을 들고 다니면 주위에서 부러운 시선으로 바라보고, 아이들은 워크맨을 사려고 온갖 수단과 방법을 가리지 않고 부모를 졸라댔다. 그런데 지금은 주위의 외국인 동료들에게서 아이들이 삼성제품을 사달라고 조른다는 이야기를 많이 듣는다. 그럴때면 새삼 격세지감을 느낀다.

지식 기반 경제에서 특허로 대변되는 '지식재산'이 가지는 의미가 더욱 커지고 있다. 그런 만큼, 요즘은 특허 관련 뉴스를 참 많이 쉽게 접한다. 특히 기업의 흥망성쇠가 자사 보유 특허에 따라서 결정된다고 할 수 있다. 이러한 환경에서 특허를 둘러싼 국내외 환경이 메가톤급 스피드로 빠르게 변하고 있다. 그래서인지 텔레비전, 뉴스, 라디오, 잡지 등 우리가 접하는 다양한 미디어 매체를 통해 특허와 관련된 중요한 뉴스가 연일 쏟아져 나온다.

또 특허만큼 국가의 기술력, 정보력, 인프라, 경제력을 반영하는 것도 드물다. 작년에 '세기의 특허소송'이라 불린 삼성과 애플의 소송을 보면서 일반 국민들도 특허에 관심을 갖게 되었다. 미국 법원은 2012년 8월에 삼성이 애플에 10억 5,000만 달러(약 1조 2,000억 원)를 배상하라는 평결을 내렸다.

공교롭게도 같은 날 한국 법원은 애플에게 2,500만 원의 배상액을 인정했다. 이번 판결이 특히 선명하게 대비되는 것은 각자의 홈그라운드에서 이루어진 소송이었고, 같은 날 선고되었으며 정반대의 결론이 내려졌기 때문이다. 물론 손해배상액 산정과 관련해서 나라마다 제도상의 차이가 있겠지만, 이렇게 미국 법원이 대놓고 천문학적인 금액을 삼성에게 배상하라고 할 수 있는 것도 국력이 뒷받침되기 때문일 것이다.

1990년대 초반 미국에서는 일본에게 빼앗긴 세계경제 주도권을 회복하기 위해 지식재산권 전략을 강화하고 있었다. 그 전략의 일환으로 많은 미국 기업들이 일본 기업들을 표적으로 특허 분쟁을 일으켰다. 당시 미국 반도체업체 텍사스 인스트루먼트 IT가 일본 반도체업체 7개 사와 한국 삼성전자를 D램 제조에 관한 특허권 침해로 미국 국제무역위원회 IT에 제소했다. 당시 삼성전자는 '국제분쟁 초보' 시절이었기 때문에, 분쟁에 소극적으로 대응하다가 ITC와 연방항소법원 CAFC에서 모두 패소했다.

결국 삼성전자는 8,500만 달러(약 800억 원)의 배상금을 TI에 지불해야 했다. 당시만 해도 삼성전자는 국제 특허분쟁에 대응할 만한 전문 인력을 보유하지 못했다. 그것이 가장 큰 패인으로 알려졌다. 이후 하이테크 시대에 특허는 아주 기술적이고 전문적이라는 인식이 확산되었다. 이에 삼성을 포함해 한국의 다른 기업들도 전문 기술 인력을 확보하기 위해 해외에 나가 있는 이공계 우수 인력 유치에 총력을 기울였다. 당시는 한국에서도 특허에 대한 열기가 서서히 뜨거워지고 있어서, 국내 기업도 대기업을 위주로 특허출원을 확대하고 있었다. 특허청도 정부 차원에서 신속하고 효과적인 심사 서비스를 제공하기 위해 다양한 해결책을 마련하고 있었다. 특히 심사 적체 해소를 위해 이공계 박사학위 소지자들을 심사관으로 특채했다.

나도 특허청에 지원을 해서 특허청에 들어와 IT 프로젝트를 추진했다. 아시아태평양경제 협력체 APEC 산하 지재권전문가 그룹의 의장을 담당하면서 국제 전문가로서 인정받아, WIPO에서 P5(유엔 재 고위직급)로 일하게 되었다.

지난 20년 동안 첨단기술 중심의 특허 급증, 빠른 기술의 성장, 시장의 성장 둔화 등 특허 비즈니스의 패러다임이 바뀌었다. 이를 둘러싼 전 지구적인 환경 변화가 급속하게 진행되었다. 이제는 일반 기업, 대학, 연구소까지도 특허를 활용하여 적극적인 수익 창출에 나서고 있다.

즉, 이제는 특허가 단순한 기술자산을 넘어 돈이 되는 시대가 되었다. 이러한 환경 변화 속에서 우리나라의 특허 분야에서의 위상 변화를 이야기해 보겠다. 글로벌 특허 생태계의 중심인 제네바에서 일을 하며 직접 보고 느낀 것들이다.

첫째, 특허 출원의 급증과 세계 최고 수준의 경쟁력 확보다. 경제 성장과 더불어 특허 분야에서도 한국은 기존 미·일·유럽 중심의 3강 체제에서 한국이 포함된 5강 체제(IP5 : 한·미·일·중·유럽 5개국이 특허정책을 정례적으로 협의하는 모임)로 개편되었다(2007년). 이는 한국이 지재권 선도국으로 인정받아 특허 분야 글로벌 리더 그룹에 진입했음을 의미한다.

이러한 성장이 가능했던 것은 정부 차원에서 세계 최고의 심사, 심판 서비스를 제공했기 때문이다. 기업들이 한국에서 등록받은 특허를 가지고 세계무대에서 치열하게 경쟁할 수 있었던 것도 특허청이 제공하는 서비스가 국제적인 경쟁력이 있었기 때문이다.

기술의 라이트사이클이 점차 짧아짐에 따라 수요가 꾸준히 증가하고 있다. 현재 특허 심사 처리 기간은 16.8개월(2011)로 아주 빠르다. 특히 삼성전자는 2012년에 5,081건의 특허를 취득해 미국 특허 랭킹 2위에 올랐다. 최근 삼성전자는 애플과 구글 등 세계 최강 정보기술업체들과 강도 높은 특허 전쟁을 벌이고 있다. 미국 시장을 놓고 전 세계 정보통신업체들과 특허 경쟁을 펼치고 있는 것이다. 삼성전자에 이어 SK 하이닉스가 43위(747건), 한국전자통신 연구원 ETRI이 47위(664건), LG 디스플레이가 50위(626건)를 차지했다.

둘째, 개발 원조 공여국으로 역할 변화를 이룬 것이다. 우리나라는 2004년 9월에 연간 10억 원 규모를 지원하는 한국신탁기금을 WIPO에 기탁했다. 아시아에서는 일본에 이어 두 번째인데, 개발도상국가에 대한 지식재산권 교육과 기술 이전 등을 지원하기 위한 것이다.

개도국들은 급격한 경제 성장을 이루어 낸 한국의 특허 정책 모델에 관심이 많았다. 많은 개도국들이 우리나라를 개도국의 롤모델로 여기고 있었다. 그러한 분위기 속에서 1945년 해방 이후 경제 개발 과정에서 세계 각국으로부터 공적개발원조 ODA를 받았던 한국 정부가 국제 사회에 도움을 주는 나라로 거듭났다.

특히 2년여의 준비 끝에 2012년 9월, 우리 정부의 무상 원조를 담당하는 코이카의 자금을 확보해, WIPO와 한국 특허청이 공동으로 아프리카 지역 지식재산권기구 ARIPO의 정보화 시스템을 구축하는 사업을 추진하게 되었다. 특허 분야 개도국 지원사업의 큰 획을 긋는 사업이라 하겠다.

셋째, WIPO 한국인 직원 진출이 늘어난 것을 꼽을 수 있다. 국제 사회에서 한국 특허의 위상을 직접적으로 보여주는 바는 특허 분야의 중추를 담당하는 WIPO 내 한국인 직원 수가 아닐까 한다. 역시 조직사회 내에서 실세는 직원 수로 나타난다. 지난 20년간 지속적인 특허 분야의 성장에 힘입어 WIPO 내 한국인 직원 수도 1명에서 16명으로 늘어났다. 특히 고위직인 국장급도 한 명이 있다. 이는 지식재산권 분야에서 우리나라가 차지하는 국제적 위상을 단적으로 보여주는 쾌거라고 할 수 있다.

넷째, 한국어가 국제출원 공개어로 채택된 것이다. 2007년 10월 WIPO 총회에서 183개 회원국의 만장일치로 한국어가 국제특허협력조약 PCT 국제공개어로 채택되었다. 한글이 국제 특허 국제공개어가 됨으로써 국제특허 신청시 한글로 제출할 수 있게 되었다. 그러므로 현재 세계 4위의 특허출원국이자 세계 5위의 PCT 출원국인 우리나라의 국제특허 취득이 급류를 탈 것으로 기대하고 있다.

PCT는 국제특허로 출원된 기술의 내용을 국제공용어로 번역해서 공개하는데, 우리말이 통용되면 특허출원과 특허기술 보호가 그만큼 용이해지기 때문이다. 이로써 특허출원이 늘면 세계의 지식재산권 분야를 지속적으로 리드할 수 있다.

다섯째, 한국특허문헌의 'PCT 최소문헌(국제특허를 심사함에 있어 반드시 조사해야 하는 선진 특허문)' 지정을 들 수 있다.

2005년 10월 WIPO에서 열린 국제특허협력조약총회 PCT Assembly에서 국제특허 심사 시 한국특허를 의무적으로 조사해야 한다는 규칙 개정안이 통과되었다. 규칙 개정 이전에는 주로 해외 심사관들이 특허 심사 시 미국, 일본 등 선진국의 특허를 참고해 심사를 진행했다. 그런데 이번 개정안 통과를 계기로 반드시 한국특허를 조사해야 한다. 여기서 주목할 점은 이러한 규칙 개정을 통해 해외에서 우리 기업의 지식재산권 보호가 대폭 강화되었다는 것이다. 그전에는 우리 특허가 높은 기술적인 가치를 지녔는데도 특허심사 시 사전 조사가 강제 되지 않아, 해외에서 양산된 부실 특허가 우리 기업의 지식재산권을 침해하는 사례가 빈발했다.

지난 20년간 특허제도는 짧은 시간에 매우 극심한 변화를 겪었다. 우리나라는 그 변화의 중심에 있었다고 해도 과언이 아니다. 이제 특허 분야에서 한국 브랜드는 세계적인 브랜드가 되었다. 세계의 바다를 연결하는 선박과 세계의 도로를 연결하는 차량, 세계 사람들을 연결하는 휴대전화와 세계 사람들이 보는 평면 TV 모두가 한국에서 만들어지고 있다. 이제 한국인이 만든 제품은 세계인의 생활 속에 자리하고 있으며, 이러한 첨단기술 뒤에는 특허가 자리잡고 있다.

이제 우리 인력을 국제기구에 더 많이 진출시켜야 하고, 더 많은 한국인을 국제기구 고위직으로 진출시켜야 한다. 그것이 국격을 높이는 외교 차원을 넘어 국익과 직결되는 외교를 할 수 있는 지름길이다.

5) 미국과 한국의 FTA 체결

미의회조사국과 인구센서스국 등의 자료에 따르면 지난해 미국의 전체교역량은 3조 9,690억 달러이며 이중 수출이 1조 6,232억 달러인 반면 수입은 2조 3,457억 달러로 7,225억 달러 적자를 기록, 수입이 수출보다 1.45배나 많아 심각한 무역적자가 지속된 것으로 나타났다.

그러나 미국이 FTA를 체결한 20개 국가와의 교역량은 1조 5,920억 달러이며 이중 수출이 7,651억 달러인 반면 수입은 8,269억 달러로 618억 달러 적자를 기록, 수입이 수출보다 1.08배 많은 것으로 집계됐다. 미국이 다른 국가들보다 FTA 체결국가와의 교역에서 수출이 많은 반면 수입은 적어 무역수지 개선효과를 톡톡히 거둔 셈이다. 하지만 유독 한국에만 미국의 이같은 전략이 먹혀 들어가지 않고 있으며 미국의 의도와는 반대로 오히려 한국의 무역증진에 큰 도움이 된 것으로 밝혀졌다. 미국의 전체 교역대상국은 180여개국에 달하지만 지난 1985년 이스라엘을 시작으로 1987년 캐나다, 1994년 멕시코, 2001년 요르단, 2004년 호주와 칠레, 싱가폴, 2005년 중남미 6개국과 자유무역협정을 체결했다. 또 2006년에는 모로코와 바레인, 오만, 2007년에는 페루, 2011년에는 콜롬비아, 파나마, 한국 등 지금까지 모두 20개국가와 FTA를 체결했다.

FTA체결 20개국 국가들 중 대미무역에서 흑자를 기록한 나라는 이스라엘, 캐나다, 멕시코, 코스타리카, 니카라과, 한국 등 모두 6개국뿐이다. 미국입장에서는 FTA체결국가 중 이들 6개국을 제외한 나머지 14개국, 즉 3분의 2에 달하는 국가와의 교역에서는 흑자를 거둔 것이다. 흑자 6개국 중 이들 5개국을 제외한 나머지 1개 나라, 유독 한국만이 미국과의 FTA를 통해 대미수출에 날개를 단 것으로 나타났다. 지난해 한국은 미국에 696억 달러를 수출하고 445억 달러를 수입, 250억 달러 흑자를 기록했다. 흑자 규모는 전체 교역액 1,142억 달러의 22%에 달한다. 무역전쟁에서 명실공히 한국이 큰 성공을 거둔 것이다.

한국의 선전은 수출입격차 비교를 통해서도 명백히 드러난다. 미국 전체의 수출입격자차 1:1.08로 좁혀진 반면 FTA 20개국 전체의 수출입 격차는 1:1.56을 기록했다. 한국과의 수출입격차가 FTA 20개국 평균을 월등히 앞서는 것은 물론 미국전체의 수출입 격차보다 더 큰 것이다. 한국입장에서는 니카라과 등을 제외한다면 사실상 미국의 전체 교역대상국 중 가장 훌륭한 성적을 거둔 셈이다.

6) UNICEF와 한국

다음은 유니세프 자문관 김경선 씨의 글에서 발췌한 것이다.

내 직업은 국제 공무원이다. 영어로는 International Civil Servant 즉, 대한민국 국적을 떠나 유엔의 다자 협력 체제를 통해 도움이 필요한 나라들이 스스로를 도울 수 있도록 섬기는 일이다. 특히 개발 원조와 기금 모금에 매우 활달하고 진취적으로 임하는 유엔아동기금 UNICEF이라는 국제기구에서 10년을 넘게 대외 관계 업무를 맡아왔다. 이곳에서 여러 나라 사람들과 함께 일하면서 국제 사회에서 한국의 영향력과 이미지 변화를 매우 객관적으로 관찰하고 느낄 수 있었다.

한편 개인적으로는 청소년기부터 해외에서 대한민국 국적을 가진 이민가정의 자녀로, 유학생으로, 전문직을 가진 세 아이의 엄마로 살아가면서, 시간의 흐름에 따라 변하는 한국의 이미지와 위상을 매우 민감하게 느낄 수 있었다. 내 나름대로 직업적으로 느끼는 한국이라는 국가 state에 대한 외교계의 평가와 개인적으로 느끼는 한국이라는 나라 nation에 대한 대중의 호감도를 무의식중에 비교해보기도 한다. 어떤 시각에서 보든 대한민국의 위상 변화는 아주 놀라웠다.

유니세프에서 한국은 모든 지원 국가들이 따라야 할 모범 사례로 끊임없이 회자된다. 1994년까지 유니세프를 통해 원조를 받던 국가가 다른 나라를 위해 기금 모금을 하는 유니세프위원회로 변화한 것만 해도 놀라운 일이다. 그런데 '도움을 주는 국가'의 역할을 시작한 지 20년도 안돼(2011년 말 기준) 수많은 선진국을 제치고, 전 세계 유니세프위원회 중 기금 순위 7위를 기록했다. 그때는 정말 모두가 감탄하지 않을 수 없었다.

1946년 유니세프가 생긴 이래 이런 사례는 한국이 유일하다. 기관 내 고위직 인사가 공식 연설에서, 또는 비공식 석상에서 이야기를 나누며 한국의 사례를 심심찮게 언급했다. 그럴 때면 몇 안 되는 한국인 직원들은 저절로 어깨가 쫙 펴지고, 스스로 '표정관리'를 해야 했다. 기여국으로서 한국의 위상이 높아진 것이 나에게는 단지 뿌듯하고 기가 사는 것을 넘어 업무에서도 구체적인 혜택을 받게 해 주었다.

한국 정부는 아프리카에 대한 원조를 대대적으로 확대할 것이라는 계획을 공고한 직후라, 한국대사관에 동참 의사를 타진했더니 매우 긍정적인 답변이 왔다. 지원 금액이 확정되고 유니세프 사업이 지원되기까지 과정도 역시 한국답게 효율적이고 재빠르게 처리해주었다. 그때까지 수많은 도너국가(기여국)을 상대하면서 처음으로 모국어로 전화하고, 이메일을 주고받으며 편한 마음으로 일을 했다. 그러면서 '아, 국제기구 내에서 선진국 사람들은 일하면서 이런 비교 우위가 있었구나.' 하는 생각도 들었다.

무엇보다 너무나 감사했다. 우리나라의 국민소득이 높아지고, 월드컵을 개최하고, 한국이 유엔총회 의장국이 되고, 반기문 총장이 취임하고, 아프리카 오지를 누비는 한국산 차들을 볼 때마다 내가 한국 사람이라는게 너무나 뿌듯하고 자랑스러웠다.

대한민국 정부에서 받은 다르푸르 원조의 감격이 채 가시기 전, 이번에는 한국 유니세프 위원회에서 남수단에 대한 지원을 타진해 왔다. 남수단 실태를 촬영하고 국내 TV에 방영해 전화 모금을 하자는 제안이었다. 한국과 남수단 사무소 간 연락이 잘 안 될때, 내가 중간에서 일이 잘 진행되도록 도움을 주는 역할을 할 수 있어 보람을 느꼈다. 이 일을 하면서 무엇보다 놀랐던 것은 우리 정부뿐만 아니라 TV를 시청하는 일반 시민들까지도 아프리카 어린이들을 돕는 데 너무나 적극적이고 뜨거운 성원을 보내주었다는 사실이다.

한국의 역할 변화는 정부와 민간인 차원뿐만이 아니었다. 한국 기업의 세계 진출 또한 내 업무에 직접적인 도움을 주었다. 2012년 수단을 떠날 즈음에 영양 담당 과장이 수단 전역 어린이들의 영양 상태를 조사해서 자료를 작성해야 한다며 도움을 요청했다. 바로 PDA를 사용해서 실시간으로 입력하면 좋을 것 같다는 내용이었다. 나는 수단에 진출한 한국 기업과 미팅을 추진해 기기와 프로그래밍을 지원받을 수 있었다.

우리나라의 발전과 한국 기업의 아프리카 진출이 이렇게 구체적으로 내 업무 실적으로 이어질 것이라고는 정말 생각하지 못했다. 도움받는 국가라는 타이틀을 졸업한 지는 꽤 오래전이지만, 만약 우리나라가 아직도 자국의 부와 발전만을 생각하는 자국 중심적 외교 정책을 펼쳤다면 어땠을까? 한국 기업이 사회적 책임을 국내로만 국한했다면 앞에서 얘기한 '실적'들은 이루어낼 수 없었을 것이다.

7) 코리아 브랜드

한국의 주요 16대 그룹이 486억 원의 출연금으로 재단법인 '미르'를 출범시켰다. 우리의 문화 콘텐츠를 활용해 한국의 브랜드 가치를 높여 '코리아 디스 카운트'를 해소 하겠다는 취지다. 삼성·현대자동차·금호아시아나 등 16개 그룹은 2015년 10월 27일 서울 강남구의 재단 사무국에서 현판식을 열고 재단을 공식 출범시켰다. '미르'는 용의 순수 우리말로, 문화로 하나된 대한민국의 용솟음을 꿈꾼다는 취지에서 붙여졌다.

재단은 엔터테인먼트 산업에 몰렸던 한류를 음식·라이프스타일 등으로 확대하기로 했다. 이른바 '신한류의 세계화'다. 해외 국가들과의 공동 문화축제 주최, 융·복합 콘텐츠 공동 개발·배급 등으로 해외 각국과 문화 교류의 접점을 넓혀나갈 계획이다. 또 글로벌 통합벤처단지를 조성하고 문화 콘텐트 창작자 발굴을 지원하는 등 해외 동반 진출 지원시스템도 체계화한다. 한국 전통문화에 브랜드를 입히는 사업도 구상 중이다. 한옥·한식 등 우리 문화에 얽힌 이야기를 소재로 캐릭터·드라마 등을 만들어 친근하게 느껴지도록 하겠다는 것이다.

재단 설립 논의는 지난 7월 삼성 등 국내 주요 대기업 임원들이 모인 행사 자리에서 처음 나왔다. 김형수(연세대 커뮤니케이션 대학 학장)이사장은 "한류의 불씨가 꺼져가는 가운데 개별 기업이 문화·예술 분야를 경제 수익으로 이끌어내는 데 한계를 느껴 왔다."며 "국가 브랜드 가치를 높이는 일이 곧 산업 경쟁력을 높이는 일이란 공감대하에 처음으로 주요 기업들이 함께 힘을 모으는 계기를 만들었다."고 밝혔다.

하지만 사업의 세부 계획은 아직 나오지 않아 이례적인 공감대 도출의 의미가 퇴색될 수 있다는 우려가 나온다. 재단은 현재까지 486억원의 자금 기반을 갖춘 것 외엔 기존에 해오던 한류 산업과 크게 다른 전략도 갖추지 못한 채 인력 선발을 고민하는 단계에 있다.

이에 대해 김 이사장은 "새로운 모멘텀을 위한 자금적 기반을 갖췄다는 점에서 의미가 있다."며 기관장 임기가 짧아 중장기적 사업을 하지 못하는 공기관을 대신해 민간 기업이라 할 수 있는 것들 위주로 사업을 구체화하겠다."고 말했다.

임지수 기자 글에서

4. 경제 및 국방

1) 20K-50M 고지 입성

한국은 세계 20K-50M 그룹에 들어갔다. 일본, 미국, 프랑스, 독일, 이탈리아, 영국 다음 7번째다. 20K-50M이란 GDP 20,000달러에 인구 5,000만 명을 넘어선 나라를 말한다. 이 그룹에 들어감으로써 한국은 확실히 선진국에 들어섰음이 확인되었다. 이것은 마치 자그마한 조각배가 어엿한 대형 군함으로 변신한 것에 비유할 수 있다.

재정 위기로 어려움을 겪고 있는 EU에서 IMF가 그리스 정도는 몰라도 이태리나 스페인은 절대 버릴 수 없는 나라이다. 지난 날 한국의 IMF 사태 때 IMF는 한국 같은 작은 나라는 버릴 수도 안 버릴 수도 있는 존재로 취급받았지만, 이제 한국은 섣불리 버릴 수 없는 강한 나라가 되었다. 한국은 무역 규모 1조 달러를 넘긴 나라이고, 국내 총생산은 1,200조 원에 달한다. 외국인이 한국에 엄청 큰 자금을 투자하고 있고, 또 한국도 외국에 엄청 큰 자금을 투자하고 있다. 서로 물리고 물고, 얼기설기 얽혀 피차 돕고 돕는 불가분의 사이가 되어 있다. 국제사회에서 이제 한국은 당당한 모습으로 활동하고 대접받는 나라가 된 것이다.

2) 경제 교과서에 한국 사례 등장

이병호 영사는 최근에 우리나라의 위상 변화를 실감하는 신선한 경험을 했다. 한국 경제 현황에 대한 자료를 찾다가 들추게 된 미국 경제학자들이 쓴 경제학 교과서에서 '한국 사례'가 자주 언급되고 있음을 알게 된 것이다.

2008년 노벨 경제학상 수상자인 폴 크루그먼 Paul Krugman 프린스턴

대학교 교수가 대표 저자인 〈국제경제학 : 이론과 정책, 제9판〉은 국제경제학 분야의 대표적인 교과서다. 이 책의 최신판은 동아시아 경제 기적의 사례로 한국을 소개하고 있다. 선진국, 아프리카, 중남미, 아시아 29개국을 대상으로 1960년에서 2007년까지 구매력 평가 PPP 기준 1인당 국민소득 증가 폭을 비교했을 때, 한국의 국민소득 증가폭은 1960년 2,094달러에서 50여 년 만인 2007년에 2만 3,973달러로 증가했다. 이는 미국이 1세기에 걸쳐서 이루어낸 국민소득 증가 폭보다 크다면서 대표적인 동아시아 경제의 성공 사례로 한국을 꼽았다.

그간 우리가 이룩해낸 경제 성장에 대한 객관적인 평가와 인정, 그것을 보여주는 것이 이러한 경제학 교과서에서의 '한국 사례' 인용이라고 생각한다. 전 세계 대부분의 대학생들이 배운다는 경제학 교과서 중에 이제는 한국 사례가 언급되지 않은 책이 없다고 한다. 이제 한국은 경제 발전에 유리한 여건이 없었는데도 짧은 기간에 눈부신 발전을 이룬 놀라운 연구 사례가 되었다. 앞으로 세계를 이끌어 갈 각국의 젊은이들이 정독하고 있을 경제학 교과서에 실린 한국 사례를 만나는 반가움은 그래서 크다. 한국의 위상 변화를 타인의 시각과 입을 빌려 객관적이고 효과적으로 전달해 주기 때문이다.

짐바브웨의 1인당 국민소득이 1960년 1,472달러에서 2007년 1,924달러로 거의 변하지 않은 47년 동안, 한국은 1인당 국민소득이 10배나 증가한 사례로 매우 인상 깊게 소개되어 있을 것이니 말이다.

3) T-50 초음속 전투기

한국의 항공우주산업(KAI)은 세계에서 6번째로 초음속기를 인도네시아에 수출하는 쾌거를 이루었다. 초음속기 개발 착수 10여 년 만의 일이다. 이 입찰 경쟁에서, 한국보다 훨씬 앞선 이탈리아, 그리고 인도네시아와 아주 사이가 좋던 러시아마저 제쳤다는 데 큰 의미가 있다. 1차로 16대 4억 달러 치다.

한국 항공우주산업은 그동안 UAE, 싱가포르 등의 국제 입찰에서 번번히 미끄러진 쓰라린 경험을 갖고 있다. 문제는 실적이 없었기 때문이다. 이 T-50 초음속기의 가격은 대당 2,500만 달러로 소나타 1,000대 값이다. 이번에 인도네시아에서 수출의 물꼬가 트이면, 앞으로 폴란드, 미국 등 수출할 나라가 수두룩하다. 전 세계적으로 초음속기 수요는 7,200대로 예측하고 있다.

한국 공군에는 '블랙이글스'란 우수 비행단이 있다. 이들이 지금까지 아무리 멋진 에어쇼를 펼쳤다 해도, 크게 자랑할 일이 못 되는 것은 타고 있는 비행기가 모두 미국 비행기였기 때문이다. 지금은 한국 비행사가 한국이 만든 비행기로 환상적인 에어쇼를 보여 주고 있다. 지난 2012년 7월 7일 영국에서 2년마다 열리는 '와딩턴' 국제 에어쇼에 한국 블랙이글스팀이 참가하여 T-50 전투기를 몰고 멋지고 아슬아슬하게 환상적인 에어쇼를 유감없이 온 세계에 보여 주었다. 이 대회에서 한국은 모든 참가국을 제치고 당당히 최우수상을 수상하는 쾌거를 이루어 냈다.

자국 기술로 초음속 비행기를 만들고 자국 비행사가 운전하는 나라는 미국, 영국, 일본, 러시아 등 손에 꼽을 정도다. 한국비행사들은 지난해 3,000회 무사고 비행의 기록을 세웠다. 이 항공기는 전자, 기계, 소재 분야에서 최첨단 기술의 총 집합체이다. 그리고 기술 정밀도 면에서는 자동차의 100배 정도가 요구되며 1대 당 20만 개의 부품이 들어간다. 우리는 꿈에도 생각 못하던 무기 수출국이 되었다. 그것도 너절

한 무기가 아닌 잠수함, T-50 초음속 전투기 등 첨단 무기분야 마저 수출하는 나라가 됐다.

이번에는 국산 T-50(초금속 고등 훈련기)가 태국으로 수출된다. 국산 초음속 고등훈련기 T-50이 태국이 도입한 차기 훈련기로 선정됐다. 해외 방위사업 시장에서 처음 맞붙은 세계 무기 수출 3위인 중국을 꺾으면서 막대한 투자와 물량공세를 앞세운 중국과의 무기수출 경쟁은 앞으로 치열해질 전망이다.

정부 관계자는 16일 "태국 정부가 한국의 T-50 4대를 도입하기로 결정했다."며 "무기수출 강국이자 동남아에서 정치적 영향력이 막강한 중국과 격돌해 이겼다는 점에서 상당한 의미가 있다."고 밝혔다. 태국 정부는 2015년 9월 17일 한국항공우주산업(KAI)과 계약을 체결하고 현지에서 결과를 발표했다. 이번에 성사 된 계약규모는 1,000억 원 남짓한 수준이다. 하지만 태국 정부는 향후 순차적으로 T-50 24대를 추가 도입하는 후속계약을 10월 체결할 예정이어서 부대비용까지 합하면 전체 사업규모는 8,000~9,000억 원에 달할 것으로 전해졌다. 국산 훈련기 T-50의 수출로는 역대 최고 규모다. T-50은 앞서 2011년 인도네시아에 16대를 수출한 것을 시작으로 필리핀과는 지난해 T-50을 개조한 경공격기 FA-50, 12대를 수출하기로 계약했다. FA-50은 중동의 이라크에도 2013년 24대를 수출하는 성과를 올렸다.

태국이 지난해부터 추진한 훈련기 사업은 당초 미국, 러시아, 이탈리아 등이 관심을 보였지만 시간이 지나면서 한국(세계 무기수출 10위)과 중국의 양자구도로 흘렀다. 성능과 수출실적을 앞세운 T-50에 맞서 중국은 훈련기 L-15를 내세워 각축전을 벌였다. 특히 미국, 러시아에 이어 세계 3대 무기 수출국인 중국은 경제적 우위를 바탕으로 정부 차원의 전폭적인 지원과 물량공세를 펼치며 태국 시장을 공략한 것으로 전해졌다. 한중 양국의 경쟁이 고조되면서 당초 올 상반기에 기종을 결정하려던 태국 정부의 계획이 9월로 미뤄진 것으로 알려졌다.

T-50의 태국 진출은 인도네시아, 필리핀 등 앞서 수출계약을 체결한 다른 동남아 국가들과는 의미 자체가 다르다. 태국은 미국의 우방이면서도 중국과 긴밀한 관계를 맺으며 미중 양국 사이에서 '균형외교'를 표방하고 있는 국가다. 특히 중국은 동남아의 패권을 놓고 미국과 겨루면서 태국을 국가이익을 지키는 최전선으로 설정해 안보 영향력을 확대하는 거점으로 삼고 있다. 때문에 중국도 총력전을 기울였지만 우리 방산기술에 결국은 패하고 말았다.

군 관계자는 "이런 악조건 속에서도 T-50이 태국 정부의 낙점을 받으면서 동남아 시장에서 방산수출의 확실한 교두보를 구축했다."고 말했다. 군 안팎에서는 전방위적인 방위사업 비리 수사에 발목이 잡혀 지난해에 비해 절반 수준으로 꺾인 방산업체의 침체된 분위기를 반전시키는 계기가 될 것이라는 기대가 적지 않다. 2017년 미국의 차기 훈련기(T-X) 사업에 도전하는 T-50의 입지도 한층 탄탄해졌다.

4) 요격 미사일 개발

한국 국방 과학 연구소(ADD)가 중거리 지대공 유도 '천궁(天弓)'을 독자 기술로 개발했다. 수직으로 발사되는 중거리 지대공 유도 무기 개발은 러시아, 프랑스, 대만, 일본에 이어 세계에서 다섯 번째다. 장차 한국형 패트리엇 미사일 개발의 토대가 될 전망이다. 이제 한국 힘으로, 휴전선에 전진 배치한 북한의 대량 살상 무기를 무용지물로 만들 수 있는 날이 멀지 않았다.

5) 일본 대신 한국의 취업문

다음 글은 주시애틀 총영사관 행정원으로 근무중인 장성욱의 글에서 발췌한 것이다.

1997년 9월 27일, 미국북서부에 있는 오리건 주 포틀랜드 국제공항에 첫발을 내딛으며 첫 미국 도전기는 시작되었다. 1997년 12월, 아시아 경제 위기 탓에 한국도 IMF 구제 금융을 받았다. 그 와중에도 일본인 친구들은 별 문제 없이 유학 생활을 계속했다. 나는 그런 모습을 보면서 눈에 보이지 않는 조국과 나와의 연결고리가 실제로 있다는 것을 알았다. 매일 하늘 높은 줄 모르고 치솟는 환율 그래프를 보면서, 왜 조국이 잘 살아야 하는지 뼈저리게 느끼며 하루하루를 살았다.

1998년 1월 2일, 유학생 귀국 러시에 끼어 나도 돌아왔다. 귀국은 나 자신의 문제 때문이 아니라 조국의 경제 실정으로 유학을 포기해야만 하는 현실도 처음 경험했다. 막상 한국에 돌아가면 어떻게 해야 할지 눈앞이 깜깜하기만 했다. 나는 한국으로 돌아온 그해 영남 대학교 물리학과에 바로 편입했고, 졸업을 하자마자 병원에서 일했다. 그리고 외국계 제약회사에서 근무하다 미국에서 돌아온 지 꼭 10년이 되는 2007년 3월, 후회없는 인생을 위해 잘나가던 제약 회사를 그만두고 미국 오리건 주로 두 번째 모험에 도전했다.

다시 미국 오리건 주, 내가 다니던 영어학원 건물도 그대로였다. 10년 전에 만났던 학생들과 선생님들은 바뀌었어도 학교 건물과 큰 나무들은 처음 본 그대로였다. '잃어버린 10년'은 간데없고, 며칠 만에 다시 돌아온 것처럼 익숙하고 편안하고 변한 것이 없었다.

그런데 캠퍼스와 학생센터를 돌아보다가 흥미로운 점을 하나 발견했다.

복도 벽 광고판에 10년 전과 비슷한 영어 교사 모집 광고가 붙어 있었다. 그런데 이번에는 '일본'이 아니라 '한국'으로 바뀌어 있었다. 즉 '일본에서 영어 가르칠 교사 모집'이 아니라 '한국에서 영어 가르칠 교사 모집'으로 바뀐 것이다. 한국이야 조기 교육이니 취업 필수 스펙이니 하며 영어 수요가 늘었으니, 영어 교사로 가려는 미국 대학생이 많을 것이란 짐작은 당연할 것이다. 그런데 10년 전보다 엔화 가치도 더 오르고 여전히 영어에 대한 수요가 상당할 텐데, 왜 일본으로 가려는 미국 대학생이 없을까 궁금했다.

더욱 놀라운 점은 한국 음식과 문화에 관심 많은 학생들이 오리건 주 시골 대학교에서도 10년 전과는 비할 수 없을 만큼 늘었다는 사실이었다. 이전에는 소니나 파나소닉 등 일본 상표들이 가득했던 쇼핑몰이 삼성이나 LG로 바뀌어 있었다. 파란 눈의 미국인이 운전하는 현대, 기아 자동차들을 심심찮게 볼 때마다, IMF 구제금융 지원 후 지난 10년 동안 한국이 얼마나 열심히 일했는지 알 수 있었다.

요즘 내가 느끼는 가장 큰 변화는 10여 년 전에는 일본으로 향하던 미국인 영어 강사들도 이제는 한국으로 가는 추세로 돌아선 것이다.

6) 김밥은 한국의 대표적인 음식

김밥 안에 캐릭터가 보인다. 곰부터 도깨비, 장미꽃, 잠자리, 꽃게 등 다양한 모양이다. 일단 눈길을 끈다. 먹어보고 싶어진다.

김락훈(45)씨가 LA를 방문했다. 김씨는 지난 29일, LA한국문화원에서 열린 '2015 교육자 대상 한국 역사·문화 세미나'에 초청받아 70여 명 타인종 교사들을 상대로 김밥을 알렸다. 김밥 만드는 방법에 대한 설명은 기본이고 일본 스시와의 차이점을 명확하게 설명했다. 김씨는 김밥의 주재료인 김과 쌀은 모두 한국에서 먼저 먹기 시작했다고 주장한다.

그는 "교사들이 김밥과 스시의 차이를 잘 이해했다. 통쾌했다."며 흐뭇해 했다. 김씨는 김밥의 가능성에 대해 무궁무진하다고 말한다. 한국을 대표하는 음식은 비빔밥이 아닌 김밥이라고 추켜세울 정도다. 김씨는 "스시가 많이 알려진건 외교력의 승리다. 하지만 이젠 세상이 바뀌었다. 한국도 충분히 외교력을 갖췄다"며 "김밥은 원이라는 한가지 도형으로 여러 모양을 표현하는 것이 가능하다. 정체성이 뚜렷하다. 김밥이란 틀 안에 김치, 불고기, 비빔밥 등 모든 음식을 표현할 수 있다"고 강조했다.

김씨는 단순히 김밥만 말지 않는다. 음식과 문화의 조화를 이룬다. 김밥을 통해 한국의 맛을 알리는 동시에 한국의 문화도 알리려 한다. 김씨는 "기본적인 쌀과 김 교육, 위생교육, 그리고 김밥의 영양학 등에 대해서 설명을 한다."며 "음악, 미술 등이 곁들여지는 만큼 입으로 맛있고, 눈과 귀로도 즐겁다."고 강조했다.

그는 미국에서 김밥홍보대사를 자청한다. 상업적인 목적을 내려놓고 김밥 알리기에 초점을 맞춘다. 이번에 LA를 방문해 김밥 강연을 한 것도 이 때문이다. 김씨는 9월 LA를 재방문한다. 이번 문화원 강연에 대한 반응이 괜찮아 공립학교 체험학습에서 김밥을 알리게 된 것이다. 10월에는 미 전역 한국인 교사모임 행사에 참석해 100명의 교사를 대상으로 김밥을 알린다. 미국 내 김밥 홍보대사를 자청한 그의 의지를 엿볼 수 있는 대목이다.

PART 07

시대별 문화

1. 고구려 문화

고구려는 고조선을 이어 중국 동북부 지역에서 절대 강자로 군림하게 된다. 오늘날의 한국인들은 과거에 있었던 국가 가운데 고구려를 가장 자랑스럽게 생각한다. 그것은 고구려가 한반도라는 반도 지역에 안주하지않고 넓은 만주 땅에서 중국과 어깨를 겨루면서 힘을 뽐냈기 때문이다. 그만큼 중국에게 고구려는 항상 골칫덩어리였다. 고구려가 언제라도 자신들을 공격할 수 있었기 때문이다.

따라서 고구려를 멸망시키지 않고는 자신들이 편할 수 없다고 생각한 중국은 여러 차례 어마어마한 군대를 보내 고구려 정벌에 나서지만 실패한다. 이 전쟁은 7세기 초에 벌어졌는데 중국군은 수나라 때 두 번, 당나라 때 한 번, 모두 세 번에 걸쳐 고구려를 공격했다. 그러나 중국군은 이 세 번의 전쟁에서 모두 크게 패해 본토로 쫓기다시피 퇴각했다. 그러다 네 번째 공격에서 중국(당나라)은 고구려를 간신히 멸망시킨다. 그것도 그들만의 힘으로써가 아니라 한반도 남쪽에 있는 신라와의 연합을 통해서였다. 중국은 자신의 힘만으로는 고구려를 멸망시킬 수 없었던 것이다. 고구려는 그렇게 강한 국가였다. 따라서 현대 한국인들이 고구려를 자랑스럽게 생각하고 그리워하며 좋아하는 것은 이해할 만하다.

고구려는 처음에는 만주 지방과 한반도 북부 지방에 걸쳐 있었다. 지금 고구려의 트레이드마크처럼 되어 있는 고분들이 있는 곳도 중국의 지린성이다. 이곳에는 고구려 고분이 1만 2천여 기나 있다. 그러나 유감스럽게도 이것들은 모두 중국 정부에 의해 유네스코의 세계 유산에 중국 것으로 등재 되었다. 이 고분들 가운데 큰 것은 피라미드보다 컸다고 하니, 이런 고분들을 만들 수 있었던 고구려의 국력이 얼마나 강했는지 알 수 있다. 이 고분들 안에는 다양한 그림이 그려져 있어 당시 고구려 사람들이 어떻게 살았는지를 알 수 있다.

그런데 고구려가 자리 잡은 지역은 춥고 비가 적어 농업을 발전시키기에는 무리가 많았다. 따라서 고구려는 북쪽에 있는 중국 쪽으로 진출하는 것은 무리라고 생각해 한반도 남쪽으로 움직이는 정책을 취했다. 그 결과 고구려는 5세기 초에 지금의 평양으로 수도를 옮긴다. 이 때문에 평양 주위에도 많은 고분들이 생기게 되는데 이것들 역시 모두 유네스코에 세계 유산으로 등재 되어 있다. 당시 고구려 국력은 최고조에 이르러, 남쪽으로는 현재 충청북도의 충주까지 세력을 뻗치고 있었다. 충주에는 당시 고구려 정부가 세운 비석이 아직도 남아 있다.

고구려가 활기찬 나라였다는 것은 그들이 남겨 놓은 유적을 보면 알 수 있다. 고구려가 남긴 유물 가운데 고분 안에 그려져 있는 벽화는 세계적인 수준이다. 벽화에 그려진 동물들의 그림은 세계의 어떤 명화에 비해서도 손색이 없다.

한국사 전체에서 고구려가 차지하는 비중은 매우 크다. 고구려는 한반도에서 가장 먼저 세계화에 앞장 선 나라이기 때문이다. 고구려는 당시 최고의 국가였던 중국으로부터 세계 종교인 불교와 유교(그리고 도교)를 받아들여 세계와 소통하기 시작했다.

고구려에 이어 백제도 불교를 받아들였다. 고구려 문화가 백제로 고스란히 넘어갔다는 것은 오늘날 우리에게 시사하는 바가 크다. 잘 알려진 것처럼 백제는 고구려의 왕자가 세운 나라이다. 따라서 고구려의 북방식 문화는 백제의 상층문화를 형성했을 것이다.

그런데 백제문화 역시 고스란히 신라로 전해지고 신라문화는 고려와 조선을 거쳐 현재의 우리에게까지 이어지고 있으니 고구려문화는 우리 현대 한국문화와 맥을 같이 하고 있음을 알 수 있다. 이것은 극소수만 남아 있는 고구려 언어를 보면 알 수 있다. 또한 북한의 수도가 평양이라는 점에서 보면 고구려가 현대에도 살아 있다고 할 수 있다.

게다가 남한 역시 여전히 경상도와 전라도, 즉 동서로 갈려 있다. 이 두 지역은 이전에 각각 신라와 백제 지역이었다. 이렇게 보면 한국(한반도)은 과거의 삼국시대처럼 세 지역으로 나뉘어 있다고 할 수 있다. 과거의 삼국시대가 현대에 다른 식으로 재현되고 있는 것이다.

2. 백제 문화

백제는 고구려 온조 왕자가 북쪽에서 내려와 세운 나라라고 했다. 이들이 처음으로 나라를 세운 곳은 서울의 한강 유역이었다. 백제는 마지막 수도인 부여에서 신라와 당의 연합군에 의해 7세기 중반에 멸망하고 말았다. 백제는 없어졌지만 백제의 혼까지 없어진 것은 결코 아니다. 백제라는 나라의 의미를 찾는다면 백제문화가 현대 한국문화의 원형이었다는 데에서 찾을 수 있지 않을까. 현대 한국 문화는 그 뿌리를 캐어 올라가다 보면 큰 줄기는 신라로 닿고 그 신라문화 안에는 백제문화가 고스란히 들어 있다.

경주 등지에 남아 있는 유물을 보면 신라의 문화는 세계적인 수준에 도달했었음을 알 수 있다. 통일 이전에 삼국 중 가장 뒤처진 국가였던 신라의 문화가 국제적인 수준에 이를 수 있었던 것은 전적으로 백제의 문화와 기술을 받아들였기 때문이다. 신라가 당시의 보편문화인 불교를 고구려나 백제보다 거의 150년 늦게 받아들인 데에서 신라의 낙후성을 알 수 있다. 이 당시 초기의 신라는 고구려의 도움 없이는 나라를 지킬 수 없을 정도로 유약했다.

신라는 이렇게 낙후된 나라였기 때문에 기술력도 그리 높은 수준이 아니었다. 7세기 중반(선덕여왕)에 황룡사의 9층 목탑을 만들 때와 같이 고도의 기술이 필요한 공사를 할 때에는 반드시 백제의 지원을 받았다는 사실에서 그 사정을 알 수 있다. 심지어 신라가 삼국을 통일한 뒤인 8세기 중반에 불국사의 석가탑을 만들 때에도 백제 지방에서 기술자를 불러다 공사를 시켰다. 그러나 신라는 서서히 국제적인 수준의 기술력과 문화력을 갖추었다. 이것은 삼국이 통일된 뒤에 백제의 문화와 기술이 고스란히 신라로 옮겨갔기 때문일 것이다.

백제가 당시 이처럼 고도의 문화나 기술을 가질 수 있었던 것은 고구려로 대표되던 북방 문화와 중국의 국제적인 문화를 받아들여 융합한 덕이다. 백제는 세련된 중국문화를 받아들여 고구려의 북방적인 강인한 문화와 백제의 남방적인 온화한 문화를 섞어 최고의 국제적인 문화를 만들어낸 것이다.

백제는 패망한 국가라 그다지 유물이 많이 남아 있지 않지만 다행히 이웃나라인 일본에 백제의 찬란한 유산이 조금이나마 남아 있다. 그 가운데 대표적인 것으로 교토(경도)에 소재한 광륭사와 법륭사에 있는 불상을 들 수 있다. 이 불상들은 한반도 사람들이 백제 양식으로 만든 불상이다. 광륭사의 불상은 보통 미륵반가사유상이라 불리는데 그 유려함에 일찍이 세계가 찬탄을 금치 못했다. 그리고 법륭사에 있는 불상은 아예 '백제관음'이라 불리는데 이것도 세계적인 작품으로 많은 사람들을 매료시켰다. 특히 이 두 불상에 대한 유럽 지성인들의 반응은 상상 이상이다. 20세기 최고 철학자 가운데 한 사람이었던 독일의 카를 야스퍼스는 광륭사의 미륵반가사유상을 유럽의 어느 종교조각보다 훌륭한 작품이라 칭송했다고 한다. 특히 그 천진난만함은 세계 최고라며 칭찬을 아끼지 않았다.

그런가 하면 프랑스의 문화부 장관을 지냈을 뿐만 아니라 세계적인 문인이었던 앙드레 말로는 법륭사의 백제관음불상에 대해 극찬했다. 그에 따르면 이 불상은 전 세계 예술품 중 순위를 따져서 세 손가락 안에 들어가는 작품이다. 이런 작품들은 아무 나라에서나 만들어 질 수 있는 것이 아니다. 문화창조력과 더불어 경제력, 정치력이 모두 완비된 최고의 선진국이 아니면 이런 작품은 나오지 않는다. 그런데 백제가 바로 이런 능력을 갖추고 있는 나라였다는 것이다.

1993년에 부여에서 극적으로 발견된 금동향로에서도 이러한 모습을 발견할 수 있다. 백제의 왕릉 옆에다가 주차장을 만들던 중 땅속에서 이 향로를 발견했다. 금동향로의 자태는 동북아시아에서 최고라 할 수 있다. 특히 이 향로의 맨 꼭대기에 있는 주작(phoenix)의 꼬리 부분이

기운차게 올라가 있는 모습이나 밑 부분에 있는 용의 발에 서려 있는 힘은 당시 백제의 우아하면서도 힘찬 모습을 보여 준다. 이런 모습들은 세계 최고의 선진국이 아니면 만들어 낼 수 없는 것들이다.

백제의 군사력은 고구려보다 세지 않았을지 모르지만 문화 수준은 세계 최고였다. 이것은 백제가 만들어낸 유물들을 전술한 미륵반가사유상을 꼽을 수 있다. 당시 백제에서 유행하던 양식으로 만들어진 이 미륵불상은 한반도(백제든 신라든)인에 의해 만들어졌다는 데에 학자들 모두 동의한다. 이 불상의 예술수준은 종교조각 가운데 세계 최고라 할 수 있다.

아시아 대륙의 가장 동쪽에 있어 모든 것이 낙후되어 있었던 일본은 백제에 힘입어 보편문명으로 흡수된다. 문화와 기술에 대한 한 일본은 대부분 백제로부터 가르침을 받았기 때문에 이렇게 말할 수 있다. 당시 동아시아의 보편 종교였던 불교와 유교를 일본에 전한 것도 백제였고 '한자'라는 당시 동북아시아의 보편 문자를 일본에 전해준 것도 백제였다.

그뿐만 아니라 건축술이나 제철 기술 같은 고도의 과학 기술도 일본은 백제를 통해서 배웠다. 그런 관점에서 보면 백제는 고대 일본에게는 부모와 같은 국가라 할 수 있다. 아마 이런 관계 때문이라 생각하는데, 신라와 당나라 연합군이 663년에 백제를 멸망시킬 때 일본은 백제를 지원하기 위해 수백 대의 군함을 군산 앞바다로 보낸다. 그러나 이 마지막 전투에서 백제와 일본군이 패하면서 많은 백제 귀족들이 그 배를 타고 일본으로 피신하게 된다.

물론 그 전에도 많은 백제인이 일본에 가서 정착했지만 이때 피신해 온 백제 귀족들이 일본의 국가나 사회, 그리고 문화가 형성되는 데에 큰 이바지를 했을 것이다. 한국어와 일본어의 문법이 대단히 비슷한 것은 이런 역사적 관계에서 생겨났을 것이다. 이런 백제의 유물들이 대마도에도 많이 남아 있다. 당시 대마도는 백제에 조공을 바치는 백제의 속국에 해당되었다고 본 것이다.

3. 신라 문화

한국인들 가운데에는 신라를 그다지 좋아하지 않는 사람이 꽤 있다. 7세기 중엽에 신라가 외국(중국)군대를 끌어들여 백제와 고구려를 멸망시켰다고 생각하기 때문이다. 신라가 민족을 배신했다고 생각하는 것이다. 그리고 신라가 이 전쟁에서 승리하면서 고구려가 지배하던 만주 지역을 잃어버린 것을 서운하게 생각한다. 만일 신라가 아니라 고구려가 삼국을 통일했다면 만주 지역이 지금도 우리 영토일 것이라는 기대감도 있을 것이다.

전쟁에서 승리하고 삼국을 통일한 신라의 영토는 지금의 2/3 정도로 줄어들었다. 이것은 당시 신라가 통치하게 된 땅이 북한의 수도인 평양 이남의 땅으로 국한된 탓이다. 그와 더불어 한반도 북부와 만주, 그리고 러시아에 걸쳐 있는 넓은 땅에는 한국인(고구려)과 그 지역의 원주민들이 함께 발해라는 나라를 건설한다. 발해의 지배계층은 고구려 사람들이기 때문에 발해는 한국과 어느정도 연관이 있다 할 수 있다. 그러나 이 나라의 국민들은 이 지역에 살고 있던 주민들이었다. 사정이 어찌 됐든 현대 한국이들에게 중요한 왕조는 신라 왕조이다. 그 가장 큰 이유는 현대 한국의 문화 원형이 신라로부터 비롯된 것이 많기 때문이다. 수준높은 백제 문화가 신라로 그대로 옮겨졌고 그다음 왕조인 고려와 조선을 거쳐 우리에게 전달되었다.

신라문화가 현대 한국문화의 원형 역할을 한 대표적인 예는 첫 번째, 한국인의 성씨를 들 수 있다. 한국인의 성씨 가운데 가장 흔한 성인 김, 이, 박, 최, 정 같은 성들은 모두 신라 때에 만들어져 지금까지 이어져 왔다. 고구려나 백제에는 이런 성씨가 거의 없었다.

백제의 왕족들은 '부여'나 '사택' 같은 성을 갖고 있었는데 이런 성들은 다 없어져 현재에는 남아 있지 않다. 만일 백제가 삼국을 통일했다면 현대 한국에도 이런 성을 가진 사람이 김 씨나 박 씨처럼 많았을 것이다. 그런가 하면 한국의 지방을 나누고 있는 군이나 면과 같은 행정 조직도 신라 때 만든 것에 기반을 둔 것이다. 물론 그 뒤에도 많은 변화가 있었지만 기본적인 틀은 신라 때 만들어졌다.

이 밖에 신라가 한국문화에 결정적인 영향을 끼친 것은 불교문화의 완성이다. 우리나라의 불교문화는 신라시대에 완성되어 지금까지 이어지고 있다. 신라 이후에 만들어진 불교 유적은 신라의 것을 능가하는 것이 별로 없다. 물론 〈고려대장경〉이나 〈고려 불화〉같은 예외는 있다.

그 예를 들어보자. 불교에는 신자들의 믿음을 끌어내는 많은 사물들이 있다. 불상 같은 것들이 대표적인데 탑이나 종도 여기에 포함된다. 한국 역사상 최고의 불상과 탑, 종은 모두 신라시대에 만들어진 것들이다. 석굴암의 불상과 불국사의 석가탑, 그리고 지금 경주국립 박물관에 있는 에밀레종이 바로 그것들이다. 한국 불교도들은 아직도 이 유물들을 능가하는 것을 만들지 못하고 있다. 특히 석굴암은 세계 유일의 인조석굴, 그러니까 사람이 만든 유일한 석굴로 이름이 높다. 그리고 그

안에 있는 불상과 다른 조각들은 세계 최고의 수준이다.

석가탑도 사정은 마찬가지다. 석가탑은 그 뒤에 나오는 대부분의 탑의 표본이 될 정도로 완성도가 높은 탑이다. 그런가 하면 에밀레종은 세계에서 가장 아름다운 소리를 내는 종으로 이름이 나 있다. 이것들은 유네스코에 세계유산으로 올라가 있을 정도로 세계적으로 인정을 받은 것들이다.

신라는 물질적인 면에서만 뛰어난 것이 아니었다. 신라의 불교철학 역시 세계적인 수준이었다. 신라에는 원효 같은 대 사상가들이 많이 출현하는데 이들의 철학 수준은 세계 수준을 능가하였다. 당시 불교 철학은 인도와 더불어 중국이 세계 최고였는데, 중국의 승려들이 저술을 할 때 신라 승려들의 저작을 참고했다고 한다. 이러한 사실만 보아도 당시 신라 승려들의 철학 수준을 충분히 짐작할 수 있을 것이다.

유감스럽게도 그 뒤로는 세계의 주류 철학 수준을 능가하는 한국 철학자가 거의 나오지 않았다. 혹자는 고려의 지눌이나 의천 같은 승려, 그리고 조선의 뛰어난 유학자인 이황이나 이이, 정약용 등을 예로 들며 한국에 뛰어난 학자가 많았다고 주장할지도 모르겠다.

신라는 불교적인 면에서만 뛰어났던 것이 아니다. 신라는 불교를 받아들이기 전에 자신들의 고유한 문화를 갖고 있었고, 이 문화에서 나온 것들 중에는 유네스코에 세계유산으로 등재된 것도 있다. 신라는 황금의 나라라고 불러도 손색이 없을 정도로 금을 잘 가공했다. 그중 가장 대표적인 것은 누가 뭐래도 금관이다. 이 금관은 세계에서 가장 아름다운 금관 가운데 하나이다. 5~6세기에 이렇게 화려하고 장엄한 금관을 만들 수 있는 나라는 그리 많지 않았을 것이다. 이 금관은 신라가 독자적으로 만든 것으로 이웃나라인 백제나 고구려에서도 발견되지 않은 독특한 양식이다. 이 금관은 아주 화려할 뿐만 아니라 순금으로 만들어져 가치를 가늠하기 힘들다. 그 외에도 금으로 만든 허리띠나 귀걸이, 혁대 등 신라가 남긴 금제품들은 매우 아름다워 지금 것에 비교해도 전혀 손색이 없다.

천년 동안 신라의 수도였던 경주는 세계의 고대 도시 가운데 하나로 꼽힐 정도로 오랜 역사와 찬란한 유물을 자랑한다. 그 때문에 경주는 도시 전체가 다섯 구역으로 나뉘어 유네스코 세계유산에 등재되어 있다. 이 다섯 가지 가운데 한 구역인 남산은 한국 불교의 성지라고 할 정도로 산 전체가 불상과 탑 같은 불교 유물로 뒤덮여 있다. 이처럼 신라는 한국문화의 한 기둥을 이루고 있다는 의미에서 한국의 전체 역사에서 큰 비중을 차지하고 있다.

4. 발해 문화

신라가 삼국통일을 이룬 다음의 시기를 '통일신라시대'라고도 하는데 한국사람들 중에는 이렇게 쓰는 것을 반대하는 사람들이 있다. 왜냐하면 신라가 이런 식으로 통일한 것은 원래 한국인들이 지배했던 중국의 동북부(만주) 지방을 포기한 매우 불충분한 것으로 생각하기 때문이다. 그리고 신라가 삼국을 통일한 뒤 약 30년이 지나 평양 이북과 중국 동북부에 새로운 나라가 들어서는데, 발해가 그것이다.

발해는 고구려가 지배하던 영역은 물론 오늘날 러시아 영토인 연해주(블라디보스토크가 있는 지역)까지를 포함한 넓은 지역을 지배했다. 발해를 두고 우리나라 중국, 러시아 등은 각각 다른 시각으로 접근한다. 발해와 직접 관계된 나라는 물론 우리나라와 중국인데 이 두 나라는 발해를 두고 서로 자기 영역으로 끌어들이려 한다.

우선 한국 학자들의 주장부터 보자. 한국 학자들이 발해를 한국사로 보아야 한다고 주장한 것은 꽤 이른 시기인 18세기 말부터이다. 그 뒤로 많은 한국 학자들이 발해가 고구려를 이은 국가라고 주장했다. 그 근거로 발해를 세운 세력 중 지배계층은 모두 고구려 사람이었다는 점과 발해 왕족들은 자신의 나라가 고구려의 영토와 문화 전통을 이어받았다고 주장한 것을 들고 있다. 이런 상황이었기 때문에 당시 일본에서는 발해인을 고려인이라고 불렀다고 한다. 이런 시각에서 한국 역사 학계에서는 1970년대에 남북국시대라는 용어가 새롭게 나오기 시작했다. 이 용어는 이때 처음 나온 것은 아니고 18세기 말에 한국학자들이 이미 주장한 용어이다. 이 용어가 나오기 전까지는 '통일신라시대'라는 용어로 이 시기를 불렀는데 '남북국시대'로 바꾸자는 것이 학자들의 생각이다. 그런데 이런 주장을 중국이나 러시아가 좋아할 리가 없다. 특히 중국은 정치적인 이유로 이 주장을 거부한다. 중국은 이 주장을 거부하는 정도에 그치는 것이 아니라, 매우 적극적으로 발해는 중국의 지방 정권에 불과했다고 주장함으로써 옛 발해 영역이 중국 땅이었다고 항변한다. 이른바 '동북 공정'이다.

중국의 동북부에 존재했던 모든 나라들은 중국의 지방 정권에 불과하다는 것이 동북공정의 실체이다.

20세기 말부터 중국은 다소 이상한 역사관으로 주변의 역사를 해석해왔다. 이상하다고 한 이유는 현재 중국의 영토로 되어 있는 곳은 모두 중국 역사 안으로 들어와야 한다고 주장하기 때문이다. 이러한 시각에서 중국의 역사학자들은 만주에 있었던 고구려 역시 중국의 지방 정권이라고 강변한다. 고구려가 만주 땅을 지배하던 시기는 중국사로 들어와야 한다는 것이다. 이유는 간단하다. 만주 땅은 현재 중국 땅이기 때문이다. 그렇게 되면 고구려가 한국사로 편입되는 것은 평양으로 수도를 옮긴 다음이 된다. 그런데 이게 얼마나 이상한 시각인가 하는 것은 한 번만 생각해 봐도 알 수 있다. 아니 어떻게 고구려라는 한 나라가 시대에 따라 중국사의 부분이 됐다가 한국사의 부분이 될 수 있는가?

사실 이런 주장은 중국인 자신들도 한 적이 없다. 최근까지 그들은 고구려가 어디에 있든지 간에 한국사 입장에서 조망해야 한다고 생각했다(중국의 유명한 정치가이면서 영원한 2인자였던 주은래도 같은 생각이었다). 그런데 최근 이 지역에 사는 조선족들이 한국과 활발하게 접촉하자 중국 정치가들이 생각을 바꾸었다. 혹시라도 조선족들이 한국 쪽으로 기울지도 모른다는 생각이 든 것이다. 특히 남북이 통일되면 조선족들이 통일 한국으로 기울지도 모른다는 생각을 한 것 같다.

그래서 이런 일이 생기는 것을 원천적으로 차단하기 위해 중국 정부는 아예 이 지역이 예부터 중국 땅이었다고 주장하는 것이다. 그럼으로써 조선족들의 동요를 막으려는 것이다. 이를 위해 중국 정부는 지린성(길림)에 있는 고구려 고분 1만 2천여 기를 중국의 세계유산으로 유네스코에 등재시키고 또 조선족들의 판소리나 아리랑 역시 중국의 음악으로 분류해서 중국의 국가 무형문화유산으로 등록시킨다. 중국인들이 자기 영토에 있는 것을 이렇게 하는 데에 대해 한국 입장에서는 어찌 할 수 있는 방도가 없다. 그러나 이것은 문화적인 결례이자 오만이다. 특히 아리랑이나 판소리는 만주가 아니라 한반도에서 한국인들에 의해 만들어진 것으로 단지 그곳으로 옮겨간 것뿐인데 그것을 두고 중국 것이라고 하는 것은 말도 안되는 일이다. 물론 중국인들은 조선족도 중국인이라는 논리를 들이댈 것이다. 이런 의미에서 중국의 동북공정은 역사적 해석과는 별 관계없는 정치적 해석이라고 볼 수 있다.

그런데 발해는 고구려와 조금 다르다. 한국의 일부 역사가들도 발해를 전적으로 한국사 범위로 포함시키는 데에 주저하기도 한다. 앞에서도 본 것처럼 발해는 소수의 지배계층만 고구려 사람일 뿐, 다수의 피지배계층은 만주족인 말갈족이기 때문이다. 따라서 민족 구성원이 이렇게 되어 있는데 이것을 순전하게 한국사 영역으로 포함시키는 것은 문제가 될 수 있다. 게다가 발해는 차츰 발전하면서 그들만의 독특한 문화를 발전시켰다. 따라서 이러한 발해를 무작정 중국의 지방 정권이라든가 한국문화의 연장이라고 보기는 힘들 것 같다.

발해를 보다 더 객관적으로 본다면 이런 식으로 정리할 수 있지 않을까 싶다. 발해라는 국가에는 물론 고구려적인 유산이 많이 있었다. 그러나 이것이 말갈계의 토속 요소와 섞이고 여기에 당나라의 국제적인 요소가 들어와 이 세 요소가 융합되면서 발해만의 고유한 문화를 이루었다는 것이 발해의 실체가 아닐까 한다. 그래서 발해를 한국의 시각이나 중국의 시각이 아니라 발해의 입장에서 보면 가장 정확할 것이다.

5. 고려 문화

천년을 지속했던 신라가 망한 것은 10세기 중엽(935년) 이었지만 신라는 이미 9세기 말부터 극심한 혼란에 빠졌다. 이때 고구려와 백제가 있던 땅에서 두 나라를 되살리겠다는 세력이 생기면서 삼국시대가 다시 왔다. 이른바 '후삼국시대'로 각각 후고구려, 후백제, 신라가 그 주인공이다. 후삼국 중에서 후고구려를 계승한 왕건이 삼국을 다시 통일하고 고려를 세운다. 이로써 한반도는 다시 통일을 맞이 한다. 한국의 영어 이름인 코리아가 고려 왕조에서 비롯된 것을 꼽을 수 있겠다. 고려는 무역이 아주 활발해 중국 같은 인근 나라와도 무역을 많이 했지만, 멀리 아랍 상인들과도 무역을 했다(그래서 고려에 거주하는 아랍인들도 적지 않았다). 한국(고려)이 국제사회에 본격적으로 소개된 것은 바로 이런 아랍 상인들에 의해서였다고 한다. 이들은 아랍과 서쪽 세계에 고려라는 나라의 존재를 알렸는데, 이때 알린 '고려'라는 이름이 점차 변해 '코리아'가 된 것 같다.

당시의 수도는 현재 개성공단으로 유명한 개성인데, 이 도시의 전성기는 12~13세기였다. 당시 고려는 국제무역이 크게 발달해 13세기 개성의 인구는 50만 명이나 되었다고 한다. 당나라 수도 이면서 세계 최대 도시 중 하나였던 장안(서안)은 당시 인구가 100만 명이었다.

고려라는 이름은 고대의 삼국 가운데 하나였던 고구려에서 따 온 것이다. 이름을 이렇게 지은 것은 첫 번째 왕인 왕건이 고려를 고구려처럼 자주 의식이 강한 나라로 만들고 싶었기 때문이었다. 이런 생각은 후대의 왕들에게도 전승되었고 고려의 왕 가운데에는 고려가 중국과 대등하다고 생각해 스스로를 황제라고 부른 왕도 있었다.

고려는 한국 역사에 등장하는 다른 나라들과 달리 왕건이 새롭게 나라를 세우면서 평화적인 방법으로 정권을 건네받았다. 인류역사를 보면 새로운 왕조가 들어설 때에는 대부분 힘을 이용해 전쟁으로 이전의 나라를 무너뜨리고 새 나라를 세운다. 그러나 왕건은 직전의 왕조인신라를 전쟁으로 무너뜨리지 않고 평화적으로 정권을 넘겨받는다. 이는 왕건이 지도자로서 탁월한 능력이 있었기 때문에 가능했을 것이다.

그 이후에도 왕건과 그의 후예들은 사회 통합력을 높이기 위해 많은 노력을 했다. 특히 왕건은 신라 말에 전국 각지에서 힘을 겨루고 있던 수십 개의 지방 세력들을 통합시키는 데 많은 노력을 기울였고 성공했다. 그 뒤를 이은 왕들은 이 같은 왕건의 정책을 확대 실현시키고 자 대외적으로 개방정책을 폄으로써 고려에는 수많은 외국인들이 들어와 생활했다.

고려는 이처럼 개방적이고 유연한 문화를 가졌기 때문에 12세기에 있었던 군인들의 쿠데타나 10세기부터 11세기까지 세 차례나 자행된 거란의 침입, 그리고 13세기에 있었던 일곱 번의 몽골과의 전투, 혹은 농민들의 끊임없는 반란 등과 같이 많은 혼란이 있었음에도, 약 400년 이라는 긴 기간 동안 지속할 수 있었다. 이 가운데 특히 몽고의 침입을 6~7차례 막아낸 것은 고려가 당시 군사적으로 얼마나 강한 국가였는지를 보여준다.

고려는 이처럼 국제적이면서도 수준 높은 문화를 가진 나라였기에 인류문화사적으로도 훌륭한 유산들을 많이 남겼다. 이런 것들을 통해 우리는 고려가 당시 세계적인 선진국이었다는 것을 알 수 있다. 당시 중국에서 천하의 명품 열 개를 뽑은 적이 있는데 이 가운데 두 개가 고려 것이었다. 청자와 종이가 그것인데, 특히 고려청자는 중국으로부터 수입한 기술로 만들었음에도 중국 것을 능가해서 중국 귀족들이 갖고 싶어하는 명품으로 인기가 높았다. 지금 보면 청자 만드는 기술이 그리 대단하지 않은 것처럼 보일지 모르지만, 당시에 청자 만드는 기술은 대단히 우수한 선진 기술이었다. 지금으로 치면 나노 기술이나 반도체 제조 같은 첨단 '하이테크(Hi-Tec)'에 비견될 수 있는데, 당시 그런 기술을 가진 나라는 전 세계에 중국과 한국뿐이었다.

그런가 하면 고려는 인류사에서 금속활자를 처음으로 만든 나라이다. 고려는 이 활자를 가지고 현존하는 금속활자 인쇄본 가운데 가장 오래된 책 〈직지심체요절〉을 남겼다. 이 책은 현재 프랑스 국립도서관에 있다. 활자라는 것은 책을 찍기 위한 것이고 책이란 인류문화의 최고 상징이다. 따라서 고려가 금속활자를 세계 최초로 만들었다는 것은 고려가 당시에 최고의 문화를 보유한 국가라는 뜻이 된다. 이를 보면 고려는 인문학 방면에서도 대단히 뛰어난 문화를 갖고 있었음을 알 수 있다. 조선 초에 한글(훈민정음)이라는 세계 최고의 문자가 만들어 질 수 있었던 것도 이러한 위대한 고려 문화를 계승한 덕일 것이다. 이런 인쇄문화를 가진 고려는 또 세계적인 기록유산, 〈고려대장경〉을 남겼다. 이것은 현존하는 한문 대장경 가운데 가장 오래된 것으로 최고(best)를 자랑한다.

남다른 이런 인문학 정신 덕분에 고려는 한국에서 가장 오래된 역사책인 〈삼국사기〉와 〈삼국유사〉를 우리에게 남겼다. 이 두 책은 고구려 · 백제 · 신라는 물론이고 옛 왕조인 고조선이나 가야와 같은 나라의 역사나 문화 · 신앙 · 설화 · 신화 등을 담고 있어, 고대 한국을 알려고 할 때 없어서는 '절대로' 안 되는 귀중한 자료이다.

또 재미있는 것은 오늘날 우리가 인삼을 고려 인삼이라고 말한다는 것이다. 이것은 당시 고려에서 품질이 가장 뛰어난 인삼이 무역을 통해 중국 등지에 알려지면서 아예 브랜드 명이 된 것이다. 인삼 역시 한국 것이 세계 최고로 손꼽힌다. 아울러 잘 알려지지 않은 사실이지만 조개껍데기를 가지고 만드는 나전칠기도 고려 것이 천하제일이어서 당시 중국(송)의 귀족들이 고려산 나전칠기를 애호했다고 한다.

그 외에도 고려 불화는 중국 불화와 더불어 당시 세계 최고의 그림이었다. 그런 예술성 높은 불화를 그릴 수 있었던 국가는 당시에 중국과 고려뿐이었다. 그런데 안타깝게도 현재 남아 있는 고려 불화의 대부분이 일본에 있다. 고려는 이처럼 인문이나 예술에만 뛰어난 나라가 아니었다. 앞에서도 말한 것처럼 당시 세계 최강의 군대였던 거란이나 몽골 군대를 여러차례 막아낸 데에서 알 수 있듯이 고려는 군사적으로도 대단히 강한 나라였다. 따라서 이렇게 보든 저렇게 보든 고려가 당시 세계 최고 선진국 가운데 하나였다는 사실은 의심할 수 없을 것이다.

6. 조선시대의 역사와 문화

조선은 고려와는 달리 대외적으로 개방정책을 택하지 않았다. 조선이 세상과 소통하는 통로는 대부분 중국이었다. 따라서 조선은 그런 중국과 갈등 빚는 것을 가급적 피하려 했다. 그들은 중국만 바라보고 중국식으로만 행동하려 했다. 또 조선은 발달된 기술(화약 제조법 같은 것)이 일본으로 흘러들어가는 것을 극히 우려해 대외무역을 꺼렸다.

그래서 조선은 고려와 달리 스스로를 낮추어 중국의 제후 국가로 자처하였다. 이런 태도가 지금의 시각으로는 못마땅하겠지만 당시로서는 어쩔 수 없었을 것이고, 생존 전략이었을 것이다. 이런 전략을 구사하며 조선은 동북아시아에서의 위치를 확고하게 했을 뿐만 아니라 중국으로부터 발전된 문화를 수입할 수 있었다.

고려는 잘 알려진 것과 같이 망하기 전 백 년 동안 원나라의 지배를 받았다. 그런 탓인지 고려는 정치나 경제 등 모든 면이 쇠퇴하여 결국 장군이었던 이성계에 의해 망하게 된다. 이성계는 당시 일본 해적들을 효과적으로 막아내어 국민 영웅으로 추앙을 받았는데 고려 왕실이 나약한 것을 보고 고려의 막을 내리고 자신이 왕이 되어버린 것이다. 이때가 1392년 인데 몇 년뒤 이성계는 수도를 지금의 서울(당시 이름은 한양)로 옮겨, 한국에 드디어 서울의 시대가 열렸다. 시간이 조금 흘러서 15세기 중반인 세종 때가 되면서 영토 문제와 관련해 중요한 일이 생긴다. 현재의 한국을 이루고 있는 국경이 완성된 것이다. 세종은 한반도 북부 지방을 공략해 현재의 국경을 확정한다. 즉 압록강과 두만강을 경계로 해서 중국과 러시아와 이웃하고 있는 한반도의 영토가 세종 때 결정된 것이다.

조선은 고려처럼 자주적인 나라는 아니어서 한족이 세운 명나라를 부모처럼 깎듯이 섬겼다. 그리고 조선의 지배계층들은 중국으로부터 유교(성리학)를 받아들여 국가의 통치이념으로 삼았는데 유교를 숭상하는 강도가 유교의 종주국인 중국보다 더 강했다. 그런 때문인지 조선은 신분차별이라든가 여성 억압 풍조가 꽤 강했다. 이것은 유교 교리 자체에 이러한 성향이 짙었기 때문이다. 또 정치적인 갈등도 적지 않아 당파 간의 싸움이 많았다. 특히 조선 후기에 심했다. 그러다 조선은 한국 역사상 처음으로 1910년 일본에게 나라를 빼앗기게 된다.

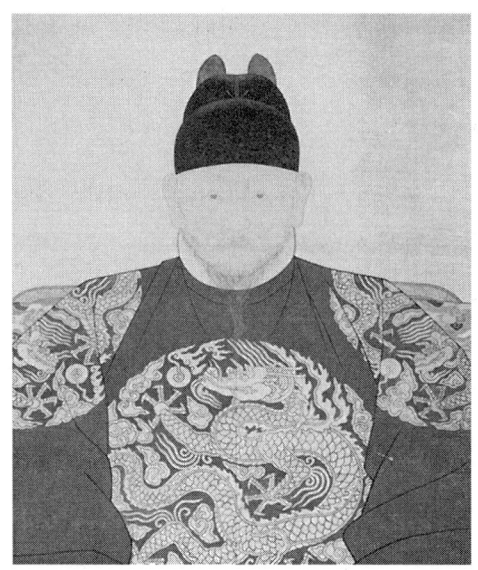

태조 이성계 일본해적들을 효과적으로 막아내어 고려의 국민 영웅이었던 이성계는 부패한 고려를 멸망시키고 조선을 세웠다.

세계적인 수준의 인문 정신과 과학 기술을 가진 조선은 다른 무엇보다도 조선 초에 우리나라에서는 세계에서 가장 우수한 문자가 만들어졌다. 이런 문자는 그 사회가 별 볼일 없다면 절대로 나올 수 없다. 비록 세종이라는 최고의 천재가 주위의 온갖 거센 반대를 무릎쓰고 만들었지만, 한글 같은 문자의 제정은 혼자 힘만으로는 힘들다. 세종이 아무리 천재라 해도 주위의 환경이 받쳐주지 않으면 한글 같은 우수한 문자는 만들어지지 않았을 것이다.

그것뿐만이 아니다. 과학이나 예술 면에서도 당시의 조선은 대단한 수준이었다. 우선 중국에서 들여온 달력이나 천문 읽는 법이 조선에 맞지 않자, 세종은 조선의 독자적인 체제들을 만들어냈다. 그뿐만이 아니다. 세계에서 최초로 비의 양을 재는 측우기를 만들었고 농사짓는 법을 새롭게 발전시켜 생산성을 대폭 향상시켰다. 또 고려시대에 만들어진 금속활자를 개량해 그것으로 다량의 수준 높은 서적을 출간했다. 심지어 세종은 중국에서는 다 끊어지고 없는 중국 궁중제례음악을 복원시켰을 뿐만 아니라 종묘제례악을 조선식으로 작곡해 새로운 음악을 선보였다. 중국 궁중제례음악이란 성균관에서 공자에게 제사 지낼 때 연주하는 곡으로 지금도 세종이 복원한 곡을 연주하고 있다.
한편 종묘제례악은 왕실제사 음악으로 세종이 작곡하고 세조가 편곡하여 세조 이후 지금까지 연주되고 있다. 이 음악이 유네스코 인류무형문화유산에 등재된 것은 잘 알려진 사실이다. 조선왕조는 이렇게 대충 훑어봐도 훌륭한 왕조로 만약 조선이 형편없는 왕조였다면 500년 이상을 지속할 수 없었을 것이다. 게다가 조선을 이어받은 우리가 약 100년 만에 세계 10대 경제 대국 안에 들어간 것은 기적과 같다. 조선문화가 별 볼 일 없었다면 현대 한국문화도 별 볼 일 없어야 할 것이다. 그러나 현대 한국은 이렇게 눈부시게 발전했다. 이것은 우리가 조상들로부터 훌륭한 문화를 이어받았기 때문이다. 현대 한국인들은 조선을 바로 보아야 한다. 그래야 자신들을 바로 볼 수 있다. 조선문화는 우리의 내면적인 정신세계를 이루고 있기 때문에 조선을 바로 알아야 우리 자신을 제대로 이해할 수 있다. 그런데 유감스럽게도 그 내면 세계가 열등감이나 무관심, 혹은 무시 등으로 채워져 있다. 우리 현대 한국인들은 이런 민족적 상흔에서 벗어나야 한다. 그렇지 않고서는 한국인들의 정신세계가 온전하게 발전할 수 없다.
조선이 발전시킨 문화는 다른 왕조들과 조금 다르다. 조선이 역점을 두어 발전시킨 문화는 훈민정음 창제에서 알 수 있듯이 인문학적인 정신을 높이는 데에 있었기 때문이다.
조선은 물질문화를 발전시키는 데에는 그다지 관심이 없었던 것 같다. 조선시대에는 건축이나 공예 같은 물질문화가 그다지 발전하지 않았다. 비근한 예로 조선에서 만들어진 수많은 건축물들은 아름다움 면에서 고려조에 만들어진 부석사 무량수전 하나를 능가하지 못한다. 그리고 조선 백자도 고려 청자에 비하면 거칠고 수수하기 그지없다. 조선 사람들은 이처럼 물질을 정교하고 아름답게 만드는 데에 그리 열성을 보이지 않았다.

그러나 책이나 역사 기록, 활자, 인쇄문화 같은 '문(文)'의 분야로 오면 인문학 분야에서의 조선은 인류역사에 있었던 다른 왕조의 추종을 불허한다. 이러한 상황을 알고 싶으면 멀리 갈 것 없이 유네스코의 세계유산에 조선시대의 것이 얼마나 많은지를 보면 된다. 2014년 현재 유네스코에 등재된 우리나라의 기록유산은 13개에 달하는데 그중 8개가 조선시대 것으로 이러한 단순한 사실을 통해 우리는 조선이 얼마나 문의 정신이 강한 나라인지 알 수 있다.

그런 조선도 16세기 후반 일본의 갑작스러운 침략을 받았을 때 제대로 대처하지 못했다. 초반에 조선은 파죽지세로 밀려 일본군이 부산에서 서울까지 오는 데에 불과 20일 밖에 걸리지 않았다. 그러나 조선은 중국(명)에 지원군을 요청했고 조선과 중국의 연합군은 곧 일본군을 능가하기 시작했다. 중국은 일본이 조선을 거쳐 자신의 나라를 공격할 수도 있다는 우려에 참전하지 않을 수 없었다. 이것이 한·중·일이 참여하는 두 번째 동북아 전쟁이다. 첫 번째 동북아 전쟁은 663년 군산 앞바다에서 신라·당나라 연합군과 백제·일본 연합군 사이에서 있었다.

두 번째 전쟁은 중국을 침공하려는 일본의 야욕에서 비롯된 전쟁이다. 이 전쟁의 영웅은 단연 이순신 장군이었다. 그는 한반도 남쪽 해안을 전면 봉쇄해 일본군의 군수품 조달 루트를 차단했다. 뿐만 아니라 일본 수군이 중국 대륙으로 진출하는 것을 막음으로써 중국을 보호하고 이 전쟁을 조선이 승리로 이끄는 데 결정적인 역할을 했다. 7년에 걸친 이 전쟁은 일본군이 퇴각하는 것으로 끝이 난다.

그런데 조선 정부는 이 전쟁의 교훈을 살리지 못하고 17세기 중반에 다시 여진족의 침입을 받는다. 조선은 이때에도 효과적으로 대응하지 못하고 곧 항복을 한다. 이 여진족은 만주에서 새로운 실력자로 등장해 명나라를 무너뜨리고 청나라를 세운다. 이렇게 강한 나라였기 때문에 조선이 대항하기에는 벅찼을지도 모른다. 그러나 전쟁이 끝나자 동북아시아의 정세는 곧 안정된다. 조선은 그때부터 전쟁의 상흔을 딛고 발전을 거듭해 제2의 전성기를 맞이한다.

그 다음 백 년간 조선은 지속적으로 발전한다. 즉 17세기 말부터 18세기 말(숙종, 영조, 정조 대)까지 조선은 비약적인 발전을 해 농업·상업·공업이 모두 이전과는 다르게 성장했다. 특히 18세기 후반부에는 능력 면에서 세종에 버금간다는 평을 받는 정조가 나타나 많은 개혁정치를 선보였다. 특히 그는 조선 정치의 고질이었던 당쟁을 없애려고 많은 노력을 하였다.

정조의 능력을 알 수 있는 객관적인 증거가 있는데 수원 화성이 바로 그것이다. 이 성은 중국의 것을 본떠 만들었지만 중국의 것을 능가해 현재 복제품으로는 아주 드물게 유네스코 세계유산에 등재되어 있다. 군사적으로 실용적이면서도 치밀하게 건설되었을 뿐만 아니라 성으로서는 보기 드물게 아름답게 건축되었다는 점이 유네스코로부터 인정을 받았다.

그러나 정조가 죽은 후 조선은 국왕은 무력하고 소수 귀족들이 파당을 만들어 싸우면서 모든 이득을 독차지하는 잘못된 정치로 19세기부터 쇠퇴기에 들어간다. 이 때문에 민란이 전국에서 발생하는 등 국민들의 저항은 끝이 없었다. 물론 조선 사람들이 이런 현실을 개혁하려는 시도를 하지 않은 것은 아니다. 우선 상층에서는 유학을 현실에 적용해 활용할 수 있는 학문으로 만들려는 실학 운동이 있었고, 기층에서도 개혁 운동이 있었다. 동학 같은 종교 운동이 일어나 기존의 세계관을 개혁하려는 민중들의 움직임이 그것이다.

그런데 당시의 세계 정세는 조선에게 절대적으로 불리했다. 중국이나 일본뿐만 아니라 서구의 제국주의 국가들이 조선을 집어먹으려 했기 때문이다. 조선의 정치가들과 지성인들은 군대화를 이룸으로써 이런 상황속에서 살아남으려고 많은 노력을 했다. 개중에는 특정 외국과 손을 잡고 개혁하려는 시도가 있었다. 그러는 와중에 러시아와 손을 잡은 조선의 황후가 일본에 의해 처참하게 살해당하는 있을 수 없는 비극이 생기기도 했다.

그러나 조선은 많은 거대 세력들과 겨루기에는 힘이 너무 벅찼다. 그 때문에 한반도에서는 조선의 의지와 상관없이 중국과 일본이, 그리고 러시아와 일본이 전쟁을 했다. 그런데 이런 전쟁에서 일본이 모두 승리함으로써 조선은 어쩔 수 없이 1910년 일본의 식민지로 전락 한다. 이로써 한국은 역사상 처음으로 식민지 경험을 하게 된다. 이 식민지 경험이 얼마나 혹독했는지에 대해 당시의 조선 사람은 물론이고 현대 한국인들도 잘 알지 못하는 것 같다.

7. 광복 이후 문화

36년간(1910~1945) 지속된 일본의 식민지 시기 동안에 많은 사건이 있었다. 안중근 의사를 위시한 열혈 독립투사들의 요인 암살 시도가 있었고 3·1운동 같은 거국적인 독립운동이 여러 차례 있었다. 나라는 빼앗겼지만 해외에 대한민국 임시정부가 만들어져 한국 정부의 명맥은 끊어지지 않고 이어졌다.

일본 제국주의시대에 살았던 우리 조상들은 한국의 문화를 유지하고 나라의 독립을 되찾기 위해 나름대로 많은 노력을 기울였다. 하나밖에 없는 자신의 목숨까지 바쳐가며 한국의 문화 유지와 독립을 위해 노력한 분들이 많았다. 그러다 제2차 세계대전이 끝나면서 해방이 되었는데, 이때 우리가 전승국의 위치를 획득하지 못한 것은 내내 아쉬운 일이다. 우리 군대가 참전하여 일본군과 싸우다 해방을 맞이했다면 종전 뒤 우리의 입지가 훨씬 나을 수 있었기 때문이다.

일본의 식민지 정책이 혹독했다는 것은 잘 알려진 사실이다. 특히 전쟁 때 한국의 여성을 성노리개로 전락시키는가 하면 산 인간을 가지고 생체 실험을 하는 등 일본 군국주의의 폐해는 상상을 초월한다. 게다가 일제는 우리에게 치유하기 힘든 상흔을 주었다. 이것은 한국인들조차 제대로 의식하지 못하고 있는 문제라 그 해결이 더욱더 힘들다.

〈일본은 우리에게 열등감을 심었다〉

식민지시대의 일본은 한국을 세계지도에서 영원히 없애고 한국문화를 완전히 말살하려고 온갖 술책을 다 쓴 나라라 할 수 있다. 이 작업을 위해 일제는 한국의 역사와 문화를 심하게 왜곡했다. 일제는 이 작업을 통해 조선은 일본에 복속될 수 밖에 없는 열등한 국가라는 것을 한국인들에게 강하게 심어주었다. 흡사 전 세계에서 가장 열등한 민족이 조선인이라는 식으로 식민지 교육을 진행했던 것이다. 대신 자기네는 아시아 민족 가운데 유일하게 서양과 발맞추어 근대화에 성공했다고 주장했다.

그래서 한국인들은 자기도 모르게 자국의 문화나 역사에 대해 쓸데없이 비판적이고 자기 학대적인 시각을 갖게 되었다. 이 때문에 한국 사회에는 많은 부작용이 생겼다. 한국이 엄청난 경제적 기적을 이루어 선진국이 됐음에도 한국 사회에 불신감이나 적대감이 팽배하고 공동체 정신이 심하게 약화된 것도 그 부작용 가운데 하나 일 것이다.

이러한 일제 식민지의 잔재는 앞으로 두고두고 청산해야 할 숙제인데 이 문제에 대해서는 좀 더 심층적으로 접근할 필요가 있다. 이 문제에 대한 해결책은 친일파의 청산 같은 것보다 훨씬 더 어려운 작업이 될 수 있다. 사람의 생각을 바꾸는 일이기 때문이다.

어쨌든 우리나라가 해방됐지만 그 뒤의 대한민국 역사도 그리 순탄하지는 않았다. 한국은 1945년에 해방이 되었지만 자신의 힘이 아니라 미국과 소련의 연합군에 의해 해방을 맞이했다. 그 때문에 한국은 남북으로 나뉘어 미국 군대와 소련 군대가 각각 3년 동안 통치했다. 한국이 이 지구상에 거의 유일하게 지금까지 분단국가로 남게 된 것은 미국과 소련(러시아)등의 강대국의 책임이 크다고 하겠다.

해방 3년이 지나 1948년에 한반도에는 남과 북에 각각 미국과 소련의 지원을 받은 독립정부가 세워진다. 이 과정을 거쳐 한국은 분단국가로 고정된다. 그런데 문제가 여기서 끝났으면 좋으련만 곧 더 큰 문제가 발생한다. 이렇게 해서 생긴 대한민국과 조선 민주주의 인민 공화국이 그로부터 2년 뒤에 참혹한 전쟁을 시작했기 때문이다. 발단은 소련의 지원을 받은 북한의 김일성이 남한을 침공한 데에서 비롯되었다. 이 전쟁에는 남북한·미국·소련·중국 등 5개 국가가 주요 구성원으로 참여했는데 특히 남한은 16개국 군대의 지원을 받아 국제적으로 유리

한 위치에 있었다.

이 전쟁은 후유증이 대단했다. 수백만 명의 군인이 희생당한 것은 말할 것도 없고 민간인들도 백만 명이나 죽었다. 그뿐만이 아니다. 전 국토가 초토화되어 어떤 회복도 기대할 수 없는 상황이었다. 게다가 한국 전쟁으로 남한과 북한은 원한과 불신의 골이 깊어져 아직까지도 극복하지 못하고 있는 실정이다.

한국은 국가로서 1948년에 간신히 시작은 했지만 후진국들이 대부분 그렇듯 초기에는 독재와 부패로 얼룩지게 된다. 한국의 초대 대통령이었던 이승만은 몇몇 긍정적인 업적이 있지만 정권을 장기적으로 연장하기 위해 부정선거나 헌법을 고치는 등 비정상적인 방법을 많이 사용했다.

그 결과 1960년 4월 19일에 대규모 학생 시위가 일어났고 이승만은 어쩔수 없이 대통령직에서 물러났다. 이 사건은 중요성 때문에 4·19 혁명이라 불리는데 우리는 이 사건을 통해 한국인들이 얼마나 민주주의를 갈망하는지를 알 수 있다. 이승만이 물러나고 그다음에 들어선 민주당 정권은 민주주의의 실천을 위해 많은 노력을 기울였지만 정치적 안정을 이루는 데에는 실패했다. 이런 불안정이 계속되자 불만을 품은 군인들이 불법적으로 쿠데타를 일으켰다. 이것은 후진국에서 잘 일어나는 현상이다.

후진국에서 군대라는 집단은 그 사회에서 가장 조직력이 뛰어날 뿐만 아니라 무력을 갖고 있는 집단이기 때문에 권력을 거머쥐기 쉽다. 이런 집단이 권력을 행사하면 다른 사회단체는 힘에서 밀려 그들을 막을 수 없다. 이렇게 해서 1962년에 당선된 대통령이 이 쿠데타의 주역이었던 박정희였다. 박정희는 역대 대통령 가운데 공적과 과오가 가장 선명하게 갈리는 대통령이다. 그는 무엇보다도 경제개발에 역점을 두어 독일의 '라인강의 기적'에 버금가는 '한강의 기적'을 일구어낸 점에서 높은 평가를 받는다. 당시 한국인들은 박정희의 무모하지만 뛰어난 지도력에 따라 일사불란하게 움직였다. 그 결과 한국인들은 산업의 모든 분야에서 놀랄 만한 발전을 이룩했다.

그러나 박정희는 너무 강한 독재정치를 행해 많은 국민들에게 공포와 불안을 주었다. 특히 1972년에 강행한 '10월 유신'은 국민의 기본권을 심하게 제약해 국민들로부터 엄청난 반발을 샀다. 특히 대학생과 이른바 '운동권' 세력이 중심이 되어 독재 정권에 맞선 것은 높이 평가할 만하다. 이들이 벌인 민주화 투쟁은 세계 민주주의 역사에 길이 남을 정도로 치열했다.

한국인들은 세계 어느 나라 국민들보다 민주주의에 대한 갈망으로 가득 차 있다. 이것은 항상 현실을 더 좋게 만들려는 한국인의 열망이 반영된 것이다. 이런 열망 때문에 박정희는 1979년 10월에 암살당했다. 그러나 그 뒤에 안타깝게도 군인들이 행한 또 다른 쿠데타로 다른 독재 정권이 들어섰다. 이 때문에 국민들은 크게 실망했지만, 군인 출신의 대통령을 두 번 겪은 다음 한국인들은 민주주의를 탄탄한 주춧돌에 올려 놓는다. 한국인들의 민주화 열망은 더 이상 독재를 용납하지 않았다. 그리고 박정희를 이은 육군 장군 출신의 두 대통령(전두환과 노태우)은 퇴임 뒤 법정에 서서 가혹한 심판을 받았다.

군인 출신 대통령 두 명을 감옥에 보낸 대통령은 김영삼인데 이 이후로는 다시는 군인이 대통령이 되지 못했다. 그 뒤에 한국 정치는 더 다양해져 여당과 야당이 번갈아가면서 대통령을 배출하는데, 김영삼(여당)에서 김대중(야당)으로, 그리고 노무현(여당)에서 이명박(야당)으로,

그리고 박근혜(여당)의 이동이 그것이다. 이런 현상 역시 한국 정치가 그만큼 성숙했다는 것을 의미한다. 물론 현대 한국사에는 IMF 금융위기나 북한의 지속적인 도발 같은 큰일이 있었고 앞으로도 많은 위기가 있을 것이다. 그중에서도 북한이 핵을 개발하고 핵 보유국이 되려는 강한 집착은 가장 큰 문제라 할 수 있다. 그러나 한국은 지금까지 많은 문제들을 잘 해결해 왔고 앞으로도 더욱 더 발전할 것이다.

지금의 한국을 보면 정치 불안이 심하고 사회적으로도 심각한 사안이 많아 한국의 미래를 걱정하는 사람들이 많다. 특히 이른바 진보세력과 보수세력들은 알력이 심해 서로의 존재를 아예 인정하지 않으려는 경향이 있다. 이는 분명 바람직하지 못한 현상이다. 그러나 조금 달리 생각하면 이러한 현상은 한국 사회가 그만큼 역동적이고 생동감이 넘치는 사회라는 것을 보여 주는 것이다. 적어도 침체되어 앞뒤로 움직이지 않는 사회보다는 낫다는 것이다.

현대 한국인들 가운데에는 한국의 현재 상황에 대해 비관적인 생각을 하는 사람들이 적지 않다. 그러나 지금 한국은(북한의 위협만 뺀다면) 단군이래 존재했던 역대 국가 가운데 가장 부유하고 강한 나라이다. 게다가 한국의 미래에 대해 낙관적으로 보는 외국 기관들도 많다. 물론 그들은 우리가 개선할 점에 대해서도 많은 의견을 제시한다. 따라서 앞으로 어떤 미래를 만들어 나갈지는 전적으로 우리들의 손에 달려 있다는 것을 잊지 말자.

8. 한·중 문화

한국 음식과 중국 음식은 중국어와 한국어가 완전히 다른 것처럼 계통이 아주 다르다. 중국 음식은 기름에 튀겨 먹는게 많고 우리는 발효해서 먹는게 많다. 우리나라가 중국으로부터 압도적으로 영향을 많이 받은 것은 사실이지만, 실크로드를 따라 들어온 서아시아나 중앙 아시아의 문화에 의해서도 영향을 받았다.

실크로드는 대체로 터키의 이스탄불에서 시작해 중국의 시안(西安)에서 끝나는 문화교섭의 길이고 무역의 길로 동서고금의 문화융합이 이 길을 매개로 이루어졌다. 그런데 한국 학자들은 실크로드가 중국에서 끝난 것이 아니라 우리나라의 경주에서 끝났다고 주장한다. 실제로 우리나라에는 이 길을 따라 들어온 문화적 요소들이 많이 남아 있다. 이것들 중에는 일본으로 전해진 것도 있다.

그 예를 몇 개만 들어보자.

경주 고분에서는 유리가 많이 발견되었는데 이것은 전형적으로 실크로드와 관계된 유물이다. 그런 유리 유물 가운데에는 로마풍으로 만들어진 병도 있다. 고분에서 발견된 장식보검은 중국 문명과는 전혀 관계가 없는 서아시아 지방에서 들어온 것이다. 더 극적인 예로 신라가 자랑하는 금관을 비롯해 금 귀걸이, 금 목걸이 등 금으로 만든 제품들은 북방 몽골 지방에서 유행한 것으로 중국 문화와는 관계가 없다.

그 외에도 가장 한국적인 종교는 무속(혹은 무교) 역시 중국과는 별 관련없이 몽골과 같은 중국 동북부 지역과 관계가 깊은 것으로 추측된다. 예를 들어 서낭당 주위에 돌을 던져 복을 비는 행위는 몽골에서 유래한 것이 틀림없다. 또 마을 어귀에 세워 놓은 솟대 역시 북방에서 유래한 것이다. 이런 것들은 중국과 아무 관계없는 동이족풍의 문화라 할 수 있다. 이렇게 보면 우리와 가장 가까운 지역이었던 중국의 동북부가 문화적으로도 우리와 닮은 점이 많다는 것을 알 수 있다.

반면 농경문화는 분명 남방문화와 관계가 깊다. 당연한 것이 농사는 따뜻하고 물이 많은 지역에서 하는 일이기 때문이다. 고인돌에도 북방식 고인돌과 더불어 남방식 고인돌이 있는 것은 잘 알려진 사실이다. 더 재미있는 것은 제주도의 돌하르방은 전형적인 남방계 조각인데, 이와 거의 비슷한 것이 인도네시아에서도 발견된다고 한다.

그러나 오랫동안 역사가 진행되어 오면서 외래의 것과 우리나라에 원래 있던 것들이 섞여 있어 그것들을 구분하는 일이 쉽지 않다. 예를 들어 불교는 분명 중국에서 들어왔지만 지금 한국 불교는 중국 불교와 많이 다르다. 한국적인 요소가 천수백 년 동안 가미됐기 때문에 다른 모습이 나온 것이다. 따라서 이제는 불교를 우리나라의 종교라 하지 외국종교라 하지 않는다(유교도 마찬가지다).

PART 08
상승하는 국가 브랜드

1. 한국 전통 문화 교육

LA한국문화원(원장 김영산)이 로스엔젤레스통합교육국(LAUSD)의 협력으로 태권도 등 한국공연문화 저변확대에 나서고 있다. LA한국문화원은 최근 로스엔젤레스 통합교육국과 함께 '비욘드 더 벨(Beyond the Bell)'이라는 프로그램을 통해 한국의 태권도와 한국 전통공연 교육 프로그램을 오는 11월 7일까지 실시하고 있다고 밝혔다.

이번 프로그램은 태권도를 비롯해 한국 문화를 청소년들에게 학교 내에서 직접 지도함으로 한국 전통문화에 대한 이해의 폭을 넓히고 국가 이미지를 제고할 수 있는 기회를 제공한다는 의미를 지니고 있다. LA한국문화원 김영산 원장은 "교육 참가자들이 한국과 한국 문화에 대한 보다 깊이있는 이해를 도모하고, 이들을 한국과 미국의 문화 교류의 매개 인재로 육성하기 위해 추진되고 있다"며 "앞으로 태권도와 한국 전통공연 교육의 질적 향상을 위해 지도교사와 학교측 관계자들과 주기적으로 만나 개선방안을 논의하는 등 폭을 넓혀갈 계획"이라고 밝혔다.

비욘드 더 벨 프로그램은 지난 2010년 8월 LA통합교육구(LAUSD)에 처음 도입됐다. 처음 태권도를 시작해 수업에 참가하는 학생들과, 학부모 및 학교 관계자들의 좋은 평가를 받아 왔다. 이후 2012년부터 한국 전통 공연교육 프로그램을 실시해 사물놀이, 탈춤, 전통무용을 지도해 왔다. 태권도는 10주 동안 태권도 기본 폼새와 규율과 예절을 배우고, 체력과 정신력 증진 등의 기초교육이 이뤄지며 공연 역시 각 부분에 따라 기초정신과 기본 동작 등을 지도하게 된다. LA 한국문화원은 이 강사비용과 태권도 도복 등을 지원해 왔다.

2015년 한국 전통공연문화 교육 프로그램 참가학교는 앤버서더 스쿨 오브 글로벌 리더십, 댄커 애비뉴 초등학교, 페어팩스 시니어 고등학교, 글로벌 에듀케이션 아카데미 등 9개 학교이며 태권도 교육 대상학교는 156 스트릿 초등학교, 베렌도 중학교, 버뱅크 중학교, 카홍가 초등학교, 하버드 블러버드 초등학교, 로스엔젤레스 고등학교 등 19개 학교다.

올 프로그램은 전체 2,000여 명이 교육에 참가하게 되며 교육 프로그램 수료식은 오는 11월 7일 페어팩스 고등학교에서 이뤄지게 된다고 한다.

2. 민족 정체성 상승

미주 한인 젊은이들의 민족 정체성이 시간이 흐를수록 더 높아지고 있다는 연구 결과가 나와 주목된다. 모국의 경제 발전과 높아진 국제적 위상으로 많은 1.5~2세 한인들이 '나는 한국계 미국인이다'라는 민족 정체성이 예전보다 더 고취됐으며, 이같은 경향은 시간이 지날수록 더 높아질 것이라는 분석이다.

민병갑 퀸스칼리지 대학원 석좌 교수는 최근 열린 '2015 재미한국학교 학술총회'에서 '지난 반세기 간 한인 1.5세와 2세들의 민족 정체성 연구' 결과를 발표하며 이같이 밝혔다.

인종 정체성이 주류 백인사회에 의해 강요되는 칭호인 것과는 달리 민족 정체성은 스스로를 '한국계 미국인(Korean American)'이라는 의식을 갖게 되는 것을 말한다. 1960년대와 1970년대 초에 어린 시절을 보낸 그룹과 1980년대와 1990년대 초에 어린 시절을 보낸 그룹과의 심층 인터뷰를 통해 정체성 형성에 영향을 미치는 요인들과 이에 따른 두 집단을 비교 연구했다.

1960년대와 1970년대 초 어린 시절을 보낸 한인들은 동양인에 대한 인종차별 속에 큰 그룹이다. "당시는 한인 커뮤니티의 규모나 사회연결망이 아주 작아서 한국 문화나 한국어를 배우기도 어려웠고 모국의 국제적 인지도도 부정적이어서 한인이라는 것을 숨기려는 경향이 컸다."고 지적했다. 더구나 미국의 소수민족 정책이 동화주의(Melting Pots)여서 한국 문화를 유지하는 것이 무척 힘들어 이 시기 젊은 한인들은 많은 정신적 갈등을 겪으며 자라났다는 것이다.

반면 1980년대와 1990년대 초 젊은 한인들은 한인 커뮤니티가 커져서 한국어와 한국문화를 배우기 쉽게 되고 모국에 대한 자부심이 커지게 됐다. 이후 현재 2010년대에 들어서는 민족 정체성 함양에 더욱 유리한 환경에 놓이게 됐다. 1970년 미주 한인 인구는 7만 명 미만이었으나 1990년엔 80만 명 이상으로 12배 가량 커졌다. 또 미국의 소수민족 정책도 '동화주의'에서 '문화복수주의(Multiculturalism)'로 바뀌고 아시아계에 대한 백인들의 인종차별도 크게 줄어든 것도 정체성 형성에 긍정적인 영향을 미쳤다.

민 교수는 "한국의 국제적 위상이 전보다 훨씬 높아져서 많은 2세 어린 이들이 어린 나이에도 '나는 한국계 미국인이다' 라는 강력한 자기 정체성을 갖고 있고 이 같은 경향은 더욱 커질 것"이라고 전망했다.

3. You Tube와 Google의 협력

2012년에 문화부는 구글과 MOU를 맺고 한국문화의 적극적인 해외진출 지원을 위해 협력하기로 했다. '구글 아트프로젝트'란 세계의 주요 박물관과 미술관을 3D로 촬영하여 인터넷상에서도 실제로 그 박물관에 와 있는 것 같은 느낌을 주는 사이트를 구축하는 작업을 말한다. 2012년 당시 뉴욕 현대미술관 등 전 세계 17개 유명 박물관과 미술관이 참여하고 있다. 이 프로젝트가 제대로 시행되면 한국의 순수예술작품과 각종 유물들이 인터넷을 통해 전 세계로 원활하게 전파될 것으로 보인다. 지금은 중국박물관도 참여하고 있지만, 당시에는 아시아에서는 유일하게 한국의 국립중앙박물관 유물만을 탑재했다.

또 하나는 유튜브 음악 검색채널을 살펴보면 팝이니 재즈니 하는 카테고리가 있다. 라틴음악도 여기에 들어 있다. 유튜브 측에서 이번에 K-Pop을 하나의 카테고리 메뉴로서 설정했다는 것은 K-Pop이 나름대로 위상을 확실히 가지고 있다는 것, 또한 그것이 다른 분야로도 막강한 영향력을 미칠 수도 있고 그만큼 전파력도 가지고 있다는 것을 그들도 인정한 사례라고 할 수 있다. 싸이의 '강남 스타일' 동영상이 유튜브를 통해 세계 각국에 급속히 전파된 것을 실감했다. 그런데 사실은 그 이

전부터 소녀시대를 비롯해 아이돌 스타들을 홍보할 때 유튜브나 구글에 동영상을 올려서 홍보를 해 왔다. K-Pop이 단순히 대중음악, 문화산업에만 국한된 것이 아니라는 것이다. 2011년 11월 11일 무역협회에서 한류가 수출에 어느 정도의 영향력을 미친다고 생각하는지 물어봤더니 83.6%가 "영향을 미친다!"고 했고 외국인들 중에도 "그냥 한류 스타가 광고했거나 착용하기 때문에 한국 상품에 대한 이미지가 좋아졌다!"고 대답한 사람이 66.9%에 달했다. 한류가 단순히 문화예술에만 영향을 미치는 게 아니라 수출에도 직접적인 영향을 미친다는 것을 알 수 있다. 한국문화산업교류재단이 조사한 문화, 관광, 소비재, 가전 등 분야에서 '한류의 경제적 파급효과'에 따르면 2010년 기준 4조 9,824억 원으로 전년대비 26% 상승한 것으로 나타났다. 취업 유발 효과 역시 515억 4,500만 원으로 역시 전년대비 44.6%가 증가 했다고 한다.

4. 애니메이션 산업

우리가 새로운 가능성을 보이는 것 중에 하나가 프랑스에서 방영된 '뽀로로'이다. 뽀로로는 애니메이션 한류의 대표 주자이다. 우리 한국 회사가 기획하고 제작한 풀 3D 애니메이션으로 전 세계 110개국에서 방영될 정도로 선풍적인 인기를 얻었다.

2005년 프랑스 국영 방송인 TF1에서 41.7%의 최고 시청률을 기록했다. 국산 애니메이션으로서는 최초로 월트 디즈니사와 직배 계약을 체결하기도 했다. K-Pop을 좋아하는 아이들은 주로 10대 후반이나 20대

초반이다. '뽀로로' 같은 경우는 시청자층이 대개 10살 아래의 어린이들이다. 프랑스에서 방영이 됐을때 어린이를 대상으로 한 시청률 조사 결과 41%였다고 한다. 프랑스 어린이들이 어려서부터 한국문화에 익숙해지게 되었다고 볼 수 있겠다. 미국 LA에 사는 필자의 손자, 손녀 7명 중 유일하게 필자를 닮은 손자(진호 warren)가 있다. 그는 유머 감각이 뛰어나고 일초도 가만히 있지를 않는 활동성이 대단한 아이다. 그러나 뽀로로를 보면 활동중지, 식사중지, 대화중지 상태로 오로지 시청에만 매몰된다.

예전에는 "코리아에서왔다!" 고 하면 대뜸 "노스 코리아냐, 사우스 코리아냐?" 부터 확인하고 그랬는데 요즘에는 "뽀로로 나라에서 왔다!" 고 하면 주목을 끌 만큼 대단한 인기가 있다. 경제효과로 봤을 때 뽀로로의 몸값은 무려 8,300억 원으로 추산된다고 한다.

중년여성에서 남성으로, 2~30대에서 10대로, 이제는 10이하 어린이까지 일단 한류에 대해서 연령대의 폭이 넓어지고 있다. 또 분야도 초기의 드라마나 K-Pop에서 캐릭터와 애니메이션으로 확대되었다. 앞으로 다른 분야로까지 한류가 확장될 수 있는 많은 가능성이 있다고 본다.

요즘은 '로보카 폴리'라는 것이 나왔는데 뽀로로를 잇는 차세대 대표적인 애니메이션 캐릭터라고 할 수 있다. 2012년 영국 BBC, 일본 NHK, 미국 4Kids TV, 중동 알자지라 방송 등 전 세계 100여 개 국가에서 방영되고 있고, 로열티 수입도 100억 원에 이른다고 한다.

'로보카 폴리'의 작품성은 세계에서 인정 받았으며, 프랑스 칸에서 개최된 제 7회 'MIP Junior 2010 Licensing Challenge'에서 1등으로 선정되기도 했다. 2011년 매출만 1,000억 원이 넘었다고 한다. 이처럼 캐릭터산업을 우리나라의 미래 경쟁력을 이끌 핵심 분야로 꼽는 사람도 많다. 왜냐하면 "캐릭터는 늙지도 않고, 스캔들도 없다"는 것이다. 매우 설득력 있는 주장인 것이 월트 디즈니사의 대표 캐릭터인 미키 마우스는 1928년에 생겨났다. 나이가 80이 넘었다. 그렇지만 지금도 전 세계 어린이들의 사랑을 받고 있다.

사실 뽀로로나 폴리의 매출액을 합치면 우리나라 자동차 몇만 대를 파는 것보다 더 큰 수출 효과가 있다.

5. 언론에 나타난 한류와 국가 브랜드

해외 주요 6개국 7개 주요 언론이 4년(2006~2009)동안 '한류'와 관련하여 어떻게 무엇을 보도했는지를 보며, 세계 주요 언론에 나타난 '한류' 관련 기사의 특성은 첫째, 한국발(發) 기사는 감소하고, 외국발(發) 기사는 증가했다는 점이다. 기존에는 한국에서 이뤄진 이슈들이 점차 외국에서 발생한 이슈들(스포츠 행사, 영화제 등)로 옮겨가고 있었다. 이는 한류가 외국에서 하나의 유의미한 현상으로 자리 잡아 감을 보여준다.

둘째, 총 710개 한류관련 기사를 분석하였는데, 국가 브랜드에 중립적 논조가 72.3%, 긍정적인 논조는 23.2%였다. 반면에 부정적 이미지를 담고 있는 기사는 4.5%에 불과했다. 한류관련 외국언론의 보도가 외국인의 한국에 대한 이미지 형성에 긍정적으로 작용하고 있다고 하겠다. 셋째, 주제별로는 문화 · 전통 · 예술(31.8%), 스포츠(29.9%), 기술 · 과학 · 건강(12.6%), 기타(12.6%) 으로 나눠졌다.

문화예술에 버금가는 스포츠 기사 빈도는 한류 이미지 조성에 의외로 스포츠가 한몫하고 있음을 보여준다. 넷째, 한류관련 기사에서 국가별로 매우 다양한 특성을 보였다. 〈뉴욕 타임스〉에서는 한국 최초 우주인의 탄생과 김치를 연관시켜 놓은 기사가 눈에 띄었다. 김치가 한국인들에게 얼마나 중요한 지를 설명하고, 한국 당국이 몇 년간의 개발을 통해서 우주선에 가져갈 김치를 비롯한 한국 음식을 만드는데 성공했다는 기사가 있었다. 또한 한국의 주입식 교육에도 불구하고 휴대폰, 패션, 만화영화 등에서 강세를 보이는 것에 대해 중국이 부러워하고 있다는 내용의 기사가 있었다.

〈르몽드〉의 경우에는 영화, 전통문화, 소설, 만화 등 다양한 소재를 다뤘다. '괴물', '밀양' 등 국제영화제에서 수상한 한국 영화에 관한 소개가 있었고, 경주 유네스코 등록 문화 유산, 박물관, 전통음악 등에 관한 기사가 보였다. 한류라는 용어를 사용하지 않았지만 한국의 문화와 예술에 높은 관심을 보였다. 한류의 영향력이 상당하였던 일본의 대표신문〈요미우리〉는 분석대상 언론 중에 가장 많은 보도량을 보였다. 한국발 기사와 일본발 기사의 비중이 비슷하였는데, 한류를 일본 내 이슈와 연계하여 보도하는 성향이 있었다. 문화, 전통, 예술과 스포츠 관련 비중이 높았는데, 기존의 문화콘텐츠와 스타 중심의 보도를 벗어나 예술, 미용, 음식에 이르기까지 다양한 범위를 다뤘다.

〈인민일보〉는 기관지라는 특성으로 인해 중립적 논조의 기사(91.0%)가 가장 많았다. 주제에 있어서는 스포츠(44.9%) 관련 기사가 많은 비중을 차지하고 있었는데, 다른 외국언론과 비교하여 특이한 점은 중국 내 인기종목인 바둑에 대한 기사의 비중이 상당히 높은 점이다. 이같은 외국언론의 한류관련 보도를 분석해보면 한류 지속화와 국가 브랜드 제고를 위한 방안에 몇 가지 시사점을 찾을 수 있었다. 먼저, 한류와 관련된 국내언론이 문화 우월주의가 아니라 상호 이해나 교류의 관점에서 보도할 필요가 있다. 한류를 한국의 우월성을 보여주는 차원에서 과장 보도하거나 '반(反)한류'를 크게 비판하는 보도는 역으로 현지 언론에 소개돼 그 나라 국민들의 반한(反韓) 감정을 만들 수 있기 때문이다.

또한 국가별로 한류의 내용이 다르다는 점에 주목할 필요가 있다. 미국에서는 스포츠 기사가 한국에 대한 긍정적 이미지를 만들고 있으며, 일본과 중국에서는 한국문화의 세부적인 부분까지 다루고 있었다. 유럽은 자국의 관심분야(독일은 음악, 프랑스는 영화)를 특히 심층 보도하고 있었다. 장기적으로 국가별 대화 코드를 파악하여 차별화 된 콘텐츠를 국가별로 발굴하고 전달할 필요성을 시사하고 있다. 참고로 이 연구결과에 대한 자세한 내용은 서울대학교 출판부에서 발행한 〈한류 총서(2011)〉에서 확인할 수 있다.

신호창 교수 글에서

6. 한국어 및 대중 문화 예술의 세계화

문학 분야도 한류의 여파가 대단하다. 표절 문제로 잡음은 있었으나 신경숙 씨의 소설 '엄마를 부탁해'는 2011년 4월 미국에서 출간되어 아마존 닷컴이 선정하는 2011년 문학픽션 부문 '올해의 책 베스트 10'에도 선정되었다. 〈뉴욕 타임스〉 양장본 소설 판매 순위에서도 14위를 기록했다. 이런 추세에 힘입어 날이 갈수록 우리나라 문학작품들이 외국어로 더 많이 번역되고 있다. 과거에 우리가 노벨문학상을 못 탄게 사실 한국 문학작품이 워낙 번역이 되지 않아서 서구인들에게 한국 문학이 소개 될 원천적인 기회를 봉쇄당한 것이 제일 큰 이유라고 본다. 따라서 '엄마를 부탁해'가 미국 땅에서 선전하는 것도 그 자체로도 중요한 의미가 있고, 또 문학작품 번역의 중요성을 환기시켜줬다는 의미도 있다.

물론 이우환 화백의 구겐하임미술관 전시회와 이에 대한 호평, 2012년 베르디 국제성악 콩쿠르에서 젊은 한국 성악가들의 입상 같은 것도 빼놓을 수 없다. 여기에 더하여 한류 2.0시대는 외국인의 관심이 대중 문화예술을 넘어서 한글, 한국 음식, 한국의 순수예술, 의료관광 등 한국 전반에 대한 관심으로 다양화 하는 움직임이 본격화된 시기이기도 했다. 신 한류라는 말도 그런 맥락에서 나온 말이다. 세종학당은 외국어 또는 제2언어로서 한국어를 배우고자 하는 외국인을 대상으로 한국어와 한국문화를 가르치는 교육기관이다.

2007년에 15개소이던 것이 2012년에는 9월 학기제를 기준으로 90개소로 증가했다. 세종학당은 2014년까지는 160개로 확대될 것이다. 한편 2012년에 개정된 '국어기본법'에 따라 한국어 교육을 총괄 지원하는 중추기관인 '세종학당재단'이 출범했다. 이 세종학당재단은 한글 교육을 전문적, 체계적으로 지원하여 세종학당을 한국어 교육기관의 대표 브랜드로 육성하며, 한국어를 세계화하는 기반을 마련하는 데 기여할 것으로 기대를 모으고 있다.

과거에 세종학당에 가보면 수강생의 대부분(75%)이 우리 동포 자녀였다. 지금은 역전되었다. 동포는 25% 밖에 안 되고 외국인이 대부분을 차지하고 있다. 한국어를 모국어로 하지 않는 외국인과 재외동포를 대상으로 국내외에서 치르는 한국어시험(TOPIK)의 응시자가, 2006년부터 2011년까지 보면 3만 4천 명이었던 게 이제는 45만 명으로 급성장한 것을 볼 수 있다.

7. 남북 통일 문화

본서는 주로 대한민국의 발전상 유형, 무형 문화재와 세계 기록유산 기념물을 중심으로 과학기술, 건축, 경제 등등의 발전상을 중심으로 자랑거리를 기술했으나 통일이 되면 북한의 자료를 추가하게 되어 한반도의 국격은 더욱 상승할 것이다. 통일로 인한 대박은 더욱 커질 것이다. 남북한의 다름이 동질화될 때 통일이 되는 것이다. 몇 가지 남북간의 다름에 대해 잠깐 살펴보자.

통일은 남북한 사람들간의 통일도 중요하지만 먼저 문화적 정서에서 통일이 필요하다. 북한 문화를 알기 위해서는 북한 사람들이 주장하는 북한의 '우리식'을 이해하고 알아야 한다. 평양의 국립 교향악단의 공연에는 서양악기와 민족악기가 훌륭하게 결합되어 합주했다. 서울 교향악단에는 서양악기만 있을 뿐 '민족'은 없었다. 이런 남북의 문화를 비교하는데는 첫째, 상호 다름보다는 같음을 먼저 찾아서 이것을 해야 한다. 둘째, 북한이 그동안 나름대로 가꾼 '우리식 문화'에는 민족사적 의미가 있다고 보아야 한다. 셋째, 남북은 다른 체제에서 반세기 이상 살았기 때문에 상호 다름을 인정해야 한다. 다름이 인정되어야 '다양성'이 인정되고 조화를 이룰 수 있다.

남과 북의 우리식 문화에 대한 이해가 필요하고 북은 남의 자본주의식 문화에 대한 이해의 폭을 넓혀야 한다. 남북 문화의 같음과 다름을 논하고 북한의 우리식 문화의 본질을 규명함은 통일문화 형성의 전초점으로 나아가는 지름길이다. 심술궂은 먹구름만 동반하지 않는다면 훈훈한 북풍과 남풍은 쌍방간에 바람직한 바람으로 여겨 질 것이다.

세상은 많이 변하여 이제는 북쪽 바람을 '뿔 달린 붉은 도깨비'로 생각하는 사람은 없다. 마찬가지로 남쪽 사람을 '길거리 동냥이나 하는 미제의 괴뢰'라고 생각하는 북쪽 사람도 없다. 남북은 일란성 쌍둥이와 같이 비슷하고 같은 것이 많다. 남쪽에 '새마을 운동'이 있듯 북쪽에는 '천리마 운동'이 있다.

남쪽에서는 푸대접 받는 개고기가 북쪽에서는 애호를 받고 기호 음식으로 당당히 등장하고 있다. 프랑스 배우 브리지트 바르도는 양을 죽이는 이슬람 축제에 대해 비난한 그를 유죄 판결을 내려 벌금형을 내렸다. 바르도는 근본적으로 서구 우월주의자이며 프랑스에서 개고기 문화를 비난하는 사람들은 타인종과의 차별을 주장하는 극우주의자들이다. 인종을 차별하면서 개의 사랑을 정당화하는 것은 문제가 있다.

남북의 명절 풍속이 약간씩 다름을 인정하고 이해해야 한다. 시대가 변하면 그 문화도 변하기 마련이다. 그러나 근본적인 것은 남북이 모두 유지하고 있다. 통일이 되면 우리의 유형·무형 문화재를 더욱 발굴하여 추가해야 하고 세계 기록유산에도 등재해야 한다. 또한 고구려 시대의 기념 유물을 찾아야 하고 북한의 자랑과 우리식 문화를 기록물로 남겨야 한다. 이로 인해 세계 방방 곳곳에 한류가 확산되고 한반도의 국격은 더욱 확산 될 것이다.

8. 스포츠(sports)계의 국력

한국 스포츠의 저력을 세계에 각인시킨 인물은 손기정(1912~2002)선수였다. 손 선수는 1936년 베를린올림픽 마라톤에서 당시 뛰어난 기록으로 금메달을 땄다. 그의 금메달 낭보는 20세기를 통틀어 한국 체육사에서 가장 큰 뉴스라는 찬사를 받았지만 시상대에서 가슴에 일장기를 달고 고개 숙인 손 선수는 나라 잃은 민족의 현실을 대변했다.

광복 후 한국은 1948년 런던 하계올림픽에 선수 50명과 임원 17명을 보내 동메달 2개(역도 김성집, 복싱 한수안)를 따냈다. 전쟁 중이었지만 한국은 1952년 헬싱키 하계올림픽에도 참가해 역시 역도와 복싱에서 동메달을 1개씩을 획득하며 선전했다. 한국 스포츠는 1970년대 들어 비약적으로 발전했다. 1976 몬트리올 하계올림픽에서 양정모는 올림픽 사상 첫 금메달리스트가 됐다.

한국이 '86 서울아시안게임'과 '88 서울올림픽'을 성공적으로 개최하자 세계는 놀라움을 감추지 못했다. 서울올림픽에는 북한과 쿠바 등을 제외한 160개국 1만 3,600여 명의 선수단이 참가했다. 우리나라는 금메달 12개와 은메달 10개, 동메달 11개로 당당히 4위에 올랐다. 한국은 서울올림픽을 계기로 세계적인 스포츠 강국으로 도약했다. 현재의 태릉 선수촌은 지난 반세기 동안 한국 스포츠의 요람이었다. 이곳은 국제대회 금메달의 산실로 제 몫을 다하고 있다.

'2002년 한일월드컵'은 한국 축구의 저력을 보여준 대회였다. 거스 히딩크(네덜란드) 감독이 이끈 한국 대표팀은 포르투갈, 이탈리아, 스페인 등 유럽 강호들을 연달아 제압하고 아시아 국가 최초로 4강에 오르는 쾌거를 이뤘다. '2018 평창 동계올림픽'까지 개최키로 함에 따라 한국은 동·하계 올림픽과 축구 월드컵, 세계 육상선수권대회 등 지구촌 4대 스포츠 행사를 모두 유치한 6번째 국가가 됐다.

또한 한국에는 프로스포츠 시대가 열렸다. 1982년 가장 먼저 프로야구가 출범했다. 매시즌 성장을 거듭한 프로야구는 10개 구단체제로 확대됐고 한 시즌에 700만 관중을 동원하는 국민 스포츠로 자리 잡았다.

1983년 시작된 프로축구는 우리 축구를 한단계 성숙시키는 계기가 됐다. 한국 축구는 1980년대 초만 하더라도 아시아에서조차 힘을 쓰지 못했다. 2015년 현재 K리그 클래식에는 12개 팀, K리그 챌린지에는 11개 팀이 뛰고 있다. 축구는 국내뿐만 아니라 해외에서도 차범근, 허정무, 홍명보, 황선홍, 차두리, 이영표, 박지성, 박주영 등이 명성을 날린 바 있다.

이어 1997년 프로농구, 2005년에는 프로배구가 닻을 올렸다. 이로써 한국에는 4대 프로스포츠 체제가 확립됐다. 1990년대 후반부터 한국 스포츠 지형에 큰 변화가 일어났다. 그간 '선진국형 스포츠'로 여겨졌던 종목에서 세계적인 스타들이 쏟아진 것이다. 여자 골프의 박세리는 1998년 7월 미국여자 프로골프(LPGA) 투어 US오픈에서 극적인 우승을 차지하며 'IMF' 한파에 시달리던 국민들에게 희망을 전했다. 이외에 박지은, 김미현, 박인비, 리디아고, 이선화, 조윤지, 류소연, 미셸위, 최나연, 김효주, 지은희, 박성현, 양희영, 유선형, 전인지 등 기라성같은 선수들이 대회때마다 트로피를 독차지 한다. 남성골퍼도 최경주, 배상문, 캐빈나, 양용은, 강성훈, 나상욱, 노승열, 김태훈 등이 각광을 받고 있다.

'피겨여왕' 김연아도 빼놓을 수 없다. 타고난 재능에 노력을 더해 은반을 평정했다. 2010 밴쿠버 동계올림픽에서 놀라운 점수로 세계 신기록을 수립하며 금메달을 목에 걸었다. 김연아는 2014 소치 동계올림픽에서 편파판정 끝에 은메달을 획득한 후 정든 빙판을 떠났다.

'마린보이' 박태환은 2008년 베이징올림픽 남자 수영 400m에서 세계적인 선수들을 물리치고 금메달을 획득하는 쾌거를 이뤘다. 그러나 지난해 9월 도핑테스트에서 금지약물 양성 반응을 보여 국제수영연맹

(FINA)으로부터 18개월 선수 자격정지 징계를 받았다. 박태환은 2016 리우데자네이루 올림픽에서 명예를 회복하기 위해 훈련에 전념하고 있다.

마라톤에 황영조가 1992년에 우승한 바 있고 권투계에서는 김기수, 홍수환 등이 명성을 날렸었다. 레슬링계에서는 김일 박치기 선수가 있었다. 양궁은 종주국으로 전 종목에서 금메달을 쏟아 부었다. 이제 체력이 국력이요, 한류가 국력 심장이요, 국격 상승에 절대적인 역할을 하고 있다.

9. 예능계의 활동

음악부분에서 조수미 같은 세계적인 성악가가 있고 기타 홍혜경, 신영옥, 강혜정, 김영미, 권혜선 등이 국제무대에서 각광을 받고 있다. 남성 성악가로 박인수, 최현수, 김동규, 고성현, 전승현, 서정학, 강병운, 양치준, 엄정행 등이 생각 난다.

2015년 10월 21일 보도에 의하면 조성진(21)이 세계 최고 권위의 폴란드 국제 쇼팽 피아노 콩쿠르에서 한국인 최초로 우승을 차지했다. 프레데릭 쇼팽협회는 18~20일 폴란드 바르샤바에서 열린 제17회 국제 쇼팽 피아노 콩쿠르 결선의 최종 심사 결과 조성진이 1위를 차지했다고 21일 발표했다. 조성진은 폴로네이즈 최고 연주상까지 받았다.

조성진은 1위에게 주어지는 상금 3만 4,000만 달러와 금메달 폴로네이즈 최고 연주상 상금 3,400달러를 받았으며 더불어 전 세계 각지에서의 연주 기회도 얻게 된다. 폴란드 작곡가이자 피아노 연주자인 프레

데릭 쇼팽을 기려 1927년 시작된 쇼팽 콩쿠르는 러시아 차이콥스키 콩쿠르, 벨기에 퀸 엘리자베스 콩쿠르와 더불어 세계 3대 음악 콩쿠르로 꼽히는 최고 권위의 대회다.

쇼팽의 고향인 폴란드의 수도 바르샤바에서 5년에 한 번씩 열린다. 16~30세의 젊은 연주자들이 쇼팽의 곡만으로 실력을 겨룬다. 올해는 예선에 참가한 27개국, 160명 가운데 20개국, 78명이 본선에 올랐다. 이번 우승은 41년 전 차이콥스키 콩쿠르에서 2위를 차지한 피아니스트 정명훈에 이어 한국 음악계 최대 경사로 꼽힌다.

이 대회에 한국인 참가자 중에선 2005년 공동 3위에 오른 임동민·동혁 형제가 최고 순위였다. 실제로 이 대회는 많은 음악가에게 꿈의 무대다. 바이올리니스트 정경화씨는 "노벨상 수상에 버금가는 일"이라고 했다. 피아니스트 김대진씨는 "한국이 클래식 강국이라는 등식에 마침표를 찍었다"고 말했다. 한국 연주자들은 그간 차이콥스키·퀸엘리자베스 국제 콩쿠르 등 일류대회에서 1위에 올랐다. 하지만 쇼팽 콩쿠르 우승은 이번이 처음이다.

조성진 부모는 아이의 성장을 도울 뿐 앞에 나서지는 않았다. 정명화, 경화, 명훈을 키운 이원숙 여사는 3남매를 위해 헌신했다. 첼리스트 장한나의 어머니는 딸을 위해 작곡을 공부했다. 바이올리스트 사라 장은 아버지가 바이올리스트다. 조성진으로 인해 음악 영재의 탄생 공식이 바뀐 것이다. 성악, 피아노 외에 예능계에는 세계적인 많은 활동가가 있다. 행사 때마다 한국 무용과 사물놀이 같은 농악이 초장을 장식하고 신나는 분위기를 조성하고 흥을 돋운다.

10. 전 세계 학계가 한류에 주목

전세계 학계가 '한류'에 주목하고 있다. 월스트리트 저널(WSJ)은 2015년 11월 1일 최근 전 세계 학자들이 한류에 관한 저널과 논문들을 잇따라 발표하며 학술적 관심이 커지고 있다고 전했다. 2012년 싸이의 '강남스타일' 뮤직비디오가 유튜브에서 24억의 조회수를 기록하고 연이어 아이돌 그룹과 드라마 '별에서 온 그대' 등이 폭발적인 인기를 끌면서 사회·문화 학자들 사이에서 연구가 활발히 이루어지고 있는 것이다.

과거에는 주로 한국 불교, 유교, 부계사회 등의 주제를 다뤘지만 최근에는 한류로 연구 주제 범위가 확장되고 있다. 예를 들면 '한국 걸그룹 평균 키가 일본 걸그룹보다 3.9인치가 커서 인기가 더 많은가?' 또는 '왜 한국 드라마는 미시경제이론의 기본구조와 배치할까?' 등이다.

특히 남미, 중동, 동남아시아 등지에서 한류 열기가 뜨겁다. 이에 따라 2015년 11월 3~4일 아랍에미리트연합(UAE) 두바이에서 '제3회 한류 국제학술대회'가 열렸다. 고려대학교 '세계한류학회' 주최로 열리는 이번 학술대회에서는 150여 명의 한류학자들이 참석해 K-Pop의 거대한 팬덤 형성과 K-Pop 댄스를 따라하는 팬 문화 등에 대해 연구하며 토론도 벌인다.

영국 런던대학의 케이스 하워드 동양학 교수는 싸이의 '강남 스타일'을 연구하면서 K-Pop에서 '잠재된 모방의 힘'을 발견했다며 로스 델 리오스의 '마카리나' 춤을 예로 들기도 했다. 6년 동안 매일 한국 드라마를 시청해왔다는 우베 라인하르트 프린스턴대 경제학 교수는 지난해 대학 웹사이트에 '한국 드라마 입문'이라는 강의 정보를 올려놓기도 했다. 하지만 우려의 목소리도 적지 않다. 워싱턴대학의 클락 소렌센 교수는 "K-Pop이 그저 흥미로운 주제라는 것 외에 깊이 있는 연구는 이뤄지지 않고 있다." 며 다소 부정적으로 지적하기도 한다.

11. 한국어 세계화를 위해

AP(Advanced Placement, 대학 학점 선수제) 한국어 과목 개설은 한국어 세계화의 점화 스위치라는데 이견을 갖고 있는 사람은 없다. 지난 1955년부터 시작된 AP는 고교에서 대학 수준의 과목을 이수 한 후 칼리지보드가 시행하는 AP시험에 5점 만점 중 3점 이상을 받으면 대학에서 학점으로 인정받을 수 있다.

AP과목 가운데 외국어는 중국 · 일본 · 스페인 · 프랑스 · 독일 · 이탈리아 · 라틴어 등 총 7과목이다. 대입 경쟁력을 높이면서 학점도 미리 취득할 수 있다. SAT2 과목시험중 하나인 'SAT한국어'의 경우 그 영향력이 대학 입학사정에 머무는데 반해 AP한국어는 대학에서 한국어를 외국어로 인정한다는 의미여서 수많은 미국 대학생들이 한국어를 공부할 여지가 생기는 것이다. 이는 다시 말해서 미국 대학에서 공부하고 있는 전세계 대학생들이 한국어를 알게 되고 배울 기회를 가질 수 있게 된다.

하지만 처음 AP한국어 채택 노력이 이뤄진 2005년부터 10년이 흘렀지만 아직 칼리지 보드의 채택 조건과는 거리가 있는 것이 현실이다. 여기서 우리는 지난 2000년대 중반 AP 중국 · 일본어 채택을 주목해야 한다. AP중국어 채택을 위해서 "중국 정부가 중국어를 수출한다" 는 말이 들릴 정도로 AP중국어 수업과 시험 개발을 위해 수십만 달러를 칼리지보드에 지원하는 한편 교사 양성을 위한 지원에 전력을 기울였다. 그 결과 지난 2013년 AP중국어 시험을 치른 학생은 4,983명에 달했다. 이는 AP 외국어 과목시험 가운데 스페인·프랑스어 다음으로 많은 숫자다.

SAT II 한국어·일본어 응시자 연도별 비교

연도	한국어	일본어
2008	4443	1732
2009	4625	1759
2010	4540	1818
2011	4273	1966
2012	3552	1750
2013	2986	1521
2014	2453	1410
2015	2110	1332

자료 : 칼리지보드

SAT한국어 시험과 SAT일본어 시험의 최근 몇 년간 응시생 추이를 보면 한국어 응시자가 일본어에 비해서 많다는 점에 주목해야 한다.

물론 한국어를 채택하기 위해서 수업을 듣는 사람들이 더 많아져야 한다는데 이의를 제기할 사람은 없다. 하지만 최근 몇 년간 SAT일본어를 본 학생들의 숫자가 SAT한국어를 보는 학생들의 숫자에 비해서 현저하게 적은데도 일본어는 AP과목으로 운영되는 점에 관심을 가져야 한다. 일본어는 대학에서 배울 만큼 중요한 언어이고 한국어는 대입을 위한 한인 자손들만의 언어이기 때문이라고 이유를 댄다면 할 말이 없었다. 하지만 최근에 한국어 정규 클래스의 타인종 학생의 증가와 2010년 이후 한류 열풍에 따른 한국어 학습자들의 폭증은 2009년과는 다른 환경과 상황이 됐다. 아울러 한국의 경제적 여건도 10년새 한해 무역액이 1조 달러가 넘는 세계 10대 무역강국 중 하나가 됐다.

따라서 AP한국어 세계화를 위해 한류 열풍이 더해 한국 정부 당국도 중국 정부가 하듯 적극적인 지원이 요청된다.

12. CJ 문화 콘텐츠

CJ 문화사업은 사업진출 20년이 지나 어느덧 그룹의 토대가 된 식품사업을 넘어 CJ의 대표사업으로 자리 잡았다. CJ의 이러한 변화는 "문화가 우리의 미래"라는 이재현 CJ그룹 회장의 선견지명이 작용했기 때문이다. 문화기업 CJ가 문화사업을 시작한 건 지난 1995년이다. CJ가 문화기업으로 탈바꿈하는 첫걸음이었다.

영화감독 스티븐 스필버그, 월트디즈니 만화영화를 총지휘한 제프리 카젠버그 등이 만든 '드림웍스 SKG'와의 투자계약을 성사시킨다. CJ는 당시 그룹의 연매출 20%에 달하는 3억 달러를 투자하며 드림웍스 2대 주주로 등극, 영화배급, 마케팅 등 할리우드의 노하우를 전수받는다. 이후 같은 해 8월 CJ엔터테이먼트를 출범하며 본격적으로 문화사업에 진출한다.

1998년은 CJ에게는 물론 대한민국 영화산업에서 특별한 해로 기록된다. 지금은 보편화 된 멀티플렉스 영화관이 국내에 최초로 들어선 것이다. 멀티플렉스 1호 '강변CGV'는 외환위기 속에서 많은 이들의 우려 속에 문을 열었지만 객석 점유율이 평일엔 38~41%, 주말에는 77~80%에 이를 정도로 성공을 거두게 된다. 미국의 연예전문지 〈버라이어티〉는 이러한 강변 CGV의 성공사례를 심도있게 다루었다.

영화 산업의 성공을 기반으로 CJ는 2006년 종합오락채널 'tvN'을 개국한 데 이어 2011년에는 방송, 영화, 음악, 공연, 애니메이션 부분을 통합한 CJ E&M을 출범시키고 방송 콘텐츠 부문은 tvN, Mnet, OCN을 포함해 오락, 음악, 영화, 스타일, 애니메이션 등 다양한 장르의 17개 채널을 보유하게 된다. CJ E&M의 초석이 된 영화사업 부문은 기획, 투자, 배급까지 영화산업의 모든 단계를 아우른다. 최근 개봉한 베테랑을 포함해 해운대, 광해, 명량 등 4편의 '천만영화'를 배출하며 한국 영화시장을 이끌고 있다. 특히 영화사업 부분은 할리우드 유명 스튜디오와 중국, 일본, 베트남 등 다양한 국가와의 합작 영화 제작 및 배급을 대폭 확대 하기로 했다. CJ E&M 영화사업부문 대표는 "현지 합작 영화 편수를 점차 늘려 오는 2020년에는 글로벌 사업 매출 비중을 60%까지 끌어올리겠다"며 "해외 매출 비중이 국내 매출 비중보다 많아지게 될 것"이라고 말했다.

음악사업부문은 K-Pop 한류를 선도하고 있다. 연간 400여 타이틀, 2,000여 곡을 유통하고 있으며 연간 300회 이상의 국내외 콘서트 및 페스티벌을 개최하며 대중 문화 인프라 확산에 집중하고 있다. 또한 최근에는 신세계 디에프와 업무 협약을 맺고 상설 K-Pop 공연 프로그램인 '소년 24(가칭) 프로젝트'를 진행하고 남대문과 명동을 잇는 '미디어 폴' 거리를 조성키로 했다.

CJ E&M 공연사업본부는 지난 2003년 뮤지컬 '캣츠'를 시작으로 300여 편의 라이선스 및 자체 제작 뮤지컬을 선보였다. CJ E&M 애니메이션 사업부는 지난 1월 출범했다. 이는 그룹의 애니메이션 글로벌 진출 강화방침에 따른 것으로, 애니메이션 사업은 콘텐츠뿐만 아니라 캐릭터를 활용한 사업 확장이 가능해 미래 고부가가치 사업으로 주목 받고 있다.

CJ E&M 관계자는 "세계를 겨냥한 애니메이션 콘텐츠 제작과 함께 자체 어린이 채널인 '투니버스'와 미디어 마케팅을 전개할 것이라며 "이와 동시에 국내 애니메이션 시장을 확대해 나갈 예정"이라고 밝혔다.

이처럼 지난 1995년 영화 사업에 뛰어든지 20년이 지난 오늘, CJ는 '제2의 도약'을 꿈꾸고 있다. 지난달 2일 CJ그룹은 서울 중구 필동에 위치한 CJ인재원에서 문화사업 20주년을 기념한 미디어 세미나를 개최, '글로벌 톱 10 문화기업 비전'을 발표했다. 이날 CJ그룹 대표이사는 "CJ의 문화사업 분야 매출을 오는 2020년까지 15조 6,000억 원으로 지난해보다 4배 이상 끌어 올려 글로벌 탑10 문화기업으로 도약하겠다"며 "문화산업이 한국 경제의 신성장동력이 될 수 있도록 CJ가 중추적인 역할을 하겠다"고 말했다.

이를 위해 CJ는 해외진출에 적극 나설 방침이다. 특히 현재 한국, 미국, 중국, 베트남 등 6개국에서 운영하고 있는 CGV의 1,600여 개 스크린을 2020년까지 12개국, 1만여 개로 확대 한다는 전략이다. 이 목표가 달성되면 현재 연간 1억 3,000만 명 수준인 CGV 관람객은 2020년엔 7억 명으로 증가하게 된다.

CJ그룹 대표는 "2020년엔 CGV 관람객이 5배 이상 급증할 것"이라며 "한국 영화를 전 세계인에게 전파하는 'K-무비 플랫폼' 역할을 톡톡히 하겠다"고 말했다.

PART 09 각 지역에서의 한국의 위상과 국격고조

1. 아시아 지역

1) 키르기즈스탄

키르기즈스탄(Kyrgyzstan)은 중앙 아시아에 있으며 대륙성 기후이다. 면적은 한국의 10%도 못된다. 국민 전체의 인구는 500만 명 정도다. 수도 비슈케크(Bish Kek)에 약 60만 명이 살고 있다. 언어는 키르기츠어이며 러시아어도 공용어로 사용되고 있다. 종교는 회교가 75%, 러시아 정교가 20% 정도 된다.

이 나라는 1991년 12월 21일에 탄생한 대통령 중심제이다. UN에 92년에 가입했다. 한국과의 공식 관계는 1992년 1월 31일 수립됐고, 93년 7월 12일 공관이 설치되었다. 북한과의 관계는 북한이 남한보다 10여 일 먼저다.

김창규 대사는 2012년 3월 1일 주키르기즈스탄에 대사로 부임했다. 김 대사의 글이다. 김 대사가 공항에서 대사관으로 이동하던 길에 키르기즈스탄의 수도 비슈케크 시내를 통과하면서 눈이 휘둥그레졌다고 했다. 그 이유는 시내 곳곳에서 'KOREA'라는 이름과 태극기가 눈에 많이 띄었기 때문이다.

나중에 알고 보니 비슈케크 시에는 우리나라 물건을 파는 가게들이 많은데, 그 가게들이 대개 'KOREA'라는 우리나라 영문명을 간판처럼 내걸거나 태극기를 가게 입구에 크게 붙여놓는 거였다. 한국 화장품 가게들은 우리나라 스타 사진으로 장식해 놓기도 했다.

또 비슈케크 거리에서는 소형 태극기를 달고 다니는 승용차를 종종 볼 수 있다. 이따금 공원을 산책하다 보면 이 나라 젊은이들이 다가와 서툰 한국말로 "안녕하세요?" 하고 말을 걸기도 한다. 그런 상황에 부딪히면 솔직히 좀 귀찮기는 하지만, 나는 가급적이면 잠시라도 그들과 대화를 나누려 노력한다. 이들이 누구인가? 우리를 좋아하는 사람들 아닌가? 적어도 우리나라에 관심을 가지고 있는 사람들이다.

현실주의 외교론을 논할 때 '외교는 국력의 투사다'라는 말이 있다. 그 말 뜻이 너무 냉엄한 것 같아 억지로 부정하다가도 외교 현장에서 오랫동안 일하다 보면, 국제 정치 현실에 들어맞는 것을 실감할 때가 한 두 번이 아니다. 우리 외교관들은 대개 두 경우에 해외에서 우리 국격의 상승을 실감한다. 그 하나는 공식적인 경우이고 다른 하나는 사적인 경우다. 국격의 상승은 외교관들이 주재국 국민들로부터 사적인 관계에서 존경을 받게 하고, 공적으로는 외교 활동을 훨씬 수월하게 해준다. 국격 상승은 외교관들에게 어느 무엇보다 소중한 외교적 자산이다.

2012년에 부임을 하고 나는 관례에 따라 이 나라 고위 인사들에 대한 예방을 다녔다. 그때 가장 많이 들었던 인사말이 "큰 나라 대사께서 방문해주셔서 감사합니다."라는 말이었다. 처음 그 말을 듣는 순간 나는 혼란스러웠다. 우리나라가 어느새 '큰 나라'가 되었나?

예방을 마치고 사무실로 돌아오면서 '큰 나라'라는 말에 대해 곰곰이 생각해봤다. 그렇다. 우리는 세계에서 일곱 번째로 20~50클럽(1인당 국민소득 2만 달러, 인구 5,000만 명 이상 되는 나라)에 진입한 명실상부한 큰 나라다. 실로 감개무량했다. 우리나라에 대한 높은 인식은 외교 활동에 많은 도움을 준다. 그 하나의 예가 내가 이곳에 부임해서 대통령을 비롯해 총리, 장관 등 거의 대부분의 각료들을 다 만난 것이다. 과거 우리나라가 가난하던 시절에는 상상도 할 수 없는 쾌거다.

내가 외교부에 입부하고 처음 외국에 나간 것이 1980년대 중반이었다. 당시 우리나라 경제 수준은 1인당 국민소득이 약 3,000달러 정도였다. 많은 외국인들이 우리나라를 못사는 나라로 마구 무시하던 시절은 지났을 때였다. 그때 우리나라가 지구의 어디에 있는지 조차 모르는 외국인이 많았다. 당시 가끔 영국이나 미국에서 일반 시민을 대상으로 설문조사가 실시됐다. "한국이 어디에 위치하는지 알고 있나요?"라는 질문에 고개를 갸우뚱하며 이렇게 대답하는 사람들이 꽤 많았다. "음 태국 옆에 어디엔가 붙어 있는 작은 나라 아닌가요?" 그것이 당시 바로 우리나라 국격의 현실이었다.

1980년대에는 우리가 그토록 자랑스러워하던 김치도 외국에서는 많은 구박을 받았다. 한식에 대한 인식이 크게 개선된 것을 확연히 느끼게 된 것은 2003년 주독일대사관에서 근무할 때였다. 한국 문화를 좋아하거나 우리나라에 대해 정확한 지식을 가지고 대화하는 독일인들을 많이 만날 수 있었다. 독일 외교부 하우스베델 아주국장이 나를 집에 초청해 김치를 대접하던 추억이 지금도 생생하다. 외국음식을 좋아하고 싫어하고는 사실 맛 자체보다는 그 나라의 이미지에 좌우되는 경우가 많다. 어떤 나라가 선진국이라는 인식을 가지고 있으면 그 나라 음식을 더 좋아하게 된다. 아무리 좋은 음식이라도 후진국 음식은 대개 께름칙해 하는 경우가 많다.

지금은 우리나라 음식을 선호하는 외국인을 많이 만난다. 한식을 처음 대하는 외국인들이 한식을 선뜻 맛있게 먹기는 쉽지 않다. 우선 발효 음식의 냄새가 외국인들에게 익숙하지 않고, 매운맛 때문에 먹기 좋지는 않을 것이다. 그런데도 그들이 한식을 적극적으로 먹어 보려고 하는 것은 아무래도 우리의 국격이 높아졌기 때문일 것이다. 현재 내가 근무하고 있는 키르기즈스탄에서는 우리나라 신랑감이 매우 인기 있다. 민족적 자존심이 높아 외국인과의 결혼을 기피하는 키르기스 인들에게 환영받는 몇 안 되는 민족이 우리 민족이다. 이런 현상도 우리 국격이 이 나라에서 높게 평가되고 있다는 반증이라 본다. 한국인들은 잘 살고 행동도 점잖다는 인식이 있어 마음놓고 딸을 이국땅으로 선뜻 시집보낼 수 있다는 것일 것이다.

'국격'이라는 말을 정의하기란 그리 쉽지 않다. '국격이 높아졌다'고 할 때의 '국격'이란 그 나라의 품격에 대한 외국인들의 평가 수준이 아닌가 한다. 한 나라의 품격은 경제적 수준만으로 결정되는건 아니다. 물론 경제적 요인이 국격을 결정하는 데 가장 중요한 요소임을 부인할 수 없지만 돈만이 국격을 결정하는 것은 아니다.

우리 인간 사회의 경우에도 큰 돈은 없지만 품위 있는 언행으로 다른 이의 존경을 받는 사람을 많이 본다. 거기에 돈도 많고 멋있게 행동한다면 금상첨화가 아니겠는가? 우리 경제는 이미 세계적인 수준에 도달한 것 같다. 이제부터는 국격을 결정하는 소프트한 측면을 발전시켜야 한다. 국제평화유지 활동에도 적극적으로 기여하고 가난한 외국인을 돕는 데도 적극적으로 나서자. 우리 국민 각자가 품위있게 행동하는 멋진 신사가 되자. 그리고 외국인에 대해 좀 더 관용적이고 개방적인 사고를 하는 세계시민이 되자.

2) 이란

이란은 서남아·아프가니스탄, 파키스탄 및 터키와 인접해 있다. 기후는 고온 건조하며 대륙성이다. 면적은 한반도의 7.5배 인구는 약 8천 만명(2013)이며 수도는 테헤란(Tehran)이며 주요 민족은 이란족(51%), 아제르바이잔족(24.7%), 기타 18% 정도다.

언어는 페르시아어를 사용하고 종교는 이슬람교(시아파 89%, 수니파 9%)이며 의무교육이 8년이며 문맹율이 24%다. 1인당 GDP는 $6,816('11) 관계 수립은 62년에 남한과, 73년에 북한과 공식 관계가 수립되었다.

이란에서 〈겨울연가〉, 〈사랑이 뭐길래〉 그리고 〈대장금〉까지만 해도 대개 드라마의 팬들이 중년여성이었다. 그런데 한류 드라마의 팬을 여성에서 남성까지 확대한 것이 〈주몽〉이다. 드라마 〈주몽〉은 고구려 동명성왕의 건국설화를 바탕으로 만들어진 퓨전 사극이다. 제작 당시 일본, 대만, 홍콩, 필리핀, 베트남, 싱가포르, 태국 등으로 수출되어 800만 달러의 외화를 벌어 들였다. 특히 지역적으로 아시아권 시청자로는 중년 여성 층에 한정되었던 한류를 중앙아시아 등지의 중·장년층 남성 팬들에게까지 확대했다는 평가를 받았다.

2006년 이란 국영방송에서 집계한 〈대장금〉의 시청률이 85%였다. 그런데 그 다음에 〈주몽〉을 방영했는데 시청률이 86%였다. 이란에서는 중동지역이 다 그렇지만 퇴근을 하면 회식문화가 없다. 집에 가서 가족끼리 두런 두런 모여 앉아 TV를 보는 것이다. 시청률이 86%라는 것은 이란 국민이 거의 전부가 주몽을 봤다는 것이다. 우즈베키스탄에서는 2011년까지 주몽을 무려 다섯 차례나 재방영했다고 한다. 중요한 것은 〈주몽〉이 등장하면서 남성들도 한국드라마를 보기 시작했다는 것이다. 남성들이 이제까지 안 봤다는 게 아니라 시청자의 중심이 여성이었는데, 남성까지 보게 된 중요한 의미가 있다는 것이다.

이란에 한국산 자동차 수출이 일본을 추월했다고 한다. 2012년 이란을 방문한 한국의 대통령에게 "이란에서 작년에 처음으로 우리 한국 자동차 매출이 일본 자동차 매출을 추월했다"고 했다. 그래서 대통령께서 "어떤 마케팅 전략을 썼느냐?"라고 물어봤더니 "한국 드라마 때문입니다"라는 답변이 돌아왔다. 〈대장금〉이나 〈주몽〉을 방영하고 그 뒤에 기아자동차, 현대자동차 광고가 나가니 그전에는 닛산이나 도요타 자동차를 사려던 사람들이 현대·기아 자동차로 마음을 바꿨다는 것이다. 따지고 보면 드라마 자체의 수출액은 제조업에 비하면 얼마 되지 않는다. 드라마 방영이 가져오는 이미지 제고나 브랜드가치 상승 등에서 오는 부수적인 효과가 큰 것이다. 즉 몇 편의 드라마로 한국의 국격이 높아진 것이다.

2012년 2월 문화체육관광부 문화산업교류재단이 9개국 3,600명을 대상으로 실시한 설문조사에서 한국의 이미지는 드라마(18.3%), K-Pop(15.5%), 한식(15.3%), 전자제품(14.0%) 북한(7.7%), 한국 전쟁(6.7%)의 순서로 나타났다. 드라마와 K-Pop 같은 대중 문화 한류가 국가 브랜드 제고에 매우 긍정적 역할을 하고 있음을 보여준다. 물론 아직도 북한과 한국전쟁 같은 부정적 요소의 영향도 만만치 않다. 한편, 한류가 국가브랜드에 직접적으로 미친 영향도 아직까지는 미비하다는 평가를 받는 것 같다. 2011년 KOTRA의 조사에 의하면 한국에 대한 인지율은 85.5%인데 반해서 선호율은 27.5%, 매력도는 19.8%에 불과하다. 단순히 대한민국을 알고 있는 (인지)단계로는 곤란하며, 단순히 좋아하는 단계(선호)를 넘어 진정한 끌림(매력)을 느낄 수 있어야 한다. 그래야만 비로소 한류 덕분에 국가 브랜드가 제고된다는 결론을 내릴 수 있다.

사실 삼성, 현대, LG 등 우리나라의 많은 유명제품들이 국가브랜드지수가 낮아서 자사 제품이 한국산인 것을 공개적으로 밝히기를 꺼려했다. 이른바 '코리아 디스카운트' 때문이다. 그러나 이제는 한국의 국가 브랜드 지수가 나날이 높아지고 있다. 이제는 모든 기업이 스스로 알아서 한국산임을 당당히 밝혀도 좋을 만큼 대한민국의 국가 지명도가 확실하게 높아졌다. 싸이의 〈강남 스타일〉 이후 '코리아 프리미엄'을 누리는 시절이 빨리 오고 있다. 특히 이 과정에서 우리나라 드라마나 K-Pop 등 한국문화, 한류문화가 우리나라 무역구조의 개선에도 기여하고 궁극적으로 국가 경쟁력과 국가의 품격, 즉 국가브랜드도 높아지는 선순환이 지속되리라고 전망한다.

그렇기 때문에 우리는 한류를 단순한 문화현상, 문화산업 정도로만 치부해서는 안 된다. 한류를 우리나라 전체 산업분야와 어떻게 효과적으로 연결시켜야 할까 하는 장기적인 전략을 바탕으로 한 큰 그림을 그리는 것이 아주 중요하다는 것이다.

중국이나 일본을 넘어 동남아시아와 중앙아시아, 이어서 중동, 아프리카 지방까지 한류의 영역을 넓힌 것은 〈대장금〉이다. 2003년에 제작된 〈대장금〉은 조선 중종 때의 의녀(醫女)인 대장금의 기록을 활용해 현대적으로 잘 되살려 낸 퓨전 사극이다. 상영 당시인 2003년 당시 시청률은 국내 최고인 57.1%를 기록했다고 한다. 드라마 〈대장금〉에서 유래한 각종 드라마, 애니메이션, 뮤지컬, 온라인 게임 등이 쏟아져 나왔는데, 이것 역시 '원 소스 멀티 유스(One Source Multi Use)', 즉 OSMU의 좋은 예이다.

앞에서도 전술했지만 〈사랑이 뭐길래〉나 〈겨울연가〉는 드라마가 상영된 지역이 중국, 일본에 국한되었는데, 〈대장금〉은 대만, 홍콩, 이란 등 전 세계 62개 국에서 방영되었다. 2005년 홍콩 TVB에서 집계한 대장금 마지막회 시청률은 47%로 홍콩 방송사상 최고였다. 특히 〈대장금〉의 진출이 중요한 것은 〈사랑이 뭐길래〉나 〈겨울연가〉가 현대물인 데 비해 〈대장금〉은 전통사극이라는 점이다. 더구나 〈대장금〉의 드라마 주제가 음식이다. 드라마에 등장하는 한국의 음식, 주인공들이 입고 있는 한복, 배경이 한옥, 궁궐 등 한국의 전통적인 문화를 외국인이 자연스럽게 접하게 된 아주 중요한 계기가 되었다. 이처럼 드라마 한 편이 방영되고 나서 그것이 다른 문화에 대한 관심을 유발한다는 것이 중요하다. 그리고 이런 드라마가 한 번 뜨고 나면 이를 바탕으로 하는 만화, 애니메이션, 온라인 게임, 뮤지컬 등이 만들어지는 부가적인 효과도 거둘 수 있다. OSMU의 좋은 예가 되겠다.

한류는 단순히 드라마에서 그치는 것이 아니라 한국의 브랜드 가치와 이미지를 높이는 데 결정적 역할을 한다는 것을 깨달았다.

3) 사우디아라비아

아라비아 반도에 있는 나라로 고온건조한 대륙성기후다. 면적은 한반도의 10배 정도이며 인구는 2,817만 명('12), 수도는 리야드, 주요 민족은 베드윈족이 27%, 기타 아랍정착민이 73%, 주요 언어는 아랍어이며 영어도 통용되고 있다.

종교는 이슬람교파(수니파 90%, 시아파 10%)이며 교육은 의무교육이다. 1927. 5. 20일에 독립되었다. 일인당 GDP는('12) $ 22,822, 한국과의 관계 수립은 1962년 10월 16일, 재외동포 수는('13) 8,450명이다.

사우디아라비아의 대표적인 축제인 자나드리아 축제(Janadriyah Festival)에 우리 나라가 주빈국으로 초청을 받았다. 공연 대표자의 말을 들어보면 자나드리아 축제는 사우디아라비아의 압둘라 국왕이 직접 주관하는 행사로 사우디아라비아 국민은 물론이고, 외국인 약 800만 명 정도가 참여한다. 2008년 이후 터키, 프랑스 등 매년 1개국을 주빈으로 초청하는데 2012년에는 우리나라가 주빈국으로 초청됐다.

우리 정부 입장에서는 사우디아라비아가 전략적으로 매우 중요한 중동의 협력파트너 일뿐만 아니라, 2012년이 한국과 사우디 간에 수교한 지 50주년이 되는 의미 있는 해이기도 했다. 우리 나라는 페스티벌에 적극 참여해 사우디 국민들에게 한국의 우수하고 다양한 문화를 보여 주었다. 특히 600평 규모의 전시관에서는 사우디에서 인기가 많은 한류 열풍의 주인공을 소개하는 내용을 포함하여 한국문화 체험시설, 공연 등 다양한 콘텐츠를 선보여 좋은 반응을 얻었다.

이 축제에서 물항아리를 매개로 한국을 대표하는 32개의 콘텐츠를 인터렉티브 영상으로 담아 보여 주었다. 기술과 콘텐츠, 전통이 융합을 통해서 어떻게 상승효과를 내고 또 해외에 진출할 수 있는지를 보여주는 좋은 사례였다고 본다. 특히 사우디 아라비아에서 들은 한국종합예술학교 학생들의 신바람 나는 농악은 평생 잊지 못할 것이다.

동남 아시아 여러 나라에 공연을 가면 더더욱 한류를 몸으로 체험하게 된다. 한류로 인해 국격이 상승되고 있음을 이곳 저곳에서 실감하게 된다.

2. 아메리카 지역

1) 베네수엘라

베네수엘라의 수도는 카라카스(CaraCas)로 인구는 5백만 정도다. 나라 전체의 인구는 세계 41위로 2,900만 명 정도다. 종교는 카톨릭이 71%, 개신교가 17%정도다. 언어는 스페인어를 사용하며 다른 라틴아메리카 국가들에 비해 백인의 비중이 높다. 석유 수출국이지만 빈부격차가 심해 치안이 불안한 상태이며 성격이 낙천적이며 느긋하다. 이 나라에 한류는 2005년 경에 등장하여 늦은 감이 있다.

다음은 정진만 위원의 이야기다.

칠레를 떠나 베네수엘라에서의 새 삶이 시작됐다. 그런데 어찌하랴. 베네수엘라는 칠레와는 비교도 안 될 정도로 더 황당한 나라였다. 베네수엘라로 들어가는 첫 관문인 공항 입국 심사대에서 비자와 모든 서류를 완벽히 갖췄는데도 무조건 입국이 안 된다는 것이었다. 스페인어가 짧으니 열만 받고 기다릴 수밖에 없었다. 같이 온 다른 입국자들은 모두 나간 후 였다. 마지막으로 입국 심사대에 다시 불려갔더니 여권이 가짜란다. 이런 황당한 일이!
나는 속으로 부글부글 끓었지만 차분히 다시 물었다. "그래서 뭘 원하시는데요?" "올라 치노(어이 중국 놈), 가짜 여권이지만 들어갈 방법이 있거든, 1인당 미화 100달러 내면 돼." '이런!' 내가 그럴 줄 알았지. 그것도 갓난아이도 100달러씩 모두 400달러를 내라는 거였다. 무고한 사람을 3시간이나 붙잡고 있다가 하는 말이 가짜 여권에 400달러를 내라니, 기가 막히고 어이없을 뿐이었다.

'어휴, 여긴 칠레보다 한술 더 뜨는 곳이구나!' 하는 생각에 한숨이 절로 나왔다. 결국 200달러에 합의하고 3시간 만에 풀려나 입국을 하니, 베네수엘라 직원이 기다리고 기다리다 안 오는 줄 알았다고 했다. 이렇게 시작된 베네수엘라 생활, 매번 속 터지고, 답답하고, 황당한 6년을 보냈다.

"너 중국 놈이야, 일본 놈이야?" 하루에도 이런 질문을 수 없이 들었다. 그럴 때면 나는 언제나 대답했다. "아뇨, 한국 사람입니다." 그러면서 한마디 슬쩍 건네며 맞불 작전으로 나갔다. "그럼 너는 볼리비아 놈이야?" 그러면 또 자기를 무시한다고 불같이 화를 내는 베네수엘라 사람들을 보며 고달프다는 생각밖에 안 들었다.

'일본도, 중국도 잘 아는 사람들이 도대체 왜 한국을 모르는 걸까? 과연 우리나라 현주소는 어디인 거야?' 이것이 당시 한국의 국격이었다.

다음은 주베네수엘라 대사관 행정원 박만수씨의 글이다.

요즘은 세계 어느 나라를 가도 도시 중심가에서 삼성, LG, 현대 등 한국 기업 간판을 쉽게 찾아 볼 수 있다. 내가 2009년 경 베네수엘라에 처음 도착했을 때도 베네수엘라 국제 공항(Aeropuerto internacional de Maiquetia)엔 삼성과 LG외에 다른 기업 광고는 찾아보기 힘들었다. 그만큼 우리 기업이 세계 시장에서 선전하고 있다는 증거다.

베네수엘라인들은 삼성을 '삼숭'으로 발음한다. 스페인어의 '우'에 해당하는 'u'로 표기하다보니 '삼숭'이 된 것이다. 베네수엘라인들에게 '삼숭'은 프리미엄 브랜드다. 고급 제품으로 인식되어 가격도 으레 비싸겠지 하고 생각한다. 과시욕 강하고 유행에 민감한 베네수엘라인들에게 삼성 제품은 자신을 뽐낼 수 있는 브랜드로 통한다.

LG전자도 삼성 못지않게 잘 나간다. 카라카스 어느 지역을 가든 LG전자 간판을 볼 수 있다. LG전자 제품 중에는 주로 가정이나 사무실에서 많이 쓰는 백색가전이 잘 팔린다. 차베스 전 대통령의 친 중국 정책만 아니었다면 베네수엘라에서 한국 제품 점유율은 훨씬 높아지지 않았을까. 사실 베네수엘라에는 한국 브랜드가 생각보다 많다. 그런데 웃을 일인지, 울 일인지 모르겠지만 삼성전자나 LG전자가 한국 회사라는 사실을 모르는 베네수엘라 사람들이 꽤 많다. 지금은 예전보다 상황이 많이 나아졌는데도 말이다. 그냥 일본이나 동양의 어느 나라 브랜드일 거라고 생각한다. 우리나라의 국가 브랜드가 기업 브랜드보다 못하기 때문에 세계 어디서나 나타나는 현상이지만, 기업 입장에서는 굳이 한국 회사라는 점을 알릴 필요가 없다고 한다. 베네수엘라 친구들에게 현대나 기아, 삼성, LG가 한국 브랜드라고 얘기하면 왠지 내 어깨가 으쓱해지는 것 같다. 한국 드라마에서 종종 나오는 대사긴 하지만 "사실 나 부잣집 아들이야."하고 말하는 엄친아의 기분이랄까.

더욱이 요즘 베네수엘라를 비롯하여 중남미는 K-Pop 열기가 심상치 않다. 라디오 방송에는 싸이의 '강남스타일'이 흘러나오고, 지상파 방송에선 '가을동화', '겨울연가' 등 한국 드라마가 방영되고 있다. 한류 바람은 HD방송과 유튜브를 통해 빠르게 파고들고 있다. 때마침 삼성, LG 전자제품과 현대, 기아 자동차가 중남미에서 승승장구하고 있다.

매년 2번씩 주베네수엘라 대사관에서 주최하는 '한국문화주간'에는 특별히 초청가수가 없는데도 해마다 참석자가 2배 이상 늘고 있다. 또한 한류 바람을 타고 한국 문화 전반을 이해하고 싶어하며, 한국어를 배우려는 젊은이들과 한국 요리를 좋아하고 한국에 가고 싶어 하는 현지인들이 급속도로 늘고 있다.

하지만 대부분의 중남미 국가에는 K-Pop을 비롯한 한류문화 조성을 지원하는 정부 산하 단체가 턱없이 부족하다. 베네수엘라만 해도 날이 갈수록 한국어를 배우려는 현지인 수요는 늘고 있지만 그것을 감당하지 못하는 현실이 안타깝다.

현지인이 원하는 콘텐츠를 구매할 수 있는 유통구조 또한 열악하다 못해 전무하다. 월드와이드 앨범을 발표하는 국내 가수들이 늘었지만, 남미 전역에서 그들의 CD와 포스터를 정가에 구입하기란 하늘의 별따기다. 개인이 운영하는 인터넷 쇼핑몰을 통해 정가 20~30달러 인 CD가 4배 정도 비싼 80~120달러에 거래되고 있다.

베네수엘라는 한국 면적의 4.5배가 넘는 넓은 영토와 사우디아라비아에 버금가는 석유 매장량을 갖고 있는 자원부국이다. 한국은 지난 60년 동안 기적이라고 불릴 만큼 고도의 경제 성장을 이뤄냈다. 만약 한국이 지금의 베네수엘라가 가진 만큼의 석유를 보유하고 있었다면 그 성장의 몇 배나 더 빨리 이뤄졌을 것이다. 20세기 초만 해도 베네수엘라는 주로 코코아와 사탕수수를 생산하던 가난한 농업국이었다고 한다. 영국인 지질학자 조지 레이놀즈(George Reynolds)가 1922년 베네수엘라 마라카이보에서 석유 시추를 하면서부터 운명의 전환점을 맞았다. 외화 수입이 늘고, 사회, 문화, 경제는 가파르게 발전했다.

좋은 지도자를 선출하여 교육과 기술 발전에 투자했다면 베네수엘라는 이웃나라 브라질처럼 세계 10대 경제 대국에 속했을지도 모른다. 대선 후보들은 저마다 장밋빛 미래를 외치며 지원을 호소했지만 실상은 국가 발전은 뒤로한 채 자신의 욕구를 채우기에 바빴다.

돌이켜보면 대한민국 경제는 초고속 성장을 해왔다. 1996년 한국은 선진

산업국으로 구성된 경제협력개발기구 OECD 회원국이 될 정도로 부유한 나라가 됐다. 천연자원이 거의 없는 한국이 이렇게 성장할 수 있었던 이유는, 소위 '전쟁의 폐허 속에 가진 게 없었던 나라'의 끊임없는 연구개발 투자와 수출 위주의 전략때문이었다.

한국은 어쩌면 세계 2, 3위의 경제 대국을 양 옆에 둔 운 좋은 나라일지도 모른다. 중국은 인적자원을 이용하여 세계 경제 대국 1위를 목표로 폭발적인 성장을 하고 있다. 일본은 전통적인 부국이다. 한국은 두 나라와 닮은 문화적 요소를 지니고 있는 반면 한국만의 독특한 문화도 가지고 있다. 세 나라는 각각 자국 언어가 있으며, 이웃나라에 대해 민감하고 서로의 눈치를 본다. 특히 한국은 이웃나라 일본과의 보이지 않는 경쟁의식 때문에 항상 긴장하고 더 발전하려고 노력해 왔다. 이러한 경쟁의식은 앞으로도 대한민국 발전에 좋은 영향을 미치리라 생각된다.

2) 칠레

수도는 산티아고(Santiago, 인구 660만 명)이고 인구는 (2012년) 1,755만 명이다. 면적은 한반도의 3.5배이며 민족구성은 메스티조(66%), 백인계(29%), 원주민(5%)로 구성되어 있으며 종교는 카톨릭(74%), 신교(15%), 소수종교(4%)며 언어는 스페인어를 사용한다.

칠레의 문화적 특성을 보자.

스페인과 토착 원주민과의 혼합이 칠레인과 칠레 문화의 기초를 형성하며, 시간이 지남에 따라 유럽계 이주자와 미국 문화가 영향력을 행사하고 있다. 19세기에는 지적사고, 예술작품 및 상류층의 생활양식에 지배적인 영향을 미쳤고, 이후 불란서 양식이 주를 이루다가 20세기 말 경에는 미국의 영향이 지배적이다. 아직 쿠에카(Cueca) 민속춤과 야생마를 타고 버티는 로데오(Rodeo)가 널리 성행되며, 가장 인기 있는 스포츠는 축구이다.

연극, 무용, 음악, 미술 등 각종 예술 활동이 활발하고 특히, 칠레의 문학은 남미의 최고봉으로서 '시인의 나라'로 불린다. 가브리엘라 미스트랄(Gabriela Mistral)과 파블로 네루다(Pablo Neruda)는 노벨문학상을 수상하였고, 이사벨 아옌데(Isabel Ayende)는 가르시아 마르케스(Garcia Marquez, 콜롬비아)와 더불어 라틴아메리카를 대표하는 소설가로 활동 중이다. 작가와 그의 대표작으로는 가크리엘라 미스트랄〈비수〉, 파파블로 네루다〈20편의 사랑의 시와 한 편의 절망의 노래〉, 이사벨 아옌데〈영혼의 집〉등을 들 수 있다.

다음 글은 정진만 페루 평통위원의 글에서 발췌한 것이다.

서울에서 칠레를 가기 위해서는 비행기를 몇 번 갈아타고 30시간 정도 걸린다. 몸이 파김치가 되어 있는데 공항 입국심사대 직원이 낯선 스페인어로 이런저런 질문을 해왔다. 순간 나는 답답하고 짜증이 확 밀려왔다. 서툰 영어와 손짓 발짓을 섞어가며 겨우겨우 입국 심사를 통과했는데 이번에는 여행 가방이 나오질 않았다. 아무리 기다려도 나오지 않는 가방을 찾아 수화물센터를 몇 바퀴 돌며 초조한 마음을 감출 수 없었는데 그때 마침 아르헨티나로 떠나려는 짐차 속에서 익숙한 색깔의 가방을 발견하고 되지도 않는 영어와 한국말로 직원을 야단치며 가방을 끌고 나왔다.
"아이고, 이런 나라에서 앞으로 어떻게 살지?" 한숨이 절로 나왔다. 그때가 1992년 9월 그때로부터 10년 동안 나는 여전히 이곳에서 살고 있다.

이곳에 처음 왔을 때는 3년만 근무하고 한국으로 돌아가겠거니 했다. 그런데 그 꿈은 어디론가 사라지고 나는 여전히 이곳 잉카의 나라 칠레 옆 페루에서 살고 있다. 그사이 아이들은 자라서 대학생이 됐지만 그동안 이 나라에 살면서 겪은 답답함과 짜증스러움은 말로 다할 수 없다.

이놈의 나라에서는 회사일이든, 집안일이든, 구청이든, 경찰서든 모두 답답한 상황의 연속이었다. '마냐나(내일)', 여기서는 이 한마디로 모든 게 정리됐다. 더구나 칠레 사람들은 코리아는 알지도 못한다. 이런 현실을 깨닫고 적응하는 데는 몇 달이라는 시간이 걸렸다.

'중국인도, 일본인도 아닌 한국인으로서 살아가기가 참 어려운 나라구나' 이런 생각으로 한 2년을 버티고 살았다. 그 후 베네수엘라로 자리를 옮기게 됐다.

칠레를 떠난 지 10년 만인 2004년쯤 칠레를 잠깐 방문한 적이 있는데, 공항에서 그는 깜짝 놀랐다. 입국심사 직원이 한국말로 인사를 하는게 아닌가.

"아, 한국 사람? 안녕하세요?" 그는 깜짝 놀랐다. 얼마 전 한국 칠레 간 FTA 협정이 이렇게 큰 차이를 가져오는 것일까?

3) 페루

수도는 리마(Lima, 인구 939만 명)이고 인구는 (2012년) 30,135만 명이다. 면적은 한반도의 약 6배이며, 민족구성은 인디오(원주민, 45%), 메스티조(혼혈계, 37%), 백인(15%), 흑인 및 동양인(3%)로 구성되어 있다. 언어는 서반아어 및 께추아어(Quechua, 인디오 언어, 75년 추가) 이다.

남미에서 유일하게 5천 년이 넘는 문화적 유산을 간직하고 있는 페루는 스페인의 침략이 있기 전인 15세기까지 잉카제국의 수도를 품고 현재의 에콰도르, 볼리비아, 칠레 및 아르헨티나 북부 일대에 이르기까지 광활한 영토를 지배하며 번성했던 역사를 자랑한다.

잉카제국의 문화는 건축, 금은 세공, 수리관개, 농업 등 다방면에 걸쳐 발달하였으며, 그들이 거주했던 곳에서 아직도 발굴되는 당시 유물들이 과거의 영광을 잘 보여주고 있다. 특히 현지원주민 언어인 께추아어로 '늙은 봉우리'라는 의미를 지닌 마추픽추는 유네스코에 의해서 세계유산으로 지정되었으며, 남미를 여행하는 관광객들이 반드시 보아야 할 곳 중 하나로 알려지고 있다.

도시 중심이었던 마야 문명이나 부족연합의 성격이 강했던 아즈텍과는 달리 제국으로 불리기에 손색이 없었던 잉카문명은 스페인의 통치가 시작되며 쇠락의 길을 걷게 되었다. 유럽에서 건너 온 전염병, 노동력 착취 등으로 원주민 수가 제국의 전성기에 비해 1/10이하로 감소한 적이 있었다는 사실만 보아도 잉카의 후손이 겪어야 했던 고난을 미루어 짐작할 수 있다. 인디오로 불리는 이들은 이제 페루 전체 인구의 절반에 달할 정도로 수가 늘었지만 대부분은 아직도 사회적, 경제적으로 외면되어 상대적으로 열악한 삶을 영위하고 있다.

16세기 본격적으로 시작된 식민지 시대는 19세기 초 페루가 독립을 선언하고 1824년 이를 달성하며 마감되었지만, 사회 지배계층으로 자리를 잡은 소수의 백인들이 국가의 중요 권력을 차지하고 있는 구조는 큰 변화없이 지금까지 내려오고 있다. 피지배자의 위치에 놓였던 인디오 문화는 지방을 위주로 의복, 언어, 풍습 등에서 그 자취를 이어가고 있지만, 도시 주민을 보면 서구의 영향으로 현대 문화 및 생활 방식을 취하고 있으며, 대다수 국가들의 경우에 그러하듯이 경제가 발달할수록

탈전통화 경향이 심화되고 있다.

잉카 원주민들은 안데스 산맥 3천미터 이상의 고지대를 위주로 생활했지만, 스페인 정복자들은 해안선을 따라 도시를 세우고 발전시켰다. 원래 잉카제국의 수도는 마추픽추에서 가까운 해발 3,400m 고지대에 자리잡은 꾸스꼬(께추아어로 '세계의 배꼽')라는 도시였으나, 현재의 수도인 리마는 남미 대륙의 서부를 총괄하는 부왕청이 있던 곳으로, 정복자의 상징과 같은 프란시스코 피사로를 위시한 스페인이 식민 통치의 편의성을 생각해서 1535년에 세운 도시이다.

페루에는 잉카의 옛 문명과 현대 서구 문명이 공존하고 있다. 그러나 백인으로 대변되는 소수 사회 상류층의 삶과 그 반대편에 서있는 다수의 인디오들의 삶이 양극화되어 있는 것이 식민지 이후 계속된 현실이다. 이러한 관점에서 볼 때, 소외 계층의 대다수를 구성하고 있는 인디오계 페루인들은 수백 년에 걸쳐 착취 계급의 위치에 있던 서구인들보다는 외모와 취향에 다소 유사한 모습을 보이는 동양인들에게 친근감을 느끼는 듯하다.

사회 전반을 살펴보자면, 식민지화와 함께 진행된 카톨릭 개종 정책의 영향으로 인해 전 국민의 대부분이 카톨릭 신자라고 자처할 만큼 종교가 사회 전반에 걸쳐 영향를 미치고 있으나, 그 정도는 해가 갈수록 감소되고 있다. 오랜 풍습과 전통이 남아 있는 각 지방마다 매년 카톨릭 주요 절기에는 종교 행사를 대대적으로 개최하며, 이를 보기 위해 많은 관광객들이 방문한다. 도시에서는 그 정도가 덜 하지만, 가족 중심의 생활을 영위하는 대부분의 페루인들에게는 아직도 대가족의 풍습이 남아 있어 가정 단위로 절기마다 모임을 가지는 모습을 볼 수 있다.

페루는 중남미 국가 중에서 동양 문화의 영향이 많이 느껴지는 곳인데,

160여 년의 이민 역사를 지닌 중국계와 100년 이상 된 일본계가 정계, 재계 및 문화계 등 사회 요소요소에서 활약하며 지역사회에 성공적으로 동화되었으며, 동양인에 대한 호감도와 친밀도가 비교적 높은 곳이라고 할 수 있다.

정진만은 회사 발령으로 1999년 10월 페루로 이동했다. 10년 전에 비해 페루 공항이 많이 달라졌음을 느꼈다. 공항 시설은 여전히 별볼일 없었지만, 입국 심사대 직원들 반응이 새로웠다. "아, 한국인이세요? 환영합니다." '이건 또 뭐지? 그동안 무슨 일이 있었던 거야?' 하는 생각이 들었다.

페루는 중남미 나라 중 한국인에 대한 편견이 가장 적은 나라다. 페루 영웅인 박만복 배구 감독, 코이카의 지원 활동과 봉사 활동, 그리고 대우나 삼성, LG 등 한국 기업의 깨끗하고 선진화된 이미지는 중국과는 확연히 구분되어 있었다. 한국인과 한국 상품에 대한 이미지가 좋아지면서 한국의 위상 변화에도 한몫했을 것이다.

나는 요즘 페루에서 개인사업을 하고 있다. 사업과 병행해 한국 기업을 페루에 소개하는 일도 하고 있다. 최근 들어 한국 기업은 중남미에 플랜트 및 건설업 수출에 관심이 많다. 이중 특히 환경 아이템(하수 폐기물 처리 등)에 대한 관심이 높다.

나는 20년간 남미 생활에서 익힌 스페인어와 주재원 시절 알게된 많은 페루 공무원이나 지배층 사람들을 통해 한국산 플랜트 수출 가능성을 계속 타진하고 있다. 최근 페루 및 중남미에서 한국 제품의 품질과 기술력에 대한 평가는 한마디로 "세계 최고 수준!"이라는 것이다. 요즘에는 중국산과 비교하는 사람은 아예 없고, 일본이나 유럽 수준을 뛰어넘는다고 생각하는 사람이 많다. 내 얼굴을 보면 이제는 중국인이냐고 묻는 대신 "한국인이세요?" 하고 물을 때가 더 많다. "한국인이요!" 라고 대답하면 "한국 기술 최고" 하며 엄지를 치켜든다.

삼성, LG, 현대, 기아 제품들이 자연스럽게 대화 주제가 되고 한국 제품을 사고 싶다고 말한다. 한편, 한국에서 지원하는 코이카의 봉사 활동이나 화력 발전소 등 플랜트 건설에 대한 질문을 해오면, 한국에 좀 더 관심 있는 사람들이라는 걸 알게 된다.

나아가서 "한국말 배우려면 어디로 가느냐?" 하고 묻는 사람도 부쩍 늘었다. 자연스럽게 자녀들을 통해 한국 문화와 한국에 대해 관심을 갖게 된 것 같다.

지난 4년 동안 재페루 한국학교 교장을 지내면서 참 많은 것을 배우고 느꼈다. 한국어를 배우기 위해 찾아오거나 전화하는 페루 사람들, 한국 노래를 배우고 함께 즐기는 수많은 동호인 클럽, 한국 식당에서의 만남…….

이런 페루 사람들을 통해 '한글과 한국 문화가 이렇게 자랑스러울 수가!' 하고 새삼 느끼곤 한다. 2010년 6월 한국 환경부 초청으로 페루 몇몇 공무원들과 함께 5박 6일 동안 서울과 환경 플랜트를 비롯한 여러 곳을 방문했다. 여기서도 페루 사람들은 이구동성으로 말했다.

"한국의 환경 플랜트는 정말 훌륭해요. 페루에도 건설하면 좋겠어요."

그 말에 자긍심이 생기는 한편 부담감도 느꼈다.

멀리 남미 라틴 아메리카에서도 한류의 열기를 느낀다. 명실상부하게 한국의 경제력과 함께 문화적 영향력과 교류까지 말 그대로 '21세기는 문화가 리드한다'는 말을 다시금 실감하게 된다. 수많은 외국 관객들이 한국말로 인사를 건네 올 때, 자신이 좋아하는 한국 노래나 드라마를 얘기 할 때 그때마다 왠지 모를 뿌듯함이 밀려든다. 대한민국이 더 크고 훌륭한 문화강국이 되고, 한류가 그 밑바탕에 훌륭한 싹이 되기를 희망한다.

한류로 인해 국격이 상승되고 있음을 남미의 이곳 저곳에서 실감하게 된다.

4) 미국

미국 속에서 주변에 있던 한류는 주류 사회로 약진하고 있다. 한류로 미주 한인사회가 질적 변혁기를 맞고 있다. 이민 1세대의 유입이 예전처럼 많지 않고 1.5세, 2세들이 한인사회의 주도적 계층으로 등장하고 있다. 초창기 한인사회의 성장을 견인했던 1세대들은 서서히 은퇴하면서 단체와 비즈니스의 세대교체가 급속하게 이루어지고 있다.

영어권에서 성장한 2세들은 주류사회 도전에 적극적이다. 정치적 성과도 일궈내고 있다. 한인 온리(Only) 커뮤니티는 빠른 속도로 다인종들과 함께 어울리는 '샐러드 보울'로 변모한다. 한인사회는 더 이상 미국에서의 '섬'이 아니며, 그래서는 생존할 수 없는 시대가 됐다. 주로 한인 고객들을 겨냥했던 비즈니스는 새로운 생존 모델을 고민하고 있다.

LA는 한인 이민자들에게 '제2의 서울'이다. 인구, 경제력 모든 면에서 전세계 한인사회 중 최대 규모다. 그래서 LA는 해외에 산재한 '코리아타운'의 대명사로 통한다. 연방 센서스에 따르면 2010년 현재 캘리포니아주 한인 인구는 45만1,892명이다. 미 전체 한인 인구(170만 6,822명)의 26.4%로 미주 한인 넷 중 한 명 이상이 캘리포니아에 살고 있는 셈이다. 한국 도시와 비교하면 제주시 인구(2014년 현재 45만 4,000여 명)와 맞먹는다.

LA에는 캘리포니아 한인 인구 절반에 가까운 21만 6,501명이 집중되어 있다. 미주 한인 이민사가 갓 시작된 1910년 캘리포니아 전체 한인 수는 304명에 불과했다. 지난 100여 년간의 LA 한인 사회 성장은 경제력에서도 확인 할 수 있다. 2016년 중앙일보 업소록에 따르면 LA지역 한인 업소 수는 1만 8,000여 개에 달한다. 미 전역 한인 업체 중 10%에 달한다.

정치분야에서 한인들의 활약상도 눈부시다. 특히 지난 2015년 5월 LA 시의회 165년 역사상 첫 한인 시의원이 선출되면서 새 역사를 썼다.

LA는 이민 1번지에서 한류 1번지로 변하고 있다. LA한인들의 이민사는 끊임없는 도전의 연속이었다. 특히 1992년 LA폭동과 1994년 노스리지 지진을 겪으면서도 한인들은 성장을 멈추지 않았다.

1990~2000년 사이 암울했던 10년이었지만 LA 한인인구 증가율은 28.14%로 아시아계 중 중국계에 이어 두 번째로 높았다. 이후 LA한인 사회 두드러진 현상은 '탈 코리아타운'이다. LA 북쪽 밸리지역에 집중됐던 한인들은 다시 남쪽의 오렌지카운티로 세력을 확장했다. 특히 어바인과 플러턴은 급성장하고 있다. 어바인 한인 인구는 2000년 7,593명에서 2010년 1만 8,445명으로 무려 142% 폭증했다. 전국 50개 주요 도시 중 인구 증가율로는 애틀랜타에 이어 두 번째로 높다. 플러턴도 같은 기간 9,093명에서 1만 5,544명으로 70% 늘었다.

주거지역은 변화하고 있지만 한인타운의 경제력은 여전히 막강하다. 미국혁신센터(CAP)가 5월 발표한 미국의 아시안 이민자 보고서에 따르면 미 전역에서 한인이 소유한 업체는 19만 2,465개에 달한다. 미국 내 이민자 중 4번째로 많다. 매출은 786억 달러로 인도계, 중국계에 이어 3위다.

한인들이 외곽으로 빠져나가면서 코리아타운도 다인종 커뮤니티로 변화하고 있다. 한인들을 주로 상대하던 한인 업소들에게는 또 다른 시장이 열린 셈이다. 타운으로의 타인종 유입은 한류와도 무관하지 않다. 영화, 드라마, 가요(K-Pop)로 노출된 한국 문화에 익숙해진 타인종들은 한류를 즐기기 위해 코리아타운을 찾고 있다.

2015년 8월 LA스테이플스 센터에서 열린 KCON콘서트를 찾은 관람객 5만 5,000명 중 90%가 타인종이었다. 타운에서 백인, 흑인 등 타인종들이 곱창을 구워먹으면서 아이돌 그룹 엑소(EXO)의 노래를 흥얼거리고 배우 이민호에 비명을 지르는 모습은 이제 흔한 광경이다. 한인들의 집단 거주지라는 뜻으로 서울시 나성구로 불리던 코리아타운은 이제 한류 1번지가 되고 있다.

정치에서도 새 장을 열고 있다. 2015년 5월 사상 첫 한인 LA시의원에 당선된 데이비드 류는 한인 정치의 새 역사를 썼다. 1850년 LA시의회가 탄생한 이래 165년만의 첫 한인 시의원이다. 한인 정치인으로서는 3전4기 도전끝의 결실이다. 스캇 서(1999년)로 시작해 앤드류 김(2011년), 존 최·이밀 멕(2013)이 시의회의 문을 두드렸지만 빈번히 고배를 마셨다.

2010년 연방 센서스에 따르면 OC 전체 인구는 301만 232명으로 가주에서 LA, 샌디에이고 카운티에 이어 3번째, 전국에선 6번째로 인구가 많다. 카운티별 인구밀도에선 샌프란시스코에 이어 전국 2위다. OC 인구 중엔 백인이 226만 6,819명으로 가장 많고 아시안이 54만 9,149명으로 그 뒤를 잇고 있다. 한인은 8만 7,697명으로 OC전체의 2.91%를 차지했다. 이는 45만 1,892명으로 집계된 가주 한인의 19.4%에 해당되는 수치로 가주 한인 5명 중 1명이 OC에 거주하고 있는 셈이다.

특히 OC의 한인인구는 지난 2000년 센서스에서 5만 5,573명을 기록한 뒤 10년간 57.85의 급증세를 보이며 LA, 뉴욕에 이은 대표적 한인 커뮤니티로 성장했다. 도시별 한인 인구를 살펴보면 어바인과 플러턴이 각각 1만 8,445명, 1만 5,544명으로 1, 2위를 차지했다. 이에 브에나파크(7,806명), 애너하임(6,574명), 가든그로브(5,717명), 사이프리스(5,698명) 순이다. 이밖에 한인 인구가 1,000명이 넘는 도시로는 브레아(2,592명), 라팔마(2,587명), 라하브라(2,306명), 터스틴(2,519명), 요바린다(1,966명), 오렌지(1,830명), 헌팅턴비치(1,610명)이다.

한인 인구 1000명이 넘는 OC지역 도시들

도시명	인구수
어바인	18445
플러턴	15544
부에나파크	7806
애너하임	6575
가든그로브	5717
사이프리스	5698
브레아	2592
라팔마	2587
라하브라	2306
터스틴	2519
요바린다	1966
오렌지	1830
헌팅턴비치	1610

2010 센서스 기준

⟨한인 정치인, 공직자⟩

OC한인사회의 가장 큰 특징 중 하나는 한인 정치인의 활약이 두드러진다는 점이다. 영 김 가주 하원의원, 미셸 박 스틸 OC 2지구 수퍼바이저, 프랭크 재무국장, 강석희 전 어바인 시장, 최석호 어바인 시장, 피터 김 라팔마 시장, 조재길 세리토스 전 시장, 기타 박동우, 정재준, 등 많은 정치인을 배출했다.

한인상권도 많이 확장되었고 단체, 교회도 활발히 확장 발전하고 있다. 그 외에 샌디에고, 워싱턴 DC, 워싱턴 지역, 뉴욕, 뉴저지, 애틀랜타, 시카고, 시애틀 등지에서도 인구가 계속 증가 추세이고, 미정치인들을 배출하여 Korean American의 목소리가 높아지고 한국인의 위상이 상승하고 있다. 미 전국에 한국인이 없는 곳이 없고 한류의 바람이 강력히 불고 있다. 한국의 국격 상승으로 주변에서 중심으로 매진하고 있다.

3. 유럽 지역

1) 덴마크

덴마크의 면적은 한국의 20%, 종교는 덴마크 루터복음교가 국교이고 언어는 덴마크어이다.

기본적으로 덴마크는 560만 명의 인구 중 90%이상이 북게르만계 덴인족이며 전 국민의 87%가 루터복음교 신자이기에 이웃의 독일, 영국 등 대국에 비해 동질적인 문화를 가지고 있으며, 이러한 동질적인 문화는 덴마크 특유의 복지국가 시스템 정착에 커다란 기여를 하였다.

덴마크인들은 과도한 의전과 낭비를 싫어하고 모든 사람들이 평등하다는 인식이 생활 속에서 보편적으로 체계화되어 있다(예를 들어, 전 총리가 외국 출장 시 수행원을 대동하지 않는 경우가 많으며, 현직 고위인사 외국 출장 시에도 수행원 숫자가 다른 국가에 비해 현저히 적은 편임). 그러나 왕국의 특성상 왕실 관련 행사 등에서는 깍듯하게 격식과 의전을 중시하는 특성이 있다. 체면보다는 실질적인 이익을 중시하며, 원칙과 관행을 철저히 준수하고자 하나 필요할 때는 원칙과 관행 등을 융통성 있게 해석하고 집행하는 등 유연성도 중시하는 경향이 있다. 덴마크 인들은 교육 등의 영향으로 타 인종 및 타 문화에 대해 개방적이고 관대한 편으로 타 문화에 대한 수용능력이 뛰어난 편이다(이러한 국민성 때문에 덴마크에는 일부국가에서 흔히 발견되는 스킨헤드와 같은 백인 우월주의자가 없다).

실례로 덴마크 인 대다수가 영어로 의사소통에 별 문제가 없을 정도로 영어구사 능력이 뛰어나며, 국가 규모에 비해 다양한 국적의 문화를 광범위하게 즐기고 있다. 덴마크에는 아직 정식으로 설립되어 운영 중인 한류 동호회는 없으며 한류에 대한 열기는 K-Pop, 영화 등을 중심으로 개인 또는 소규모 모임 수준에 머물러 있다.

그러나 2012년도 하반기 싸이의 '강남스타일'이 큰 인기를 얻은 바 있으며, 2013년 4월 코펜하겐 영화제에 우리나라 영화가 6편이나 출품된 데 이어 6월에는 덴마크 영화 연구소에서 박찬욱 감독 특별전을 개최하는 등 한류가 점차 확산되어 가고 있는 것으로 보인다.

특히, 코펜하겐 대학 한국어학과 및 정치학과 학생을 중심으로 전공을 떠나 우리나라 문화 등에 대한 관심이 높아 본관 및 코펜하겐 체류 우리 교환학생 등과 함께 한류 관련 각종 행사를 자발적으로 기획하고 한국행사를 개최하는 등 한류 확산에 밑거름이 되고 있다.

다음 글은 송진화 영사의 글에서 발췌한 것이다.

2011년 5월 이명박 대통령 덴마크 국빈 방문 준비로 분주한 나날을 보냈을 때의 일이다. 대통령이 방문할 장소를 사전에 여러 번 답사하는 것이 의전 관례다. 하루는 대사관 직원 모두가 덴마크 측 의전 및 경호 담당자와 함께 아침부터 대통령이 방문할 장소를 사전에 답사했다.

어느덧 점심시간이 되어 대통령이 헌화할 예정인 유틀란디아 호(한국전쟁 당시 덴마크 정부가 1951~1953년 우리나라에 파병한 병원선) 출항 장소 인근 카페에서 식사를 하기로 했다. 샌드위치를 주문하고 기다리는데, 30분이 지나고 1시간이 지나도 음식이 나오지 않았다. 여러번 독촉을 하고 급기야 짜증을 내기도 했지만, 식당 종업원들은 잡담할 것 다 해가면서 무려 1시간 반 만에 샌드위치를 가져왔다.

덴마크의 수도(인구 약 55만 명), 코펜하겐 시내, 그것도 인어공주 동상이 인접한 관광지의 노천 카페에서 손님에게 샌드위치를 만들어주는데 무려 1시간 30분이 걸린 것이다. 거기다 샌드위치와 음료수 하나에 150크로네(약 3만 원)나 했다. 지금은 덴마크 물가에 어느 정도 익숙해졌지만, 당시에는 너무나 놀라운 일이었다.

대통령의 덴마크 국빈 방문이 성공적으로 마무리되고 한 달 정도 지난 2011년 6월, 우리나라 기자단이 덴마크를 방문했다. 기자단은 고맙게도 여행사를 통해 숙박, 차량, 가이드 등을 모두 자체적으로 해결했다. 대사관에서는 유틀란드 반도에 있는 덴마크의 세계적인 풍력 발전기 제작 업체인 베스타스 Vestas 연구개발센터 방문 일정만 주선했다.

그런데 기자단의 방문 예정 시간이 조금 지났을 때 우리 기자단이 보이지 않는다고 베스타스에서 전화가 왔다. 황급히 기자단에게 전화를 해보니,

여행사에서 알선해준 버스기사의 실수로 엉뚱한 장소에 가 있는데, 버스기사가 장시간 운전을 해서 40분간 휴식을 해야 한다는 것이었다. 기자단도 속이 타서 발만 동동 구르고 있었다.

서울 강남에 있는 샌드위치 전문 카페에서 1시간 30분 걸려서 샌드위치를 만들고 개당 3만 원씩 받는다면 며칠이나 영업할 수 있을까? 우리나라의 여행사 버스기사 중에 손님들을 약속 장소가 아닌 엉뚱한 곳에 데려다 놓고, 약속 시간이 지났는데도 자신이 쉬어야 한다고 이동하지 않는 간 큰 기사를 찾을 수 있을까?

덴마크에 오기 전에 내 머릿속의 덴마크는 동화 속 나라, 세계에서 가장 행복한 나라, 세계 최고의 복지국가였다. 그런데 덴마크에 이렇게 심한 불편과 비효율성이 있을 줄이야!

2011년 가을에 우리 국회 환경노동위원회 의원들이 덴마크를 방문했을 때 의원들을 모시고 코펜하겐 중소기업진흥센터를 방문했다. 센터 소장이 직접 나와 브리핑을 하게 되었다. 그런데 센터 소장이 브리핑하기 직전에 갑자기 우리 대표단에게 이렇게 말하는 것이 아닌가. "제가 한국에 가서 한국의 중소기업진흥 시스템을 배워야 하는데 여러분에게 덴마크 시스템을 소개하게 되어 너무 부끄럽습니다." 처음에는 단순히 우리 대표단을 위한 인사치레로 생각했다. 그러나 소장은 덴마크는 우리나라보다 더 많은 중소기업을 설립하지만, 중소기업이 종업원 5명 이상의 기업으로 성장해서 고용을 창출하는 비율은 우리나라가 월등히 높다고 했다. 그것도 여러 가지 통계 자료와 도표를 곁들여 구체적인 수치를 들어가며 설명했다.

아울러 덴마크의 인건비가 너무 비싸고 노동 윤리가 높지 못해 기업인에게 인력 고용 문제가 심한 스트레스여서, 기업인들이 가족이나 지인과 함께 운영하는 규모 이상으로 회사를 확장하는 걸 꺼린다고 했다. 중소기업 진흥센터 소장이 브리핑 시작 전에 언급한 내용이 단순한 인사치레가 아닌 많은 고민과 성찰의 결과라는 점을 확인했다.

1년 뒤 2012년 가을에는 코펜하겐 직업센터 소장과 관계자들을 초청해서 코펜하겐의 한식당에서 오찬을 함께한 적이 있다. 오찬이 시작되자마자 코펜하겐 직업센터 소장은 내게 우리나라 노동정책에 대해 질문을 퍼부었다. 나는 노동정책 전문가는 아니지만 이날 오찬을 준비하면서 공부한 것이 있어 그런대로 답변을 했다. 사실 내가 덴마크 노동정책에 대한 정보를 수집해서 보고서를 쓰기 위해 그 사람들을 초청한 것이었는데 본말이 전도 되고 만 것이다.

코펜하겐 직업센터 소장은 한국 노동시장 정책에 진지한 관심을 보였다. 특히 우리 정부의 노동시장 규제정책(사회적 약자에 대한 고용 할당제와 위반 시 벌칙)에 대해 설명하자, 무릎을 치면서 이것이야말로 덴마크에 도입해야 하는 제도라고 평가했다. 그러면서 한국 노동당국과 정기적으로 교류하면서 한국의 시스템을 배워보고 싶다는 이야기까지 했다. 세계 최고 복지국가의 수도인 코펜하겐 직업센터 소장이 우리나라의 시스템을 배우고 싶다고 언급한 것이다.

그밖에 내가 만난 우파 성향의 경제학자들은 덴마크의 과잉복지, 그에 따른 높은 세금과 노동윤리 저하, 생산성 하락과 고비용 저효율 구조 등에 대해 개탄했다. 그러면서 한국의 경제 정책과 제도가 소위 '덴마크병' 치료에 많은 참고가 될 것이라고 자주 이야기했다.

나는 덴마크의 고비용 저효율 구조를 매일 경험했기에 이들의 한국 시스템을 부러워하는 태도가 단순한 인사치레가 아님을 이해할 수 있었다.

물론 우리나라 경제 제도에 빈약한 복지, 노동시장의 경직성, 양극화 등 여러 가지 문제점이 있고, 아직은 우리가 덴마크에게 배워야 할 점이 많은 것이 사실이다. 그러나 우리가 선진국의 복지제도나 노동시장 정책 등을 부러워한 만큼, 경쟁과 자율, 높은 효율성과 활력이라는 우리나라 경제의 장점도 긍정적으로 평가할 필요가 있다.

2) 세르비아

수도는 베오그라드(Beograd)이며 인구는 약 750만 명 정도, 면적은 한국의 30%이다. 민족구성은 세르비아인(83%), 헝가리인(4%), 보스니아인(2%), 몬테네그로인(1%), 유고슬라비아인(1%), 집시(1.5%) 등으로, 종교는 정교(85%), 이슬람교(3%), 카톨릭(6%), 기독교(1%) 등이며, 언어는 세르비아어(88%), 헝가리어(4%), 보스니아어(2%) 등이다.

세르비아는 전통음악에서 아코디언을 많이 사용하며, 대표적인 춤으로는 콜로(Kolo)가 가장 유명하다. 콜로는 활기 넘치는 민속춤으로서 여러 사람이 무리를 지어 춤을 추는 것이 특징이다. K-Pop 아이돌 그룹의 칼처럼 딱딱 떨어지는 군무를 선호하는 이유도 세르비아의 전통 콜로에서 이유를 찾아볼 수 있다. 중장년층에는 오페라나 클래식 음악 애호가들이 많다면, 젊은층은 빠른 비트와 화려한 무대를 선호하는 경향이 뚜렷하다.

동유럽에서 세르비아의 영화 수준은 매우 높아 주요 국제 영화제에서 많은 수상작을 냈다. 대표적인 영화감독은 「돌리벨을 아시나요?」(1981년 베네치아영화제 황금사자상), 「아빠는 출장 중」(1985년 칸 영화제 황금종려상), 「집시의 시간」(1989년 칸영화제 감독상), 「애리조나 드림」(1993년 베를린국제영화제 은곰상) 등으로 각종 영화제에서 수상한 에미르 쿠스투리차(Emir Kusturica)이다. 세르비아에서는 매년 2회

국제영화제가 개최 되고 있고, 2월에 개최되는 베오그라드 국제영화제에는 해마다 다수의 대한민국 작품도 출품되고 있다.

다음 글은 헝가리 산업은행 정훈진 행장의 글에서 발췌한 것이다.

내가 있는 헝가리 수도 부다페스트에서 세르비아의 수도 베오 그라드까지는 약 400km 거리다. 차로 5시간 달렸다. 점심을 먹고 세르비아 재정경제부를 찾았다. 이번 출장의 목적이 바로 세르비아 재정경제부와 중앙은행과의 미팅이었다. 으레 실무자와의 면담이라 생각했는데, 홀에 들어서니 경제계 주요 인사 6~7명이 자리에 앉아 있었다. 아니, 갑자기 이런 대회동이 될 줄이야! 무슨 정상회담처럼 경제부차관이 기조 발언을 했다.
정훈진 행장은 세르비아 경제 현황과 금융시장에 대한 시장조사 차원에서 이곳을 방문했다. 그런데 경제부차관이 직접 나설 정도로 적극성을 보일 것이라고는 생각지도 못했다. 서울의 KDB 산업은행 행장이 나선 것도 아니고 일개 현지법인장에게 말이다.
일국의 경제계 주요 인사들이 한자리에 모여 맞아주고 내 말 한마디 한마디를 경청하다니 놀라운 일이었다. 모두 대한민국의 국력과 위상이 몰라볼 정도로 높아진 덕택이다. 세르비아가 투자 유치에 전력을 다한다고는 하지만 한국의 위상이 높아지지 않고는 불가능한 일이다.
다음날 중앙은행 방문 때는 한층 더했다. 수석이사를 중심으로 각 담당임원과 부장들이 직접 나서서 세르비아 경제와 금융 현황을 브리핑했던 것이다. 중앙은행 정책까지 상세히 들려주었다. 한국에서 이런 대접을 받는 사람은 한국은행 총재나 주요 장관급 이상 되어야 할 텐데 감읍할 일이었다. 외국 자본 유치를 통한 경제 개발이 여기선 국가 어젠더가 된 것

같았다. 그리고 대한민국의 은행이 그것을 해줄 수 있다고 믿는 것이었다. 이러한 믿음은 바로 우리의 국력에서 나오는 것 아니겠는가.

3) 스위스

스위스의 수도는 베른(인구 14만 명)이고 전체 국민 수는 803만 명이다. 면적은 한반도의 약 1/5이고 민족구성은 독일계(65%), 프랑스계(18%), 이탈리아계(10%)가 주종을 이룬다. 종교는 카톨릭 42%, 개신교 35%, 이슬람교 4.3% 정도다. 언어는 독일어(64%), 불어(20.4%) 등이 사용되고 있다. 1인당 GDP(11년 기준) 77,325불이다.

스위스는 유럽대륙의 중앙에 위치한 지정학적 이유로 주변의 외국문화가 끊임없이 유입되고, 3대 문화권(프랑스, 독일, 오스트리아, 이탈리아)의 언어를 사용하고 있어 다채로운 문화가 형성되었다. 또한, 스위스는 종교 개혁, 프랑스 혁명, 나폴레옹 전쟁, 양차 세계대전 등과 같은 동란의 시기에 자유와 양식의 도피처 역할을 하였다.

에라스무스(D. Erasmus)는 바젤에 거주하였고, 릴케(R.M. Rilke)는 스위스 남부에 살았으며, 나치에 쫓긴 아인슈타인(A. Einstein)은 취리히 연방 공대에 적을 두었고, 토마스 만(Thomas Mann)도 만년에는 취리히에 정착하였다. 이러한 배경으로 스위스는 유명한 예술가, 사상가, 과학자를 무수히 배출하였으며, 노벨상 수상자가 27명에 이르는 문화 강국으로 자리매김하였다. 제1회 노벨평화상 수상자 앙리 뒤낭(Henri Dunant), 3대에 걸쳐 8명의 수학자를 배출한 베르누이(Bernoulli) 집안, 광학·기계학·항해술의 오일러(L. Euler), 국제법 형성에 중요한 역할을 한 바텔(E. Vattel), 교육의 이념을 직접 실천한 스위스의 정신적인 지주 페스탈로치(Pestalozzi), '이탈리아 르네상스의 문화', '그리스 문화사' 등의 저자인 유명한 '부르크하르트(J. Burckhardt)' 등이 유명하다.

음악, 미술분야에서는 고전음악 작곡가인 호네커(A. Honegger)와 쇼에크(D. Schoeck), 지위자인 앙제르밋(E. Ansermet), 뒤토와(C. Dutoit), 바메르트(M. Bamert), 화가로서는 스위스의 국민 화가 호들러(F. Hodler), 팅겔리(J. Tinguely), 쟈코메티(A. Giacometti), 근대 유럽 미술의 아이콘이라고 불리게 된 파울 클레(Paul Klee) 등이 있다. 또한, 스위스에는 이러한 예술가들을 기리고 관련작품을 전시하는 박물관, 미술관 등 문화시설이 전국에 산재해 있으며, 대표적으로는 파울 클레(Paul Klee)센터, 팅겔리(Tinguely) 미술관, 바이엘러(Beyelr) 컬렉션, 국제 적십자 박물관, 올림픽 박물관, 스위스 미니어처 등이 있다.

다음은 스위스의 이은정 동포의 글이다.

내가 한국을 떠난 건 1969년이었다. 당시 우리나라는 나라를 새롭게 바꾸고, 잘살아 보자고 외치는 새마을 운동 구호가 귀에 못이 박힐 지경이었다. 또 수많은 젊은 남녀 간호사와 광부들이 외화를 벌기 위해 독일로 떠나고 있었다. 그러나 역시 무엇보다 큰 사건은 대한민국 역사상 처음으로 우리 국군을 외국 전쟁에 참전시켰던 월남 파병이었다. 6·25 전쟁으로 전 세계 여러 나라에 많은 고마움의 빚을 졌던 우리나라가 작으나마 세계를 향한 우정의 손을 내밀었던 것이다.

국내 정치는 자랑할 것이 없었다. 자랑스럽게 치러졌던 88서울올림픽은 대한민국이 한 단계 도약하는 계기가 됐다. 우리는 올림픽으로 전 세계인에게 한국의 저력을 보여줬다. 또한 2002년 한일월드컵대회를 통해 세계인은 한국 응원단 붉은 악마들의 응원 물결에 빠져 들었다.

그런 모든 것이 어우러지고 한국 기업들이 서서히 성장하면서 세계는 차츰 한국에 대한 인식을 바꾸게 됐다. 특히 국내 정치와 안보에서 안정감을 찾게 된 것을 외부에서 느끼기 시작하면서 한국에 대한 외국의 조심스러운 관심들이 싹트기 시작했다.

과거에는 유럽과 미국, 동남아 국가 공항에서 짐을 나르는 카트에 일본 상품 광고만 부착돼 있었다. 그런데 어느날부턴지 삼성, 대우, 현대, LG 등으로 바뀌어 있는 걸 보고 얼마나 기뻤는지 모른다.

고국 방문을 하고 돌아올 때 가져오는 품목도 다양하고 많아졌다. 스위스에는 한국 것이라고는 아무 것도 없었다. 예전에는 짐이 많아 선박으로 보냈는데, 이곳에서 짐을 찾을 때면 한 번도 세금내라는 말이 없었다. 대신 스위스 국경 지역인 제네브에서 입수한 소포 위에 'Undevelopment Country'라는 도장을 꽝꽝 찍어왔다. 세금을 내라고 하지 않으니 의아스럽기도 하고, 다행이라는 생각도 들었지만 별로 기분 좋은 대접은 아니었던 것 같다.

그런데 지금은 고국 방문을 마치고 돌아오면서 무거운 짐을 부칠 때면 항공요금도 엄청나게 비싸졌다. 더구나 짐을 스위스에서 찾을 때면, 항공요금만큼이나 비싼 세금을 내라고 한다. 얼마나 많이 변했는가……. 비싼 세금을 내서 조금 속상하기도 하지만, 한편으로는 내 나라가 이제는 더 이상 못사는 나라가 아니며, 개발도상국이라는 딱지도 떨어졌다는 생각에 마음 뿌듯해지곤 한다.

40년 전 스위스에서는 우리 가족이나 나를 보면 "당신은 일본 사람이에요?" 하고 먼저 물어왔다. 한국 사람이라면 "한국? 북한이에요? 남한이에요?" 하고 꼭 물어와 기분이 별로였다. 한국 친지들에게 연하장을 보내는

데도 "남한인가요, 북한인가요?" 하며 묻는 우체국 직원에게 속으로 '무식한 것들!' 하며 경멸했다. 하긴, 내가 지금 사는 스위스의 수도 베른에는 북한 대사관도 있다. 이제는 서울 코리아를 모르는 스위스인이 거의 없다. 왜냐하면 삼성과 현대가 대한민국을 대신 말해주고 있기 때문이다. 이제는 어느 누구도 한국을 가난하고 불쌍한 나라로 말하지 않는다. 내 친정 나라가 든든하니 나도 기쁘게 잘 산다.

스위스 사돈을 둔 나는 그들이 종종 한국 증권시장에 관심을 가지고 있는 것 같아 기분이 좋다. 내 서양 친구 중 몇몇 가족은 현대자동차를 세 번씩 바꾸고도 계속 현대 팬이다. 또 주변에 많은 사람들이 삼성 휴대전화를 쓴다. 나도 삼성 휴대전화를 애용하는데, 뛰어난 성능과 디자인이 최고다. 예전에는 이곳에서도 일본 TV가 엄청 인기 있었다. 하지만 이제는 삼성 제품이 훨씬 더 인기가 많다.

46년 간 해외 생활하면서 가장 감격스러운 일은, 재외동포에 대한 참정권 부여로 외국에서 우리나라 국회의원과 대통령 선거에 참여할 수 있게 됐다는 사실이다. 그만큼 대한민국이 성숙해져서 안정을 찾고, 어느 나라에도 뒤지지 않는 국력을 갖췄다는 뜻이라고 생각된다. (참정권, 복수 국적의 필요성에 관한 저서를 차종환 박사는 20여 권의 저서에 뜻을 남겼다)

4) 슬로바키아

슬로바키아의 수도는 브라티슬라바(Bratislava, 인구 43.2만 명)이다. 전체 인구는 544만 명, 면적은 한반도의 1/4정도다. 민족구성은 슬로바키아인(81%), 헝가리인(9%), 집시(2%), 체코인(1%), 기타(7%)이며, 종교는 카톨릭(62%), 개신교(6%), 그리스정교(4%), 무교 또는 기타(28%)이다. 언어는 슬로바키아어를 사용한다. 1인당 GDP('12년기준)

: 약 24,284불 정도다.

슬로바키아는 유럽 대륙과 아시아 대륙을 잇는 중동부 유럽에 속한 나라이다. 지리적으로 유럽과 아시아의 관문이 되는 영유로 프랑스나 영국 등의 서유럽이나, 노르웨이 등의 북유럽, 스페인과 같은 남부 유럽과는 다른 독특한 문화권이 형성되어 있다. 종교적으로는 서유럽의 카톨릭을 비방하는 개신교회들의 종교개혁이 일찍이 일어났으며, 여타 서유럽의 다른 나라와 같이 일요일에도 상점들이 문을 열고 식당들도 장사를 한다. 이처럼 종교적인 색깔이 겉으로 유난스럽게 드러나지 않는다.

로마시대 이후에는 비잔틴 제국의 동로마와 이슬람제국, 합스브르크 제국과 터키, 오스트리아-헝가리 제국과 러시아의 전쟁 역사의 흐름에서 다소 소외 받아왔으며, 국력이 약했던 동유럽의 한 국가로 세월을 지내오면서 이와 같은 역사적인 영향은 슬로바키아인들의 강한 민족주의적인 성향을 알 수 있게 되는 배경이다. 슬로바키아의 민족주의적 문화특성은 체코와 폴란드 등과 같은 동유럽의 민족주의적 형태와 같이 자신들의 집단에 대한 귀속성을 중시하는 것, 즉 '우리'와 '그들'을 서로 나눠 자신들 집단의 결속력을 강화하는 것으로 드러난다.

슬로바키아는 현재 전형적인 동유럽, 과거 공산주의 정권이 지배하던 문화적 색깔에서 벗어나려 하고 있다. 1989년 공산주의 정권에서 탈피한 이래, 1993년 체코와 분리되면서 더 진보한 국가로 탈바꿈하려는 노력을 꾸준히 하고 있고, 2004년 유로화 도입으로 친 서유럽적인 모습을 드러내고 있다.

슬로바키아 민족은 예로부터 음악적인 성향이 강했다. 서양음악의 중심지인 오스트리아의 빈과 가까운 것이 슬로바키아 민족이 전통음악과 더불어 서양악을 항상 생활 속에서 접하는 계기가 된 것이다. 슬로바키아 국민들은 음악뿐만 아니라 스포츠에도 열광한다. 대표적인 인기 스포츠인 아이스하키가 최고의 인기를 누리고 있고, 축구, 테니스, 스키 등 다양한 스포츠를 즐긴다.

다음, 정지훈 산업은행장의 글을 보자.

슬로바키아에는 우리 고객인 한국 기업이 있다. 조그만 협력업체지만 사장님은 슬로바키아 정부가 한국 기업을 특별히 잘 대우 해준다고 했다. 한국 기업이 슬로바키아 GDP에 15% 수준까지 기여한다니 그러지 아니하겠는가? 대단한 일이다. 그래서인지 슬로바키아에서는 한국 남자들의 인기가 상한가란다. 회사 안에 벌써 현지 여인과 가정을 이룬 직원이 3명이나 된다.

지난해 슬로바키아의 공업도시 질리나에 있는 기아자동차 공장과 체코 오스트라바에 있는 현대자동차 공장을 방문했을때 느낀 감회도 새롭다. 우리의 기업이 얼마나 성장했는지, 그 엄청난 규모의 공장을 가보지 않은 사람은 가늠하기 어렵다. 보는 것만으로 뿌듯한 자부심이 절로 우러난다. 오스트라바 시민은 현대차에 취직하는 것이 꿈이란다.

이제 유럽 어느 나라에 가도 백화점에 들어서면 가장 눈에 잘 띄는 최고 명당자리에 삼성, LG 등 우리 제품이 비치되어 있다. 과거 일본 회사가 차지하던 자리를 우리가 점령한 것이다. 젊은이들은 삼성 갤럭시 스마트폰을 가진 것을 자랑한다. 건물 여기저기 심지어 뒷골목의 집들도 LG 에어컨, 삼성 TV가 장악했다. 유럽에서 한국 사람을 보는 눈이나 대하는 태도가 전과는 판이하게 달라졌다. 우리는 지금의 위상에 자만하지 말아야 한다. 아직 샴페인을 터트릴 때가 아니다. 좀 더 가야 할 길이 있다. 일류 선진 국가가 되어야 한다. 물질만이 아니고 우리의 아름다운 전통과 사상, 예술을 잘 보존하고 발전시켜 문화적으로도 일류 국가의 반열에 올라서야 할 것이다. 모두 합심해서 한 단계 더 국가 위상을 높임으로써 명실공히 세계를 선도하는 자랑스러운 국가가 되어야 할 것이다.

5) 아일랜드

아일랜드는 영국 서부에 있는 나라다. 기후는 온대 해양성이다. 면적은 한반도의 1/3 정도이고 인구는('13) 477만 명, 수도는 더블린, 주요 민족은 아일랜드인, 주요 언어는 영어와 아일랜드어이며 종교는 카톨릭(88%), 개신교(3%)이다. 의무교육은 10년이고 국가 설립은 BC 4C경, 독립일은 1922.12.6. 정부형태는 내각책임제이며 1인당 GDP는('12) $45,836, 한국과 국교는 1983.10.4, 북한과는 1903.12.10. 체결 하였다. 재외 동포수는('12) 1,182명이다.

다음 내용은 2011년이 끝나갈 무렵, 적지 않은 나이에 첫 해외유학을 결심하고 지구 반대편에 있는 아일랜드로 떠났던 유학생 강은영의 글에서 발췌한 것이다.

아일랜드는 영국옆의 섬나라로 다양한 국적의 사람들이 살고 있다. 다소 보수적이지만 문학과 예술을 사랑하고, 외국인들에게 친절하며 대화하기를 좋아한다. 한국에 비해 생활이나 기술의 변화가 느린 편이고, 다른 나라 문화를 받아들이는 면에서도 소극적인 편이다. 2012년에는 유럽의 작은 나라 아일랜드에서도 한국에 대한 이야기가 시작되고 있다.

출국 전, 해외 경험이 전혀 없는 나는 '유럽 사람들이 한국에 대해 알고 있을까?' 걱정이 되었다. 그런데 그들은 한국을 알고 있는데 북한으로 알고 있었다. 한국은 아일랜드 사람들에게는 관심 밖의 나라였다. 오히려 뉴스로 접할 기회가 많은 북한이나 일본, 중국에 대해 훨씬 많은 것을 알고 있었다.

삼성의 스마트폰을 사용하면서도 삼성을 중국기업으로, 현대나 기아는 일본기업으로 생각하는 사람이 많았다.

그러던 2012년 여름, 세계인의 축제인 런던올림픽이 시작됐다. 올림픽과는 무관하게 조용하기만 했던 아일랜드에도 한국 선수들의 메달 소식이 들리기 시작했다. 이어서 삼성과 애플의 디자인 특허권 분쟁까지 이슈화됐다.

기사 내용과는 상관없이 그 소식들이 그저 반가울 따름이었다. 이곳 사람들도 한국이라는 나라에 관심을 보이게 됐다는 것이다.

올림픽 이후 나를 "아임 코리언"이라고 소개하면, "안녕!" 하고 인사해주는 사람이 생겼다. 길을 걷다 만난 한 아일랜드 사람은 영화를 전공한다며, 좋아하는 한국 작품과 감독 이름을 줄줄이 나열하기도 했다. 또 올림픽 기간 동안 유럽에 진출한 한국기업들의 다양한 홍보 덕분인지, 아일랜드를 비롯한 유럽 시장에서의 점유율과 기술력을 칭찬해 주는 사람도 많아졌다.

2012년 6월, 아일랜드의 수도 더블린의 그라프턴 거리에서 해금 연주, 불고기 시식, 태권도 시범, K-Pop 등을 선보이는 코리언 쇼(Korean Show)가 열렸다. 10월에는 할로윈 기간을 맞아 '강남스타일' 플래시몹도 진행됐다. 최근 외국인 친구들이 독학으로 한글을 공부하고 있으며 K-Pop이 좋아서 시작했는데 단어 뜻을 외우는 것은 아직 어렵지만, 간단한 문장을 읽고 쓰는 정도는 혼자서도 할 수 있다고 한다. 현빈을 좋아하는 아르헨티나 친구는 SNS에 한글로 글을 올리기도 하는데, 얼마 전에는 직접 김치를 담그는 사진을 올려 한국인 친구들을 깜짝 놀라게 했다.

그동안 한국이 IT · 미디어분야에서 세계를 놀라게 했다면, 새해부터는 전통사상과 풍습, 한글, 국악 등 고유 콘텐츠를 해외 문화와 쉽게 융화할 수 있는 방법을 찾아 우리 문화의 우수함을 전 세계에 떨쳤으면 한다. 아일랜드의 최고 명문대학인 트리니티 대학생들이 자발적으로 결성한 한국 동호회가 있다. 이 모임의 규모는 작지만 다국적 학생들로 구성되어 있는게 의미있다. 일차적으로 K-Pop, 한국 영화, 한국 드라마 등 한국 대중 문화에 대한 관심 및 열정을 상호 공유하기 위한 목적으로 결성되었으나 한복, 한국 음식 등 한국 문화 전반으로 관심 영역 확장 추세라고 한다.

6) 아제르 바이잔

위치는 카스피해 연안, 러시아, 터키, 아르메니아, 조지아와 접경을 이루고 있다. 기후는 건조(중서부), 아열대성(남부), 대륙성(북부). 면적은 한반도의 4배가 좀 못된다. 인구는 ('13.7) 959만 명, 수도는 바쿠. 주요 민족은 아제르바이잔인(90.6%), 러시아인(1.8%), 기타(6%) 정도이다. 주요 언어는 아제르바이잔어이며 러시아어도 통용되고, 종교는 이슬람(시니파 75%), 수니파(25%). 1991년 8월 30일 독립, 대통령 중심제며 1992년 3월 UN에 가입했다. 1인당 GDP는 ('12) $7,227이고, 한국과의 관계 수립은 1992년이다.

아제르바이잔은 준 사막지역으로 사람이 살기에 적합한 곳은 아니나 19세기 중반 이후 석유시대가 개막되면서 매년 빠른 속도로 인구가 증가하면서 상업 활동의 중심지가 되었다.

아제르바이잔은 다민족 국가다. 현재 중심을 이루고 있는 터키계 인종이 90% 이상을 차지하나 러시아인, 다게스탄인, 페르시아인, 아르메니아인, 유대인 및 기타 코카서스계 소수 민족들이 인구를 구성하고 있으며 각 지방별로 흩어져 살고 있다. 아제르바이잔의 전통 중 자랑할 만한 것 하나는 민족, 인종 또는 종교로 인한 탄압과 차별이 없다는 점이다. 몇 천 년을 각종 인종과 민족이 얽혀 살아왔음에도 불구하고 서로 큰 충돌 없이 살아왔다는 것은 경이로운 일이다. 아제르 사람들은 국제회의가 있을 때마다 이러한 자신들의 전통을 소개하면서 인종, 민족, 종교 간 관용과 타협을 강조한다.

아제르바이잔이 특히 이슬람 국가로서 이러한 관용적 전통을 가지고 있는 것은 매우 특이한 일이다. 아제르바이잔은 제정러시아 90여 년, 소비에트러시아 70여 년 도합 160년 이상 러시아의 지배를 받아온 파란만장한 역사를 갖고 있다. 러시아의 오랜 지배는 아제르인의 생활, 문화, 사고방식 등 모든 면에서 큰 영향을 미쳤다. 때문에 아제르바이잔인들은 철저한 세속 이슬람으로서 이슬람 계율을 거의 지키지 않고 살아가고 있다. 그러나 최근에는 젊은층과 사회기득권층 일부에서 이슬람 신앙이 확산되는 경향이 있으며 매년 하지 순례를 떠나는 사람들도 점차 늘고 있다.

아제르인은 기본적으로 예의가 바르며 손님을 깍듯이 대접하는 풍습이 있어 음식을 풍성하게 차려놓고 술을 권한다. 그리고 위계질서를 중시하고 계급을 존중하며 연장자를 존중하는 전통이 있다. 또한 결혼식도 호화롭게 차려놓고 하루 종일 치르는 풍습이 있다. 집안 살림에서는 부인이 전권을 행사하며 대개 남편들은 간섭하지 않는다. 부인은 남편을 공경하고 애들을 기르며 남편은 바깥일에만 신경을 쓰는 것이 통례다. 고부가 함께 거주하는 가정에서는 며느리가 시어머니 뜻을 따르는 것이 일반적 이듯 아제르인들은 여러 민족과 혼합되어 살아가는 가운데 겉모습은 서양사람을 닮았으나 속마음과 정서는 동양을 많이 닮았다. 종교는 95%이상이 회교(시아파 75%, 수니파 25%)로 구성되였으며 러시아어를 사용한다.

본 내용은 주아제르바이잔대사관 1등 서기관 이원식의 글에서 발췌한 것이다.

아제르바이잔은 페르시아어 '아자르 adhar(불)'와 아랍어 '바이잔 Beyqan(땅)'에서 유래한 것으로 '불의 나라' 라는 뜻을 담고 있다. 수도인 바쿠(인구 300만)는 페르시아어로 '바트쿠베'인데 바람이 심하게 부는 곳을 의미한다. 고대부터 천연가스가 분출되어 불이 솟구쳐 올랐으며, 한국 교과서에는 바쿠 유전지대로 소개되기도 했다. 면적은 한국의 40% 정도다.

지리적으로 북위 38도에서 42도 사이로 북한과 비슷한 위도에 위치해 있지만 북한보다 덜 춥다. 건조(중서부), 아열대(남부), 대륙성(북부) 기후 등 전 세계 13개 기후대 중 9개가 존재하는 기후 전시장 같은 특징이 있다. 국토 전체가 산악지대로 카프카스 산맥을 중심으로 남동쪽 경사면은 삼림지대이고 동부 지역으로 갈수록 구릉지역이 형성되면서 카스피해에 이른다. 인구의 90% 이상이 회교를 믿는 이슬람권 국가지만, 1995년 헌법에서 세속화를 선언한 것을 계기로 종교의 자유가 인정되었다. 종교적 관용과 다문화 포용을 통한 사회통합을 추구하고 있으며, 실제로 독특한 이슬람권 문화는 거의 찾아볼 수 없다.

이원식 영사는 이 낯선 땅 아제르바이잔에서 1년 정도 생활했다. 그리고 지금은 이땅 곳곳에서 한국과 한국 문화에 대한 높은 위상을 체감하고 즐기고 있다. 2012년 5월 '한사모(한국을 사랑하는 모임)'라는 한류동호회 회원들과 첫 만남이 있었다. 그들을 만나면서 아제르바이잔에서 한국 문화를 처음 접했다. 이 영사는 문화 업무를 담당하는 만큼 한류를 어떻게 뿌리내리고 확산시킬 수 있을까 하는 걱정과 압박감이 있었다.

그러나 예상과는 달리 그들은 한국과 한국 문화에 대해 아주 잘 알고 있었다. 놀랍게도 그들은 세종대왕이 한글을 만들었다는 것과 단군신화에 나오는 호랑이와 곰에 관한 이야기도 알고 있었다. 이명박 대통령의 이름을 한글로 정확히 쓸 정도로 한국 정치에도 관심이 있었다. 물론 젊은 대학생들로 구성된 단체인 만큼 케이팝에 대한 관심이 대단했다. 그들은 한국과 한국 문화가 좋아서 스스로 동호회를 결성해 한국어, 한국 문화, 한국 역사를 공부하고 때때로 발표회도 한다고 했다.

2012년 6월에는 아제르바이잔 수교 20주년 기념 문화공연이 있었다. 아제르바이잔에서 최대 공연장을 섭외했기 때문에 얼마나 많은 관객들이 찾아와 공연장을 채울지 적잖이 걱정을 했다. 더욱이 코카서스 지역의 맹주로서 문화적 자존심이 강한 나라로 알려진 이곳에서 2,000여 석을 채울 수 있을까 하는 불안감은 높아졌다. 그러나 공연 당일 좌석은 가득차고 200여 명이 자리가 없어 돌아갔으며, 일부는 복도에 앉아서 관람하는 예상 외의 결과를 얻었다.

우리 공연단의 역동적인 메가드럼 공연과 신명나는 사물놀이 공연이 객석을 가득 메운 관객들의 열렬한 박수갈채와 호응을 받으며 공연장에 울려 퍼졌다. 공연을 보러 온 관객들이 고마웠고 한편으로 역동적이고 신명나는 우리 장단과 가락이 자랑스럽게 느껴졌다. 공연 마지막에 아르제르바이잔 공연단과 함께 퓨전 아리랑을 합창할 때는 눈시울이 뜨거워질 정도로 벅찬 감동이 밀려왔다.

2012년 11월에 개최된 한식 소개 행사는 2012년을 마무리하는 마지막 문화행사였다. 고기구이나 빵을 주식으로 하는 이곳 사람들이 우리 음식 특유의 매콤함과 감칠맛에 적응할 수 있을지 걱정이었다. 그러나 준비했던 문배주, 막걸리, 김치, 비빔밥, 불고기, 전 등이 모자랄 정도로 많은 사람들이 우리 음식을 즐겼다. 불고기, 잡채, 비빔밥 등의 조리법을 묻는 참석자들도 줄을 이었다. 더군다나 참석한 많은 인사들이 불고기와 김치를 알고 있었다. 일부 대사들은 한국 대사관에서 하는 문화행사에는 아무리 바빠도 참석하게 된다며 이번 한식 행사도 예외 없이 적중했다며 즐거워했다.

그 당시 주 아제르바이잔 일본대사가 초대한 점심식사 자리에 대사를 수행하여 배석한 일이 있다. 일본 대사는 막걸리와 한국 음식을 매우 즐긴다고 했다. 아제르바이잔에서 한국의 위상과 한국 문화 전파에 대해 부러워하더니 자신의 경험담을 말했다.

길에서 만나는 아제르바이잔 사람들 십중팔구는 자신에게 "카레야(한국인)?"라고 한 뒤 "카레야, 구웃"이라고 한단다. 일본 대사가 자신이 한국 사람이 아니라고 고개를 저으면 "키타이스키(중국인)?, 야포니아(일본인)?" 순으로 되물으며 애매한 표정을 짓는다고 했다. 일본 대사는 아제르바이잔에서 동북아 3국 중에 인지도가 가장 높은 한국이 부럽다고 했다.

한국과 한국 문화는 아제르바이잔 생활 속에 스며들고 있다. 자동차 열 대당 두 세대꼴로 보이는 한국산 자동차, 건물 밖으로 즐비하게 나와 있는 한국산 에어컨 실외기, 대부분의 숙박시설에 비치된 한국산 TV, 아제르바이잔 사람들이 자랑스럽게 들고 다니는 한국산 스마트폰…. 이곳 사람들의 생활 구석구석에서 우수한 한국 기술을 접하고 있다. 이제 굳이 한국과 한국 문화의 우수성을 설명하려 하지 않아도 아제르바이잔 사람들은 스스로 관심을 갖고 배우려 한다.

금년 초 적지 않은 대학들이 대사관을 찾아왔다. 한국 센터를 세우고 싶고, 한국 문화 행사를 개최하고 싶다며 대사관에 도움을 요청하러 온 것이다. 그들을 만나 조언을 하고 한국 문화의 특징을 설명하면서 외교관으로서 뿌듯함을 느꼈다.

7) 핀란드

이 나라의 전체 인구는 540만 명으로 면적은 한국의 1.5배다. 민족 구성은 핀란드계 93%, 스웨덴계 6% 등이다. 종교는 루터복음교와 그리스정교가 주류다. 언어는 핀란드어(93%) 외 스웨덴어(6%)를 사용하고 있다.

핀란드는 12세기 초부터 19세기까지는 「스웨덴 왕국시대」로 스웨덴 기독교 포교원정대가 핀란드 남서부지역에 진출하였고, 13세기 말경 대부분의 핀란드 지역이 스웨덴 왕국의 일부로 존속되었다. 나폴레옹의 대영국 전쟁기간 중인 1809년, 러시아는 스웨덴과의 전쟁에서 승리하여 핀란드 지역을 점령, '대공국'이란 자치령으로 핀란드를 통치하였고, 1812년에는 수도를 투르크에서 헬싱키로 이전하여 핀란드 지역을 지배하였다.

핀란드는 수 백년간 스웨덴과 러시아의 지배를 받아왔음에도 불구하고 민족의 언어를 잃지 않았고, 프랑스 대혁명 등의 영향에 힘입어 19세기 말부터 민족 자각운동과 민족의식이 고조되어 1917년 10월에 러시아 혁명을 계기로 1917.12.6. 마침내 독립국가로 탄생하였다. 그 후 1918~19년간 내전을 치루고 공화제 및 이원집정부제의 국가를 설립해 나갔으나 1939~1944년간 러시아와의 2차례에 걸친 전쟁을 치르면서 많은 영토를 상실하고 전쟁보상금을 내야만 했다. 그리고 1945년부터 러시아에게 전쟁보상금을 치르기 위해 방직, 기계 등 산업을 발전시킨 것이 결국 핀란드를 산업선진국으로 거듭나게 한 원동력이 되기도 하였다. 핀란드가 오랜 피지배 생활속에서도 언어와 문화를 잃지 않고, 독립 후에도 스웨덴과 러시아 사이에서 안정적인 국가의 틀을 마련할 수 있었던 이유는 강대국 사이에서 현실에 대한 빠른 판단을 기초로 실리를 추구하는 외교 전략을 추진했기 때문이라 할 수 있다.

핀란드에 '씨수(SISU)' 라는 단어가 있는데 이는 우리의 '인내와 끈기'에 해당되는 말로서 핀란드인의 성격을 가장 잘 대표하는 말이다. 핀란드는 나무 외에는 천연자원이 거의 없는 열악한 자연환경과 스웨덴, 러시아와 같은 강대국 사이에 끼여 있는 지리적 약점을 갖고 있다. 흡사 우리나라와 비슷한 여건이라고 할 수 있다. 하지만 핀란드인들은 이러한 환경을 성실한 국민성으로 딛고 일어섰다.

핀란드인 대부분은 매우 성실하고 근면하다. 타인과의 약속시간을 무척 잘 지킬뿐 아니라 업무 중에 별도 중식과 쉬는 시간이 없을 정도로 업무집중력이 높다. 따라서 근로자의 평균 업무시간이 길지 않음에도 불구하고 핀란드의 생산성과 경쟁력은 항상 상위권을 차지한다. 또한 핀란드인은 인내심이 강하며 추운 환경에서 성장하면서 강인한 체력을 키우려는 노력을 게을리하지 않는다. 추운 날씨에 아이가 적응하도록 겨울에 아이를 베란다에서 재우고, 어릴 때부터 사우나에 데리고 들어가는 것이 전통이기도 하다.

핀란드 북쪽지역인 라플란드(Lapland)에 로바니에미(Rovaniemi)라는 마을이 있는데 이곳에 산타마을이 있다. 이곳이 바로 산타클로스의 전설이 시작된 곳이다. 이곳에는 크리스마스 시즌이 아니어도 산타할아버지를 만날 수 있고 전 세계에서 산타클로스에게 보낸 편지와 엽서가 모이는 산타 우체국이 있다.

핀란드는 이 산타를 관광 상품으로 꾸준하게 발전시켜 왔고, 유럽을 넘어서 최근에는 중국 등 아시아 관광객들도 이곳을 많이 찾는다. 2010년에는 시진핑 국가부주석도 이 산타마을을 다녀간 바 있다.

아래 글은 박동선 대사의 글에서 발췌한 것이다.

2010년 주핀란드 대사로 부임하기 위해 인천공항으로 향하는 길에 새로 발급받은 전자여권을 유심히 살펴봤다. 오래전 여권에는 있었던 두 가지가 없어 기분이 상쾌했다. 그 중 하나는 유럽비자였다. 아무리 큰 나라 국민도 선진국 국민이 아니면 비자를 받아야 유럽에 갈 수 있다. 그런데 우리나라는 이미 선진국 대우를 받고 있어서 유럽 선진국들이 비자를 면제해주기 때문이다. 또 다른 하나는 엄중한 안내 문구였다. 예전 여권에는 이런 안내문이 있었다.

"이 여권 소지자는 아래 열거된 나라를 여행할 수 없습니다." 그 밑에는 우리가 갈 수 없는 미수교 국가 이름이 깨알같이 적혀 있었다. 나는 비행기 좌석에 깊숙이 앉아 눈을 감고, 88서울올림픽 무렵 북방외교팀에 합류해 미수교국과의 수교 협상에 참가했던 시절을 떠올렸다. 그때는 직항로가 없어서 제3국을 거쳐 먼 길을 돌아 러시아와 동유럽을 오갔다.

88서울올림픽을 통해 우리의 엄청난 발전 상황이 중국, 러시아, 동구 국가에 알려지자 그들은 신선한 충격을 받았고, 앞다투며 우리나라와 수교를 원했다. 88올림픽 구호 '서울은 세계로, 세계는 서울로'처럼 우리나라는 세계로 뻗어간 것이다. 눈을 뜨자 벌써 헬싱키(수도 인구 60만) 반타 국제공항에 도착했다. 수하물을 찾아 게이트로 들어가려니 '환영합니다'라고 적힌 우리말 안내문이 나를 맞아줬다. 영어, 핀란드어, 중국어 등과 함께 여섯 개 나라 언어로 표현된 공항의 공식 환영 안내문에 한국어가 포함되어 있다는 사실이 반갑고 뿌듯했다.

핀란드에 부임하자마자 핀란드 최초의 여성 대통령인 할로넨 대통령에게 신임장을 제정하러 갔다. 신임장 제정식이 거행된 후 30분 정도 대통령과 환담하는 시간이 왔다.

"유엔 사무총장의 나라이며 경제 강국인 대한민국 대사를 만나게 되어 반갑습니다." 할로넨 대통령이 인사로 반겨주었다. 그리고는 질문을 던졌다. "대한민국 경제가 튼튼한 비결이 뭡니까?" 순간, 내 머릿속에서는 부강한 대한민국을 이룩하기 위해 우리 지도자들과 국민들이 땀 흘리며 헤쳐온 역사적 장면들이 파도처럼 밀려왔다. 나는 대답했다.

"훌륭한 지도자와 부지런한 국민이 그 비결입니다."

2010년 어느 날, 캐나다 대사가 급히 만나자고 전화를 걸어왔다. 이유인즉, 한국이 그해 말 G20 정상회의 의장국이고 캐나다는 직전인 2010년 초 G20정상회의 의장국이니, 공동으로 G20 설명회를 주최하고 주재국 재무장관을 초청하자는 것이었다.

나는 출국 직전까지 G20 준비를 지원하던 국제 경제협력 대사를 맡았던 터라 흔쾌히 동의했다. 이렇게 우리나라가 G20 정상회의 의장국인 덕분에 부임하자마자 주재국 재무장관과 함께 오찬을 하고, G20 서울 정상회의를 소개하게 되어 정말 자랑스러웠다.

참고로 당시 주재국 재무장관이 얼마 후 핀란드 총리로 뽑힌 이위르키 카타이넨 Iyrki Tapani Katainen이다. 한국과 핀란드의 관계는 양국 지도자들의 관심과 노력으로 해가 갈수록 긴밀해졌다. 예를 들면, 2011년 2월 소말리아 해적에 피랍된 후 가까스로 풀려난 우리나라 금미호가 식수와 식량 없이 인도양을 표류할 때, 600km 이상 떨어져 있던 핀란드 군함 포얀마 호가 금미호로 달려가서 케냐 항구까지 안전하게 호위해 준 것은 외교의 힘이라 할 수 있다.

2011년 3월에는 핀란드 신임 니니스퇴 Niinistö 대통령이 취임한 지 한 달도 안 되어 첫 해외 방문국으로 핵안보정상회의가 열리는 한국을 선택했다. 취임 후 핀란드 대통령이 맨 먼저 역사적 특수 관계에 있는 스웨덴, 러시아를 방문해 온 관례를 깬 이례적인 일이기도 했다. 서울 핵안보정상회의 개최 한 달 전, 나는 G20 대사들을 관저에 초청해서 핵안보정상회의 브리핑을 했는데, 대사들이 한 명도 빠짐없이 참석했다. 의장국으로서 국제무대에서 높아진 우리나라의 위상 때문이리라.

여러 일정이 많은 미·중·일·러 등 4강 대사들과 영국, 프랑스, 독일 등 주요국 G20 대사들이 한자리에 모이기란 쉽지 않다. 사실 과거에 우리는 다른나라의 초청을 기다리는 옵서버(참관인) 처지였는데, 이제는 유엔 회원국 안보리 비상임 이사국일 뿐만 아니라 유엔 사무총장을 배출한 나라가 됐다. 또 G20 의장국일 뿐만 아니라 원조 받는 나라에서 원조를 주는 나라가 됐으니 참으로 격세지감이 느껴진다. 이와 같이 우리의 국가 위상이 높아지자 선진국의 모범으로 꼽히는 핀란드도 우리의 경험을 들으려고 종종 나를 강연에 초청한다. 그때마다 나는 한국이 '톱'인 분야를 먼저 소개하며 강연을 시작한다.

"세계 1위 휴대전화·선박 생산국, 세계 3위 철강·반도체 생산국, 세계

5위 자동차 생산국, 세계 6대 원전 수출국, 세계 최고의 서비스 공항 보유국, PISA교육 평가에서 수학·읽기가 1위, 과학이 2위국……, 이 나라가 바로 한국입니다." 하고.

사실 핀란드 사람들은 한국이 세계 최고의 선박 제조국이라는 것은 잘 알고 있다. 우리나라 STX가 핀란드 내에 3개 조선소를 운영하면서 수천 명의 핀란드 근로자들에게 일자리를 제공하고 있기 때문이다. 이미 2009년과 2010년에 STX는 세계 쌍둥이 호화 유람선인 오아시스 호와 바다의 유혹 호를 잇달아 건조했는데, 진수식에 가서 보니 배라기 보다는 움직이는 초호화 호텔이었다. 길이가 361m나 되고 높이가 72m, 폭이 47m로 정말 어마어마 했다.

STX에서 요즘에는 특수선박인 쇄빙선도 만들고 있는데, 문자 그대로 얼음을 깨면서 북극해를 가로지르는 배다. 이 배로 북극해를 이용하면 기존의 수에즈 운하 통과 시보다 무려 40%나 거리와 경비가 절감된다고 하니, 우리 기업이 만든 쇄빙선이 북극항로 시대를 앞당기고 있는 셈이다. 북극시대를 준비하기 위해 우리나라는 북극권과의 협력을 강화할 필요가 있어 나는 핀란드의 북극권인 라플란드의 이나리(Inari) 지방을 다녀온 적이 있다.

그곳은 북극권의 원주민인 사미족이 살고 있어 이나리 의회의장과 시장 등을 만났더니, 한국 제품에 대한 찬사를 쏟아놓으며 한국 기업들의 투자를 희망했다. 그리고 삼성 휴대전화를 내보이곤 북극권인 이곳의 맹추위에도 끄떡없이 작동한다며 엄지손가락을 치켜세웠다. 실제로 핀란드 연구기관에서 영하 22도의 혹한에서도 얼지 않고 작동하는 스마트폰은 삼성 갤럭시 II가 유일했다는 실험 결과를 내놨다.

한국의 발전상이 많이 알려지자, 2011년 9월에는 핀란드의 전경련 대표단 소속 우수기업 CEO 20명이 방한해서 우리 기업을 둘러보고, 녹색성장위원회, 동반성장위원회 위원장들의 특강을 들었다. 선진국인 핀란드 경제계의 최고 경영진들이 우리 경제를 배우러 온 것은 참으로 자랑스러운 일이었다. 여러모로 북유럽 핀란드에서 한국은 돋보이고 있다.

8) 헝가리

헝가리의 수도는 부다페스트(Bueapest, 인구 : 약 170만 명)다. 인구는 전국 998만명, 민족구성은 헝가리인(Magyar, 92.3%), 집시(1.9%), 기타(5.8%)정도며 종교는 로마 카톨릭(54.5%), 개신교(19.5%), 그리스 정교 등이 있다. 언어는 헝가리어이다.

오스트리아-헝가리 2중 왕국 시대로부터 내려오는 문화적 인프라, 일반 국민들의 높은 수준의 문화적 소양과 고급문화 소비 수요, 다양한 문화 분야에서 헝가리가 배출한 위대한 천재 예술가 및 세계 정상급의 문화 인프라에 대한 자부심으로 헝가리의 부다페스트는 중유럽의 문화 중심지로서의 위상을 유지하고 있다.

전통 민속과 서방 기독교 문화를 양대 기저로 한 헝가리의 문화·예술 활동은 여타 서방 세계에 뒤지지 않으며, 리스트, 바르톡, 코다이 등 세계적인 음악가와 문카치, 촌토발리 등 세계적 미술가를 배출했으며, 높은 수준의 집시 음악도 쉽게 접할 수 있다.

국립 오페라하우스(1,200석), Palace of Art(1,700석 및 452석), Vigsziáz(1,032석) 등 세계 정상급 수준의 공연장과 유럽에서도 드문 발레 전용 공연장(National Dance Theatre) 등 공연장도 30여 개 보유하고 있다. 도서관은 전국적으로 10,000여 개에 이르며, 1802년 개관한 국립도서관의 경우 750만 권, 1826년 설립된 학술원 도서관은 112

만 권의 장서를 소장하고 있으며, 1802년 국립박물관이 개관된 이래 전국적으로 800여 개 박물관이 있다.

헝가리 문화외교는 국제사회에 헝가리의 이미지를 구현시킬 수 있는 필수적인 체계적 수단으로 간주하여 문화외교를 통해 국제적으로 헝가리 문화 수준을 향상시킴과 동시에, 역으로 전국 수준으로부터 지역, 지방으로까지 문화진흥을 확대시키는 전략을 수립하여 추진하고 있다. 또한 헝가리 문화의 위상제고, 세계 문화속에서의 위상 재확립, 헝가리 예술을 지속적으로 국제사회에 홍보하는 것을 문화외교 과제로 하고 있으며, 이를 실천하기 위해 19개의 재외 문화원을 설립, 문화외교 정책 추진의 주요 자원으로 활용하고 있다.

중부유럽의 중심에 위치한 헝가리는 천년의 역사를 통해 주변 국가들과 이 관계에서 야기되었던 많은 어려움을 극복하고 찬란한 문화적 전통을 유지해 오고 있는 국가이다. 한국과는 동구권 국가 중 최초로 외교관계를 수립함으로써, 우리의 북방외교 수행에 전환점을 제공한 중요한 국가이기도 하다. 또한 헝가리는 정신세계와 문화면에서 우리나라와 유사성이 있는 아시아계 유럽국가로서 수교 이래 양국은 다방면에 걸쳐 그 관계를 심화 발전시켜 왔으며, 문화 분야 또한 정부와 민간 차원에서 꾸준하게 교류가 활발히 진행되고 있다.

헝가리의 민족적 기원이 중앙아시아이며, 언어적으로는 헝가리어(머져르어)가 우랄알 타이어 계통으로 한국어와 어순이 비슷한 것을 알 수 있다. 헝가리에서도 한국처럼 성-이름으로 표기하며, 연-월-일 순으로 날짜를 표기하는 예에서 알 수 있다.

헝가리는 현대음악의 아버지라 불리는 버르토크 빌러(Bartok Bela), 최고의 피아니스트라 불리우는 리스트 페렌츠(Liszt Ferenc), 코다이 음악 교수법의 코다이 졸탄(Kodaly Zoltan) 등 음악성이 뛰어난 인물들을 많이 배출하였고 민족음악이 크게 발전한 점 등도 한국과 유사하다고 볼 수 있다.

또한 두 민족이 고추와 마늘을 재료로 한 매운 음식을 즐긴다. 헝가리의 대표음식인 구야쉬를 먹어본 한국인들은 한국의 육개장과 비슷한 맛이라고 평할 정도로 음식의 유사성도 가지고 있다. 이와 같이 역사와 문화, 국민 정서가 서로 친밀감을 많이 가지고 있으므로 앞으로 양국 간의 문화적인 측면에서의 교류 협력이 더욱 활발해질 것으로 전망할 수 있다. 그러나 관광하는데 치안이 좋은 편은 아니다.

정훈지 산업은행장의 글을 보면 2012년 1월 11일 헝가리 최대은행인 OTP OPT Bank Nyrt은행과 KDB의 MOU 체결식이 있었다. OTP하면 동유럽 굴지의 은행인데도 KDB와의 업무 협조에 적극적이었다.

4. 아프리카 지역

1) 이집트

인구는 9,200만, 면적은 한국의 5배, 언어는 아랍어, GDP는 3,200불 정도다.

이집트는 아시아, 아프리카, 중동, 유럽과 가까운 지정학적으로 유리한 위치에 있어 오래 전부터 다양한 문화가 유입되고, 교역과 문물 교류의 구심점 역할을 하였다. 기원전 3000년부터 시작된 이집트 고대 왕조인 파라오 시대는 기원전 332년 알렉산드리아 대왕이 침공할 때까지 유지되었다. 알렉산드리아 대중동 왕의 정복 후 이집트에는 그리스·로마

문화와 함께 기독교 문화가 유입된다. 7세기 중엽에는 아라비아 반도에서 들어온 아랍군에 의해 이슬람 문화가 전래되었으며 이후 근대에는 영국·프랑스 지배를 받으며 서양 문물과 기존의 다양한 문화가 융합되게 된다.

현재 이집트는 이슬람교를 국교로 하고 있다. 무슬림의 인구가 전체의 90%(수니파)이며, 나머지 10%는 동방 교회인 콥틱 기독교도이다. 이집트인은 유럽과 같은 헌법을 근간으로 하고 있어 사회 전반적으로는 외래문화에 대한 큰 거부감 없이 흡수하는 편이라 볼 수 있다. 그러나 종교 문제에 관련하여 타종교에 대한 적대감은 가지고 있지 않지만 주재국 내에서의 선교 활동은 법으로 금지하고 있어 주의가 필요하다. 이집트인들은 타문화에 대해 수용적인 편이다. 이집트인들은 거리에서 외국인을 만날 때도 적극적으로 다가와 말을 걸어오며 과하다 싶을 정도로 친절을 베푸는 것을 볼 수 있다. 이는 오랜 기간 동안 외국인들과 접촉해온 결과라 할 수 있다. 그러나 사회적으로 악영향을 주는 외래문화에 대해서는 배척하는 성향을 보인다.

1943년 11월 27일, 이날은 우리에게 뜻깊은 날이다. 1250년 넘게 이집트의 수도였던 카이로(1,600만)의 피라미드가 바로 눈앞에 보이는 메나하우스(호텔). 이곳에서 루스벨트 대통령, 영국의 처칠 수상, 중국의 장개석 총통이 만나 카이로 선언을 채택했다. 이 선언은 우리에게는 더없이 귀중한 역사적 기록으로 다음 내용을 포함하고 있다.

"한국의 국민이 노예 상태에 처해 있음에 유의하여, 한국이 자유 독립이 되어야 함을 결의한다."

"더불어 일본은 폭력과 탐욕으로 탈취한 모든 영역에서 축출된다."

고로 한반도는 물론 독도도 반환한 것이다. 이런 엄연한 역사적 진실을 모르는 듯 한반도 영토의 온전성을 문제 삼는 이웃나라가 있다는 작금의 현실이 서글프고 안타깝다.

김영소 대사는 2012년 2월까지 동북아역사재단 사무총장으로 근무하다 3월부터 이집트에 부임했다. 메나하우스에서 피라미드를 바라보며 70년 전을 그려보는 감회가 남다르지 않을 수 없었다.

이집트 하면 카이로, 피라미드, 수에즈 운하, 알렉산드리아, 아스완 댐 등 어린시절부터 귀에 익은 곳이 너무나 많다. 성경의 출애굽기 현장이 이집트이고, 근래에는 '아랍의 봄(2010년 이집트 튀니지를 시작으로 중동과 북아프리카에서 일어난 반정부 시위들)'의 대표 국가로 자리매김하고 있다.

이집트는 인류 문명 발상지의 하나이고, 세계 고고학 유산의 3분의 1을 지니고 자랑할 만큼 고대 왕국이 융성했다. 세계에서 유일하게 국가 자체가 학문이 된 '이집트학(Egyptology)'의 나라이기도 하다.

올해는 북한·이집트 수교 50주년이 넘는다. 안타깝지만 한국은 이집트와 외교 관계를 맺은(1995년 4월), 수교는 아프리카 53개 국 중 53번 째로 중국, 러시아는 물론 웬만한 동구권 국가들보다도 훨씬 늦었다. 그러나 수교 후, 특히 새 천년 이후 '대장금'과 '강남스타일'로 대표되는 한류, 한국 자동차와 스마트폰 같은 현대문명이 고대문명 국가 이집트를 점유하고 있다. 지난해 이집트 자동차 시장에서 한국차 점유율은 40%를 초과했다.

인구 1,800만 명의 수도 카이로는 교통 체증이 극심한데, 김영소 대사가 이집트인들에게 교통 체증의 이유 중 하나로 "한국산 차가 너무 많아져 그런가 봐요." 하고 미안한 듯 넉살을 부리면 농담 좋아하고, 웃기 좋아하는 이집트 사람들이 파안대소를 한다. 한 번은 이곳에 온 미국여 대사에게 이렇게 말했다.

"카이로가 이렇게 교통 체증이 심한 이유는 첫째는 한국산 차가 많아서이고, 둘째는 미국 외교관 차량이 1,000대도 넘어서 그래요."

그랬더니 그는 카이로가 세계적인 외교 도시여서 미국 외교관이 가장 많이 주재하는 서너 개 국가 중 하나라고 인정했다.

한국의 위상과 인지도가 높아져서 그런지 내 인터뷰를 대서특필한 유력언론도 여러 군데였다.

인용 및 참고 문헌

- 한류 북한을 흔든다(강동안, 박정란) 늘픔플라스, 2011.
- 한류 통일의 바람(강동안, 박정란) 명인문화사, 2012.
- 한류 이야기, 한류의 근원에서 미래까지(강철근) 이해 2006.
- 세계는 지금 대한민국 스타일(강성환) 외교통상부 대변인실 2013.
- 한류본색 매일 경제 신문사, 2012.
- 세계각국편람 외교통상부, 2013.
- 지구촌 한류현황 I(유현석) 한국 국제 교류재단, 2013.
- 지구촌 한류현황 II(유현석) 한국 국제 교류재단, 2013.
- 나의 문화유산 답사기 I(유홍준) 창작과 비평사, 1977.
- 북한의 문화유산(이광표) 대교출판사, 1998.
- 한국 문화재 수난사(이문열) 돌베개, 1996.
- 태권도 품세란 무엇인가?(이규형) 오성출판사, 2010.
- 문화 유산을 찾아서(이형권) 매일 경제신문사, 1997.
- 북한의 한류현상과 독일 통일과정에서의 방송매체의 영향(진행남) 제주평화 연구원, 2011.
- 미국인은 배꼽아래가 길다(차종환) 우석출판사, 1997.
- 지켜야 할 문화 배워야 할 문화(차종환) 동양서적, 1998.
- 한국부자 미국부자(차종환) 사사연, 2003.
- 동서양 생활문화(차종환) 동양서적, 2007.
- 자랑스런 우리문화(차종환) 대원, 2006.
- 미꾸라지 진짜 용된 나라(차피득) 대한민국 바른마음 갖기회, 2012.
- 유네스코가 보호하는 우리문화유산 열두 가지(최준식 외) 시공사, 2002.
- 한류로드(최광식) 나남, 2013.
- Travel Guide Korea 한국 관광 공사, 2014 / 한류와 아시아류 2013.
- 한류, 아시아를 넘어 세계로 2009 / 한류 문화와 동북아 공동체 2010.
- 한류 포에버 2010. / 한류와 21세기 문화비전 2006.

차종환 (車鍾煥 Cha, Jong Whan)

【학력】
- 서울대학교 사범대학 생물학과 1954-58
- 서울대학교 대학원(석사과정) 1958-60
- 동국대학교 대학원(박사과정) 1962-66
- 이학박사 학위수령(도목생육에 미치는 초생부초의 영향, 동국대) 1966
- UCLA 대학원 Post Doctoral 과정 3년 이수 1975-77
- 농학박사 학위수령(사막식물의 생리생태학적 연구, C.C.U.) 1976
- 교육학박사 학위수령(한미교육제도 비교 연구, P.W.U.) 1986

【경력】
- 서울대 사대부속 중고교 교사 1959-67
- 사대, 고대, 단대, 건대, 강원대, 이대강사 1965-70
- 동국대 농림대 및 사대교수 1965-76
- BYU(H.C.) 초빙교수 및 학생 1970
- Bateson 원예 대학장 1971-72
- UCLA 객원교수 1971-74
- 해직교수(동국대) 1976
- 한미 교육연구원 원장 1976-
- UCLA 연구교수 1977-92
- 남가주 한인회 부회장 1979-80
- 남가주 서울사대 동창 회장 1979-80
- 남가주 호남향우회 초대, 2대 회장 1980-82
- 남가주 서울대 대학원 동창 회장 1980-83
- 한미 교육연합 회장 1971-1972
- L.A 한우회 2대 회장 1983-1984
- 평통 자문 위원(2기-14기) 1983-2005(12기 제외)
- 한미 농생물 협회장 1983-99

- 차류 종친회 미주 본부장 1984-1990
- 남가주 한인 장학 재단 이사장 1984-86
- 남가주 서울대 총동창 회장 1985-86
- 남가주 BYU 동창 회장 1985
- 한인 공제회 이사장 1985-91
- 남가주 서울대 총동창회 고문 1986 -
- 국민 화합 해외동포 협의회 명예회장 1990 -
- 미주 이중국적 추진위원회 위원장 1993
- 평화문제연구소(한국)객원 연구위원 및 미주 후원회장 1994 -
- 우리 민족 서로 돕기 운동 공동 의장 1997 -
- 한국 인권문제 연구소 L.A 지부 고문 1998 -
- 민주 평통 L.A 지역협의회 고문 및 전문위원 1999 -
- 재외 동포 지위 향상 추진위원회 고문 1999 -
- 한반도 통일 연구회 부회장 및 미주 본부장 1998 -
- 한국 인권 문제 연구소 중앙 부이사장 및 수석 부회장 2000-2002
- 재외 동포법 개정 추진 위원회 공동대표(L.A 및 한미) 2001 -
- 한국 인권문제연구소 L.A지회 회장 2002-2004
- 한미인권문제연구소 명예 회장(L.A) 2004-2007
- 한미 인권 연구소 중앙 이사장 2005-2007
- 재미동포 권익향상 위원회 공동대표 2004 -
- 미주 한인 재단 회장 서리 및 이사장 2004-2006
- 한미 평화 협의회 회장 2005-2007
- 해직 교수에서 30년만에 명예 회복 2006.6.21
- 피오 피코 코리아타운 도서관 후원회 이사장 2006-2007
- 6 · 15 미주 공동위 공동 대표 2007
- 한인 동포 장학재단 이사장 2006-2007
- 민화협(미서부) 상임고문 2007
- 한미 인권 연구소(중앙) 소장 2007-2009
- 공명선거 협의회 공동 대표(한국) 2007 -
- 민주평통 L.A 지역협의회장 2007.7.1-2009.6.30
- 한미 허브 연구소 발기인 대표 2011.4.21
- 우리 영토 수호 회복 연구회 명예 회장 2011.9

- 세계 한인 민주회의 상임고문 2011
- 독도 아카데미(독도 수호 국제 연대) 정책기획 자문위원 2013
- 개헌촉구 미주본부 본부장 2016.7.8

【수상 및 명예】
- Who's Who in California 16판(86)부터 계속 수록
- 교육 공로상 수령(제1회 한인회 주체) 1987
- 우수 시민 봉사단 수령(L.A시 인간관계 위원회) 1987
- 쿠바시에 북미주 한국인 지도자상 1993
- L.A시 우수시민 봉사자상(L.A시 의회) 1994
- 국무총리 표창장(대한민국) 1995
- 대통령 표창장(대한민국) 2001
- 에세이 문학 완료 추천 문단 등단 2003년 가을
- 대통령 훈장(국민훈장 목련장) 2005.12
- 대통령 공로상 2009.6
- 한국 기록원 : 최다 학술논문과 최다 저서분야에 인증됨 2013.7
  (한국 국회에서)
- 제1회 자랑스런 호남인상. 전남 도지사 이낙연외
  세계 호남향우회 24개 단체 2015
- 감사패 새정치 민주 연합당 대표 문재인 2015
- 한반도 평화메달, 대한민국 평화통일 국민 문화제, 우리민족 교류 협회 2016
- 감사패, 공로패, 위촉패, 추대장 등 147

【이름이 새겨진 기념물】
- 리버사이드 도산 안 창호 동상
- LA 한인 타운 다울정
- LA 한국교육원 건물

■ 저서 목록(공저, 편저, 감수포함)

【한글 저서】
1　高入生物 / 조문각, 1964
2　高入生物 / 성문사, 1967
3　생물 실험 실습 / 유림각, 1968
4　土壤과 植物 / 수학사, 1968
5　지혜의 말씀 / 교회출판부, 1968
6　植物生態學 / 문운당, 1969
7　自然科學槪論 / 단국대학 출판부, 1970
8　一般生物學 / 진수당, 1968
9　한국어 교본 BYE-HI / LTM, 1971
10　農林氣象學 / 선진문화사, 1973
11　토양 보존과 관리 / 원예사, 1974
12　農生物統計學 / 선진문화사, 1974
13　복숭아 재배 새기술 / 원예사, 1974
14　最新植物生理學 / 선진문화사, 1974
15　韓國의 氣候와 植生 / 서문당, 1975
16　環境오염과 植物 / 전파과학사, 1975
17　放射線과 農業 / 전파과학사, 1975
18　最新植物生態學 / 일신사, 1975
19　生物生理生態學 실험법 / 일신사, 1975
20　테라리움 / 원예사, 1975
21　미국 시민권을 얻으려면 / 선진문화사, 1978
22　現代一般 生物實驗 / 한서출판, 1982
23　미국의 교육제도 / 미디어 다이너믹스, 1985
24　미국의 명문 고교와 명문대학 / 한미교육연구원, 1985
25　이민 자녀 교육 / 학원사, 1986

【번역서】
26　침묵의 봄(Ⅰ) / 세종출판사, 1975

27 침묵의 봄(II) / 세종출판사, 1975

【영어전서】
28 Radioecology and Ecophysiology of Desert Plant at Nevada Test Site / U.S.A.E.C. 1972
29 Iron Deficiency in Plants / S.S & P.A. 1976
30 Phytotoxicity of Heavy Metals in Plants / S.S. & P.A. 1976
31 Trace Element Excesses in Plant / J.R.N. 1980
32 Nevada Desert Ecology / BYU. 1980
33 Soil Drain / Williams & Wilkins, 1986
34 Interaction of Limiting Factors in Crop Production / Macel Derkker, 1990

【한국어 저서 속】
35 미국 유학 / 우석출판사, 1987
36 올바른 자녀교육 / 바울서신사, 1987
37 차돌이 교육 방랑기 / 우석출판사, 1987
38 미국 대학 완벽 가이드 / 학원사, 1988
39 10대 자녀문제 / 학원사, 1988
40 청소년 그들은 누구인가 / 바울서신사, 1988
41 미주교포들의 통일의식 구조 / L.A 평통, 1988
42 미국교육의 길잡이 / 바울서신사, 1988
43 동·서양의 꽃꽂이와 테라리움 / 바울서신사, 1990
44 꿈나무들을 위한 성교육 / 바울서신사, 1990
45 미국의 명문 고등학교 / 우석출판사, 1989
46 미국의 명문 대학 / 우석출판사, 1990
47 미국의 명문 대학원 / 우석출판사, 1990
48 성공적인 자녀교육의 비결 / 바울서신사, 1990
49 미국의 명문고교 입학 유학 최신정보 / 학원사, 1990
50 일하며 생각하며 / 바울서신사, 1990
51 미국 속의 한국인(공저) / 유림문화사, 1991
52 갈등 그리고 화해 / 국민화합해외동포협의회, 1990
53 미주 동포들이 보는 조국 / 평화문제 연구소, 1992

54　백두산, 장백산, 그리고 금강산 / 선진문화사, 1992
55　지역 갈등과 화해 / 한미교육연구원, 1993
56　반미감정과 태평양시대 / 한미교육연구원, 1993
57　조국을 빛낸 사람들과 미국대학 입시제도 / 한미교육연구원, 1993
58　미국생활 가이드(공저) / 중앙일보, 1993
59　이중국적 / 한미교육연구원, 1993
60　한반도 통일문제 / 한미교육연구원, 1994
61　마음은 독수리처럼 날개쳐 올라가고 / 바울서신사, 1994
62　동서양의 길목에서 / 바울서신사, 1994
63　남북이 잊은 사람들 / 바울서신사, 1994
64　기적의 역사(공저) / 삶과 꿈, 1994
65　미국교육제도와 자녀교육 / 한미교육연구원, 1994
66　귀화동포와 이중국적문제 / 한국인권문제 연구소, 1994
67　미국대학 및 대학원 진학 가이드 / 한샘출판사, 1994
68　똑똑한 아이! 이렇게 키워라 / 삼성출판사, 1994
69　미국의 교육제도(개정판) / 바울서신사, 1994
70　세계화 시대의 한미관계 / 한미교류협회 1995
71　재미있는 핵 이야기 / 좋은글, 1995
72　초등학생의 가정교육 / 우석출판사, 1995
73　통일로 가는 길(공저) / 바울서신사, 1995
74　한국의 국력신장을 위한 해외동포들의 역할 / 해외동포 문제연구소, 1995
75　중ㆍ고등학교의 가정교육 / 우석출판사, 1996
76　베트남의 황금 문이 열리다 / 나산출판사, 1996
77　발 마사지와 신체 건강법 / 오성출판사, 1996
78　태교 및 취학 전 아동의 가정교육 / 우석출판사, 1996
79　꿈나무와 대학정보 / 한미교육연구원, 1996
80　재외 동포 청소년의 통일교육 / 평화문제 연구소, 1996
81　꼴찌와 일등은 부모가 만든다 / 풀잎문학, 1996
82　미국을 알고 미국에 가자 / 풀잎문학, 1996
83　통일로 향하는 마음(공저) / 천일인쇄, 1997
84　미국인은 배꼽 아래가 길다 / 우석출판사, 1997
85　이제 모두 통일로 가자 / 나산출판사, 1997

86 이것이 미국 교육이다 / 나산출판사, 1997
87 가정은 지상의 천국 / 기독교 문화사, 1997
88 발 건강과 장수 건강 / 태을출판사, 1997
89 꿈나무들 및 교육공로자와 대학정보 / 한미교육연구원, 1997
90 21세기의 주인공 EQ / 오성출판사, 1997
91 EQ로 IQ가 휘청거린다 / 오성출판사, 1998
92 영국의 명소와 명문 대학 / 나산출판사, 1998
93 불란서의 명소와 명문 대학 / 나산출판사, 1998
94 이태리의 명소와 명문 대학 / 나산출판사, 1998
95 백두산의 식물생태 / 예문당, 1998
96 배꼽 뒤집어 지는 유머 ① / 예가, 1998
97 당신의 성공에는 유머가 있다 / 나산출판사, 1998
98 미국 유학 – 이민교육필독서 / 풀잎문학사, 1998
99 꿈나무와 페스탈로찌 / 한미교육연구원, 1998
100 지켜야할 문화와 배워야할 문화 / 나산출판사, 1998
101 묘향산 식물생태 / 예문당, 1999
102 재외동포의 출입국과 법적지위 / 한미교원, 1999
103 배꼽 비상 유머백과 / 예가, 1999
104 한국의 재외동포 정책 / 한미교육연구원, 1999
105 꿈나무 / 한미교육연구원, 1999
106 비무장 지대의 식물생태 / 예문당, 2000
107 금강산 식물생태 / 예문당, 2000
108 고사성어 399선 / 예가, 2000
109 행복 / 좋은글, 2000
110 건강 장수 백과 / 태을출판사, 2000
111 스위스의 명소와 명문대학 / 나산출판사, 2000
112 항로회춘 / 나산출판사, 2000
113 지구 과학 / 예가, 2000
114 꿈나무와 교육자 / 한미교육연구원, 2000
115 독일의 명소와 명문대학 / 나산출판사, 2000
116 재미있는 동물의 세계로(감수) / 예문당, 1999
117 재미있는 곤충의 세계로(감수) / 예문당, 1999

118 재미있는 식물의 세계로(감수) / 예문당, 1999
119 재미있는 공룡의 세계로(감수) / 예문당, 2000
120 재미있는 지구의 세계로(감수) / 예문당, 2000
121 재미있는 우주의 세계로(감수) / 예문당, 2000
122 재미있는 과학자의 세계로(감수) / 예문당, 2000
123 재미있는 인체의 세계로(감수) / 예문당, 2000
124 재미있는 환경의 세계로(감수) / 예문당, 2000
125 재미있는 발명의 세계로(감수) / 예문당, 2000
126 중국의 명소와 명문대학 / 나산출판사, 2001
127 고향 생각과 자랑 / 한미교육연구원, 2001
128 캐나다의 명소와 명문대학 / 나산출판사, 2001
129 2000년대의 민족의 선택(공저) / 한통연, 2001
130 영재들과 교육 공로자 / 한미교육연구원, 2001
131 고사성어 대사전 / 예가, 2001
132 교회의 갈등 그리고 화해(공저) / 계명대학교, 2002
133 체코와 슬로바키아의 명소와 명문대학 / 나산출판사, 2002
134 태교출산백과(공저) / 으뜸사, 2002
135 통일정책과 민족교육 / 한미교육연구원, 2002
136 북한의 교육정책과 명문대학 / 평화문제연구소, 2002
137 전남쌀 줄게 개성 인삼다오(공저) / 동진문화사, 2002
138 21세기와 조국통일(공저) / 한통연, 2002
139 남북한의 통일 정책과 통일 장애요인(공저) / 한통연, 2002
140 재외동포법 개정을 위해 (공저) / 한국인권문제연구소, 2002
141 오스트리아의 명소와 명문대학 / 나산출판사, 2002
142 꿈나무들과 미국의 교육정보 / 한교연, 2002
143 민간요법보감 / 태을출판사, 2002
144 캐나다 로키의 명소와 생태 / 오성출판사, 2002
145 달라진 남한말과 북한말(공저) / 예가, 2002
146 일본의 명소와 명문대학 / 나산출판사, 2002
147 미주 한인 이민 100년사(공저) / 한미동포재단, 2002
148 배꼽이 뒤집어지는 유머 ② / 예가, 2002
149 L.A. 4·29 폭동과 장학재단 / 한미교육연구원 2003

150 유머 해학 대사전 / 예가, 2003
151 L.A 4·29 폭동의 실상 / 밝은 미래 재단, 2003
152 호주의 명소와 명문대학 / 나산출판사, 2003
153 통일 이야기(초급) / L.A 민주 평통, 2003
154 인도네시아의 명소와 명문대학 / 나산출판사, 2003
155 한국부자 미국부자 / 도서출판 사사연, 2003
156 오직 올바르게 살자(공저) / 나산출판사, 2003
157 6·15 공동선언과 조국통일(편저) / 한통연, 2003
158 꿈나무들과 교육선구자 / 한교연, 2003
159 미주한인사회와 독립운동(공편저)
     / 미주한인 100주년 남가주 기념 사업회, 2003
160 미주동포의 민주화 및 통일운동 / 나산출판사, 2004
161 나는 샐러드보다 파김치를 더 좋아한다(감수) / 예가, 2004
162 구월산, 장수산 식물생태 / 예문당, 2004
163 청소년을 위한 통일 이야기 / 예가, 2004
164 신세대를 위한 통일 이야기 / 예가, 2004
165 사진으로 본 미주 한인 100년사 / 박영사, 2004
166 꿈나무와 교육정보 / 한미교육연구원, 2004
167 조선향토 대백과(제1권) 평양시 감수
     / 평화문제연구소 및 조선과학백과사전 출판사, 2003
168 조선향토 대백과(제2권) 남포, 개성, 나선시 감수
     / 평화문제연구소 및 조선과학백과사전 출판사, 2004
169 조선향토 대백과(제3권) 평안남도Ⅰ 감수
     / 평화문제연구소 및 조선과학백과사전 출판사, 2004
170 조선향토 대백과(제4권) 평안남도Ⅱ 감수
     / 평화문제연구소 및 조선과학백과사전 출판사, 2004
171 조선향토 대백과(제5권) 평안북도Ⅰ 감수
     / 평화문제연구소 및 조선과학백과사전 출판사, 2004
172 조선향토 대백과(제6권) 평안북도Ⅱ 감수
     / 평화문제연구소 및 조선과학백과사전 출판사, 2004
173 조선향토 대백과(제7권) 자강도 감수
     / 평화문제연구소 및 조선과학백과사전 출판사, 2004

174 조선향토 대백과(제8권) 황해남도Ⅰ 감수
 / 평화문제연구소 및 조선과학백과사전 출판사, 2004
175 조선향토 대백과(제9권) 황해남도Ⅱ 감수
 / 평화문제연구소 및 조선과학백과사전 출판사, 2004
176 조선향토 대백과(제10권) 황해북도 감수
 / 평화문제연구소 및 조선과학백과사전 출판사, 2004
177 조선향토 대백과(제11권) 강원도 감수
 / 평화문제연구소 및 조선과학백과사전 출판사, 2004
178 조선향토 대백과(제12권) 함경남도Ⅰ 감수
 / 평화문제연구소 및 조선과학백과사전 출판사, 2003
179 조선향토 대백과(제13권) 함경남도Ⅰ 감수
 / 평화문제연구소 및 조선과학백과사전 출판사, 2003
180 조선향토 대백과(제14권) 함경북도Ⅰ 감수
 / 평화문제연구소 및 조선과학백과사전 출판사, 2003
181 조선향토 대백과(제15권) 함경북도Ⅱ 감수
 / 평화문제연구소 및 조선과학백과사전 출판사, 2003
182 조선향토 대백과(제16권) 량강도 감수
 / 평화문제연구소 및 조선과학백과사전 출판사, 2004
183 재외동포들의 권익을 위한 법률 / 한미인권연구소, 2005
184 북한의 현실과 변화 / 나산출판사, 2005
185 남북분단과 통일 및 국가안보 / 나산출판사, 2005
186 남북통일과 평화교육 / 나산출판사, 2005
187 21세기를 맞는 오늘의 북한 / 양동출판사, 2005
188 조선향토 대백과(제17권) 인물 / 평화문제연구, 2005
189 조선향토 대백과(제18권) 민속 / 평화문제연구, 2005
190 조선향토 대백과(제19권) 색인(가가거리 – 새지골) / 평화문제연구, 2005
191 조선향토 대백과(제20권) 색인(새지네골 – 힘샌골) / 평화문제연구, 2005
192 미주 동포들의 인권 및 민권운동 / 나산 출판사, 2005
193 남북한 사회와 통일이야기 / LA 민주 평통, 2005
194 수재들과 교육 공로자 / 한미교육연구원, 2005
195 어린이 통일 교육 이야기 / 나산 출판사, 2006
196 청소년 통일 교육이야기 / 나산 출판사, 2006

197 미주의 한인들 / 대원출판사, 2006
198 최신 피부 미용요법 / 나산 출판사, 2006
199 최신 육체 미용요법 / 나산 출판사, 2006
200 대마도는 한국 땅 / 동양서적, 2006
201 겨레의 섬 독도 / 해조음, 2006
202 한국령 독도 / 해조음, 2006
203 한미관계 170년사 / 동양서적, 2006
204 나라 밖에서 나라 찾았네 / 감수, 박영사, 2006
205 꿈나무 및 교육 공로자와 자녀 교육정보 / 한미교육연구원, 2006
206 멕시코의 명소와 명문 대학 / 나산 출판사, 2006
207 가나다 ABC / 감수 KSL Institute, 2007
208 동서양 생활 문화 무엇이 다른가 / 동양서적, 2007
209 얼룩진 현대사와 민주 및 통일 운동. 상 / 한미인권 연구소, 2007
210 얼룩진 현대사와 민주 및 통일 운동. 하 / 한미인권 연구소, 2007
211 선구자 김호의 삶과 꿈 / 한미인권 연구소, 2007
212 Life & Dream of the Pioneer Kim Ho / 한미인권 연구소, 2007
213 꿈나무 및 페스탈로찌상과 교육정보 / 한미교육 연구원, 2007
214 흥, 웃기셔 정말 / 예가, 2004
215 통일관련 문답 / LA 평통, 2007
216 한반도의 미래 / LA 평통, 2008
217 Charles H. Kim : His Life and Times(English) / 대원 출판사, 2008
218 꿈나무 및, 페스탈로찌상과 교육정보 / 한미교육 연구원, 2008
219 행복한 삶을 위하여(공동편저) / 동양서적, 2008
220 내 양심의 소리(공동편저) / 동양서적, 2008
221 북한 탐방기 / 예가, 민주평통 2008
222 박연폭포에서 지리산 유달산까지 / 한미 교육 연구원, 2009
223 남북한의 다름과 이해 / 민주평통, 2009
224 이것이 북한 교육이다 / 나산, 2009
225 통일 논총 / LA 민주평통, 2009
226 생활 영어 약자 사전 / 한미 교육 연구원, 2009
227 미주 동포 통일 의식 구조 / LA 민주평통, 2009
228 글로벌 영어 약자 대사전 / 한미 교육 연구원, 2009

229 모범생과 교육 공로자 및 교육정보 / 한미 교육 연구원, 2009
230 한국 외래어 대사전 / 한미 교육 원구원, 2009
231 참정권 시대, 복수국적 시대 / 동양서적, 2010
232 재외 동포의 참정권과 복수국적 / 대원 문화사, 2010
233 꿈나무 장학생과 교육 선구자 / 한미 교육 연구원, 2010
234 Korea-Japan Relations over Dokdo(English) / Dae Won Cultural Co. 2011
235 미국을 알면 영주권과 시민권이 보인다 / 동양서적, 2011
236 불교 생활 용어 사전 / 동양서적, 2011
237 미국 유학 교육 가이드 / 동양서적, 2011
238 생각하며 행동하며 / 동양서적, 2011
239 미국의 교육정보와 교육 공로자 / 한미교육연구원, 2011
240 화합, 단결 그리고 미래로 / 한미교육연구원, 2012
241 차종환 박사 교육인생 / 동양서적, 2012
242 영재들과 교육정보 / 한미교육연구원, 2012
243 위기의 청소년, 선도교육의 길 / 동양서적, 2012
244 지리산 완전정복(지리산 생태관광) / 동양서적, 2012
245 입소문난 여행 영어 / 예가, 2013
246 민주평등 LA 30년사 / 민주평등 LA협의회, 2013
247 차종환 박사의 저서 및 논문 / 한미교육연구원, 2013
248 차종환 박사 교육철학 / 동양서적, 2013. 개정판
249 꿈나무 장학생과 교육공로자 / 한미교육연구원, 2013
250 웃음이란, 웃음 그 치료효과 / 성진문화사, 2013
251 비행청소년 선도대책 / 대원출판사, 2013
252 청소년의 성교육 / 대원출판사, 2014
253 귀담 차종환 박사 저서 및 논문 영문판 / 한미교육연구원, 2014
254 몰몬, 그들을 아십니까? / 재단법인 예수그리스도 후기성도 교회, 2014
255 모범생과 교육선구자 / 한미교육연구원, 2014
256 자연의학(대체의학) / 사사연, 2014
257 독도는 통곡한다 / 해조음, 2015
258 교육 정보와 교육 공로자 / 한미 교육 연구원, 2015
259 자연의학, 개정판 / 서사연, 2016

260 자랑스런 우리문화 / 대원문화사, 2016
261 지구촌과 한류바람 / 도서출판 예가, 2016
262 코리아, 경제성장과 문화유산 / 도서출판 예가, 2016
263 세계 각국 문화와 한류열풍 / 도서출판 예가, 2016
* 미국 명문대 유학 / 한국 교육원, 근간
* 칠보산의 식물생태 / 서사연, 근간
* 정혈과 건장장수 / 서사연, 근간
* 생태학적으로 본 독도 영유권 / 해조음, 근간
* 한미 전통문화의 비교 / 서사연, 근간
* 지리산 생태관광 / 나산, 근간
* 간도의 영유권 / 해조음, 근간
* 북한의 농업과 식량문제 / 근간
* 왜 재외동포처가 필요한가 / 근간
* 압록강 및 두만강 주변의 국경 도시 / 근간
* 이어도의 소유권 / 근간
* 독도 영유권에 대한 일본 10포인트의 반박 / 근간

코리아, 경제성장과 문화유산

1판 1쇄 인쇄   2016년 9월 1일
1판 1쇄 발행   2016년 9월 5일

엮은이 차종환
펴낸이 윤다시
펴낸곳 도서출판 예가

주   소   서울시 영등포구 영신로 45길 2
전   화   02-2633-5462
팩   스   02-2633-5463
이메일   yegabook@hanmail.net
블로그   http://blog.daum.net / yegabook
등록번호   제 8-216호

ISBN   978-89-7567-581-2   13710

※ 정가는 표지 뒷면에 있습니다.